图书馆
与终身学习

第一辑

首都图书馆 ◎ 编

国家图书馆出版社

图书在版编目（CIP）数据

图书馆与终身学习. 第一辑 / 首都图书馆编. — 北京：
国家图书馆出版社，2023.12
  ISBN 978-7-5013-7927-9

  Ⅰ.①图… Ⅱ.①首… Ⅲ.①图书馆工作－终生教育－
研究－中国 Ⅳ.① G259.2 ② G72

  中国国家版本馆 CIP 数据核字（2023）第 239583 号

书　　名　**图书馆与终身学习（第一辑）**
　　　　　TUSHUGUAN YU ZHONGSHEN XUEXI（DIYIJI）
编　　者　首都图书馆 编
责任编辑　王炳乾
责任校对　郝　蕾
封面设计　耕者设计工作室

出版发行　国家图书馆出版社（北京市西城区文津街 7 号　100034）
　　　　　（原书目文献出版社　北京图书馆出版社）
　　　　　010-66114536　63802249　nlcpress@nlc.cn（邮购）
网　　址　http://www.nlcpress.com
排　　版　北京旅教文化传播有限公司
印　　装　河北鲁汇荣彩印刷有限公司
版次印次　2023 年 12 月第 1 版　2023 年 12 月第 1 次印刷

开　　本　710mm×1000mm　1/16
印　　张　24
字　　数　384 千字
书　　号　ISBN 978-7-5013-7927-9
定　　价　98.00 元

目录
CONTENTS

发刊词

当智慧图书馆遇到终身学习

当前正值图书馆转型发展的关键时期。从国家到地方，都将建设智慧图书馆体系作为数字化转型、高质量发展的努力方向。智慧图书馆不仅是一种满足社会需求和适应技术变革的图书馆新发展趋势，也正日益成为一种面向未来的图书馆的发展新理念。智慧图书馆，不仅可以实现图书馆业务的全流程智慧化管理，还将创造一种虚实结合、动态交互、沉浸体验的知识获取与交流环境，它拥有全网立体集成的知识资源、全域联通的知识服务生态、线上线下有机统一的学习阅读空间和轻松愉悦的自主学习氛围。这些特质与近些年党和国家大力倡导的学习型大国、学习型社会建设要求几乎完美契合。

习近平总书记在党的二十大报告中提出，建设全民终身学习的学习型社会、学习型大国。今年 5 月，习近平总书记在中共中央政治局第五次集体学习时再次强调，"要建设全民终身学习的学习型社会、学习型大国，促进人人皆学、处处能学、时时可学，不断提高国民受教育程度，全面提升人力资源开发水平，促进人的全面发展"。

联合国教科文组织早在 1949 年发布的宣言《公共图书馆：大众教育的生力军》（ *The Public Library: A Living Force for Popular Education* ）中，就将公共图书馆定位为"人民的大学"（ the people's university ）。公共图书馆是终身学习的重要阵地，是一个能够满足持续学习需求的空间，它向每个人开放，拥有舒适安静的环境、丰富的文献资源、多元的服务内容和多样态的服务空间，还有努力学习的学友们，是集大众学习、交流、休闲、娱乐，特别是创新创造于一体的知识宝库和文化空间，是一所没有围墙的大学。

首都图书馆建馆 110 年来，为传承文明、服务社会，推动城市发展作出了重要贡献。特别是新中国成立以来，首都图书馆人秉持"以人民为中心"的服务理念，积极发挥在首都文化发展中的引领作用，对传承和弘扬中华民族优秀传统文化，提升城市文化素养，助力北京推进全国文化中心建设发挥了重要作用。首都图书馆坚持从人民群众的现实文化需求出发，以文化惠民品牌活动为引领，解读中华文明特性，提升公众文化认同感，满足公众终身学习需求，探索多层次多方面融合发展，建设新型阅读空间，铸就丰富群众生活的智慧型文化粮仓。

值此110周年建馆之际，首都图书馆创立学术集刊《图书馆与终身学习》，希望能够推动终身阅读、终身学习理念更加深入人心，一方面记录图书馆人在图书馆智慧化转型中的创新创造，另一方面记录图书馆发挥社会教育职能、践行终身学习理念的思考和实践。同时，我们也呼吁全社会共同参与，让阅读和学习作为一种生活方式，人人乐学、思学，享受学习，助力每个人逐渐成长为终身学习者，促进人的全面发展。

站在新的历史起点上，为更好地担负新的文化使命，图书馆要立足文化高质量发展，发扬中华优秀传统文化，高质量推动文化传承创新，提供高标准的文化服务，赓续历史文脉，谱写当代华章。我们深知，办好这个学术刊物，需要图书馆界同仁的帮助和支持。我们将加强与各方面的联系和交流，为推动学术繁荣和事业发展贡献绵薄力量。

毛雅君

2023 年 11 月

特稿

公共图书馆的使命

倪晓建 [1]

北京是国家的政治中心、文化中心。作为文化中心的公共图书馆，北京市的公共图书馆的使命和责任是光荣的。在国家及北京市委、市政府的指导下，北京市的公共图书馆取得了瞩目的成就，为今后的大发展奠定了坚实的基础。根据党的二十大报告中关于公共文化服务体系建设的要求以及《中华人民共和国公共图书馆法》，中宣部、文化和旅游部关于公共文化建设的政策文件，北京市文化和旅游局为了全面提升公共文化发展水平，制定了北京市公共文化服务体系示范区建设等方面的一系列文件，这些政策文件是公共图书馆未来发展的保障和依据。

公共图书馆的使命，体现在教育、文化、信息等方面，坚持以人民为中心的服务思想，把满足人民日益增长的精神文化需求、提升全民文化素质作为图书馆的出发点和落脚点，通过服务不断提升图书馆效益和社会地位。面对世界城市和国家文化中心建设的使命，公共图书馆应在以下十个方面努力。

一是要有前瞻性的服务理念。理念决定未来，理念决定事业发展的水平。新技术的应用、服务品牌的设计策划等，都需要以全国领先的视角进行顶层设计，要面向世界讲好图书馆故事，让理念引领图书馆健康科学发展。

二是要深入开展全民阅读活动。阅读是民族的希望，是社会和谐的保障。北京市在全民阅读活动中领先全国，各区图书馆的阅读活动丰富多彩。阅读是公共图书馆服务永恒的主题，全面开展全民阅读活动，要有新设计，要有新局面，要有新效益。

---

[1] 倪晓建，教授，博士生导师。首都图书馆原馆长，中国图书馆学会原副理事长，文化和旅游部公共文化服务专家委员会专家。获国家级、省部级教学与科研成果奖近10项。

三是要在面向老年人和青少年的服务中有所作为。为老年人服务是社会的责任，在服务中要充分体现社会的包容性。关于为老年人服务，国家出台了系列文件，非常重视老年群体的文化生活，每年的国家社科基金研究项目都有关于老年人信息服务方面的课题。如何在目前基础上提高老年人服务质量，让老年人体验信息化社会的便利，让数字资源惠及每位老人，值得各公共图书馆思考。青少年是图书馆的重要服务对象，在提升青少年信息素质水平、引导青少年养成阅读习惯、为青少年制定阅读书目等方面图书馆都有许多工作可做。图书馆在服务中应利用社会力量，协调学校、政府、家长等开展服务。

四是要讲好区域故事。区域性的地方图书馆，要向一地乃至全国讲好地方上的历史故事。为了讲好地方故事，图书馆要系统、全面地收集整理好故事资源。首先要抓紧抢救故事资源，面向老人录制口述历史故事，为危旧庭院的故事录制影像资料。其次要有计划地收集地方故事，包括历史文献、家谱、族谱、村史、人物、建筑、寺观，也包括有时代意义、纪念意义的照片、物件等。这项工作体现了图书馆的社会功能、文化功能、记忆功能。

五是要积极为政府及企事业单位提供决策咨询服务。全国公共图书馆评估把为政府提供咨询服务作为一项内容。为了做好决策咨询服务，国内不少文化和旅游部门成立智库，公共图书馆在智库建设中，首先要根据政府及企事业单位的需要进行选题，或者根据区域文化建设的需要和本馆已有的基础进行立项。其次是要围绕研究咨询的选题系统来收集文献资源，有了资源才能进行研究。在研究报告撰写中，要聚焦问题、充分论证，找出可行性对策建议，这是体现公共图书馆研究能力与水平的一项工作，值得各图书馆重视。

六是要开展公共文化空间建设，拓展服务范围。全国公共文化服务体系示范区建设有纵向到底、横向到边的服务要求。纵向到底是指体制内的服务延伸，从城市到社区、村的服务体系。横向到边是指区域内体制外的企事业单位的协调服务。公共文化空间是图书馆拓展服务的社会方式，各地图书馆在这方面已进行了积极的尝试，取得了不少经验成果。北京文化底蕴深厚，要继续面向学校、企业、公园、社区、商场、宾馆等场所进行布局，充分调动社会各界的积极性，共同建设市民举步可得的文化空间，享受社交、休闲、体验以及学术、创新的乐趣。

七是要请百姓参与图书馆建设。公共图书馆是百姓的图书馆，为了发挥百姓和社会参与图书馆的作用，各图书馆成立了理事会。"图书馆工作人员是服务者""读者是上帝""读者至高无上"等口号已喊了几十年，但效果甚微。请百姓参与图书馆建设，应该成为我们办馆的一个理念，资源建设、空间设置、服务内容、活动的开展等都要有百姓的声音，通过百姓参与让图书馆活起来，借百姓之力提升图书馆的影响力，扩大图书馆的社会知名度。

八是要在志愿者服务上出品牌。国家对志愿者服务有相应的文件，关于优秀志愿者，文化和旅游部已评选过两次。公共图书馆虽然广泛开展了志愿者服务，在志愿者人数和服务内容、时间等方面取得了成绩，但是在志愿者服务项目、服务方式等方面需要进一步策划、改进，真正让志愿者在服务中得到提高升华，让接受服务者切身感受到社会的温暖、文化的享受、人生的意义。

九是要在文旅融合上下功夫。文化是旅游的灵魂，旅游是文化的载体。关于文旅融合发展，各地图书馆已积累了不少经验和案例，位于国家公共文化服务体系示范区和北京市公共文化服务体系示范区的几个北京市的公共图书馆更是如此。北京市文化旅游资源非常丰富，要充分发掘，把每个文化资源的故事编写好、讲解好，让游客在参观旅游中得到知识、提升文化修养。要系统开发各类文旅资源，包括历史、园林、庙观、店铺、人物、企业、街道、门楼。要制定文旅策略，做好北京全市文旅融合这篇大文章。

十是要开展区馆下辖的街道、乡镇图书馆文献资源横向流动的服务工作。从 2006 年开始，为了提高北京市各区馆的藏书数量，市财政每年转移支付 80 万至 120 万元，专门用于各区馆的文献资源建设。作为区图书馆系统的总馆，区馆每年根据需要把部分文献调拨到街道、乡镇图书馆。尽管如此，各分馆的文献品种仍不够丰富，百姓的需要仍得不到满足。为了把有限的文献资源品种扩大化，应该在各基层分馆之间建立图书流动机制，让文献流动起来，区馆确定流动的品种、数量以及在基层馆滞留的时间，应促进分馆之间的协调合作，在文献流动中发挥文献的社会价值。

公共图书馆正处在快速发展的时期，有许多工作有待研究实施，如数字资源落地服务、数字化战略下的文献资源建设、面向读者的个性化服务、从业人员水平能力的提升、社会化服务等。随着新技术的发展，时代赋予图书馆新的责任和使命，公共图书馆要与时俱进，围绕文化中心建设，做好服务这篇大文章。

当代目录学的回顾与前瞻

柯 平 杜艳爱 潘 晴①

摘 要： 改革开放以来，中国当代目录学历经 40 多年的发展，呈现出纸质时代、网络时代、数字时代三个各具特色的发展阶段，逐渐从"论、史、法"体系转型升级为以书目情报和数字目录学为主体的新目录学体系。本文以历届全国目录学学术研讨会召开背景及研讨内容为线索，回顾当代目录学的发展历程，提出应面向国家的文化强国战略发展具有中国特色的 21 世纪目录学，促进目录学学科建设与发展。

关键词： 当代目录学；目录学现状；目录学发展；21 世纪目录学

当代目录学是相对于近现代目录学而言的一个概念。因为"当代"处于变化之中，从目录学角度来看，改革开放以来至今的 45 年属于当代目录学的时间范畴。近几年来，目录学出现了一"热"一"冷"现象：一"热"指文史学界的目录学热潮，许多文史学者投身于目录学研究并产生有关古典目录学的研究成果；一"冷"指图书馆学界的目录学冷淡，目录学得不到应有的重视，目录学研究者后继乏人，图书馆学专业期刊中发表的目录学论文寥寥无几，在图书馆学中算是一个冷门。那么，当代目录学到底发生了什么样的变化？目录学还有没有前途？如何看待图书馆学界的目录学"冷"现象？这些问题成为中国图书馆学会学术研究委员会目录学专业组亟

① 柯平，南开大学商学院信息资源管理系教授，博士生导师，中国图书馆学会学术研究委员会副主任；杜艳爱，南开大学商学院信息资源管理系图书馆学专业博士生；潘晴，南开大学商学院信息资源管理系图书馆学专业硕士生。

待要回答并解决的问题。

2023 年 4 月 7 至 9 日，由中国图书馆学学术研究委员会和东北师范大学信息科学与技术学院联合举办的第七届全国目录学学术研讨会在吉林长春举行。这次会议以"新文科建设与目录学学科发展"为主题，围绕上述问题进行了热烈讨论。笔者在对当代目录学研究进行全面梳理与思考的基础上，结合第七届全国目录学学术研讨会的总结，回顾当代目录学的发展历程，展望目录学的未来，以提振图书馆界目录学研究的信心，促进目录学学科建设与发展。

1 目录学的三个时代

1.1 纸质时代

在计算机出现以前，目录学的主要研究对象是纸质图书文献，书目工作与目录学处于纸质时代。20 世纪 50 年代，以纸质图书文献为处理对象的国家书目工作体系建立。直至 80 年代，我国建立了书目工作的两大体系：一个是以图书馆为核心的书目索引体系，从 1949 至 1979 年，我国共编制书目索引 7783 种，是新中国成立前历代书目总和的 4.86 倍[1]。另一个是以科技情报机构为核心的检索工具体系。1980 年，全国检索刊物只有 137 种，而到 1987 年达到 229 种（国内检索 71 种；国外检索 158 种）[2]。

为适应书目工作对于人才的需求，武汉大学和北京大学两校合编了《目录学概论》（1982），将书目方法论作为一个重点，主要讲手工编制书目、索引、文摘等二次文献的方法。例如关于书刊索引编制，编制篇目索引时，"在实际工作中，人们常常把书本索引剪贴在卡片上，以适应累积排列的需要"，编制语词索引时，"根据原底本每页钩标的结果，制作卡片"等。

20 世纪 80 年代是中国目录学的黄金时代，书目工作、目录学理论与实践、目录学教育全面发展，系统论、信息论、控制论以及数学方法、统计方法、比较方法等理论方法纷纷被引入目录学研究，丰富了目录学方法论体系。1980 年彭斐章和谢灼华的《关于我国目录学研究的几个问题》引起目录学界的广泛关注，正式提出了以"揭示与报导图书资料与人们对图书资料的特定需要之间的矛盾"为对象的目录学的"矛盾说"[3]，强调了专科目录学和目录学方法的研究。1983 年，处于改革开放初期，第一届目录学研讨会在沈阳举办，会议主题为"目录学如何为四化服务"。这是新中国成立以来首次召开的目录学学术讨论会，也是图书馆界学术研究向深广探索的一次实践。中国图书馆学会副理事长、北京图书馆副馆长丁志刚出席会议并讲话。1985 年，首届全国图书馆学教育学术讨论会将目录学列为图书馆学专业核心课。1986 年乔好勤等发起了"目录学研究通讯小组"，宣称"目录学家的使命是面向社会现实"。

1.2　网络时代

20 世纪 90 年代，目录学开始进入网络时代，主要原因是目录学社会环境信息化。1993 年国家信息化三金工程启动①。1994 年美国提出"信息高速公路"战略，中国正式接入国际互联网，中国科学技术网（CSTNET）、中国教育和科研计算机网（CERNET）、国家公用经济信息通信网（CHINAGBN）、中国公用计算机互联网（CHINANET）四大骨干网络相继建立。在信息化浪潮的影响下，目录学界开始了新的思考。

一是出版新的目录学著作（见表 1），大力推动计算机在目录学中的应用。北京大学朱天俊认为，目录学是致用之学。在计算机飞速发展的背景下，朱天俊的《应用目录学简明教程》（1993）专章论述文献编纂中的计算机应用，包括应用计算机进行文本编制、书目索引编制、摘要编制以及电子版图书编制。柯平在《文献目录学》（1998）中介绍了计算机在文摘工作中的应用以及文献数据库、联机检索系统、光盘检索系统等内容。倪晓建在《书目工作概论》（北京师范大学出版社 1991 年版）的基础上，2001 年

---

①　三金工程包括金桥工程、金关工程和金卡工程。1993 年底启动，1994 年开始正式实施，三金工程是中国国民经济和社会信息化建设的序幕。三金工程重点是建设信息化的基础设施，为重点行业和部门传输数据和信息。

又出版了《信息加工》，将传统的提要、注释、文摘上升到浓缩性信息揭示，增加了全文检索系统、超文本等新内容。

表 1 目录学概论性教材与著作情况

书名	著者	出版社	出版时间	影响
目录学概论	武汉大学、北京大学《目录学概论》编写组	中华书局	1982 年 3 月	获 1995 年国家教委优秀教材一等奖
目录学	彭斐章、乔好勤、陈传夫	武汉大学出版社	1986 年 12 月	入选"广播电视大学图书馆学专业教材"
应用目录学简明教程	朱天俊	光明日报出版社	1993 年 7 月	
当代目录学	郑建明	南京大学出版社	1994 年 7 月	
文献目录学	柯平	河南大学出版社	1998 年 8 月	获河南省社科联社会科学优秀著作一等奖
目录学（修订版）	彭斐章、乔好勤、陈传夫	武汉大学出版社	2003 年 11 月	入选"高等学校图书馆学核心课教材"
目录学教程	彭斐章	高等教育出版社	2004 年 7 月	入选"面向 21 世纪课程教材"
目录学教程（第二版）	彭斐章	高等教育出版社	2017 年 4 月	入选"面向 21 世纪课程教材"
当代目录学	郑建明等	科学出版社	2020 年 12 月	
目录学	柯平	科学出版社	2022 年 9 月	

二是加强学术研讨，迎接网络时代信息技术对目录学的挑战。这一阶段先后有三次全国目录学研讨会召开（见表 2）。

表 2　历届全国目录学学术研讨会情况

届次	时间	地点	承办单位	主题	参会代表/人	交流论文/篇
第一届	1983 年 8 月 17—22 日	沈阳	辽宁省图书馆	目录学如何为四化服务和国内外目录学研究现状与发展趋势	40	64
第二届	1991 年 5 月 4—6 日	南京	南京师范大学	书目工作的性质、作用及与其他学科的关系	34	30
第三届	1994 年 9 月 20—23 日	太原	山西省图书馆	迎接新时代挑战的目录学	37	26
第四届	2004 年 10 月 29—31 日	天津	南开大学	网络信息文化——新世纪目录学与书目工作的发展	40	22
第五届	2007 年 5 月 17—18 日	重庆	西南大学	数字环境下的目录学发展	35	21
第六届	2013 年 11 月 2—3 日	武汉	武汉大学	继承与创新——中国目录学的发展	50	24
第七届	2023 年 4 月 7—9 日	长春	东北师范大学	新文科建设与目录学学科发展	140	28

1991 年，信息化高速推进，第二届目录学研讨会在南京举办，会议主题为"书目工作的性质、作用与其他学科的关系"，针对目录学"危机论"和"困境论"，会议认为目录学学科的发展主要不是取决于学科本身，而是取决于社会需求。特别是在图书情报一体化的影响下，目录学与情报学的结合进一步加强。许多同志认为书目情报服务应作为目录学研究和发展的一个重要新领域而得到重视，相关会议论文论述了：书目情报的本质问题；从调查高校读者对书目情报的需求和利用来研究书目情报服务问题；市级公共图书馆的书目情报服务工作等[4]。

1994 年，计算机、互联网继续发展，社会信息化全面开展，第三届目录学研讨会在太原举办，会议主题为"迎接新时代挑战的目录学"。这次会议以书目情报和书目工作为热点，以务实和实践为导向应对信息化的挑战，显示出目录学情报化和社会化的重要特征。彭斐章在题为"世纪之交的目录学研究"的主旨报告中强调：书目实践是对目录学发展起决定作用的因素，对目录学主体研究应确立综合的联系的观点；世纪之交目录学研究的基点是书目情报，是"效益信息"；目录学发展的趋势是目录学自身的整体化、目录学与其他学科的整合、目录学的科学化。柯平的报告"论我国书目情报系统的建设路向"强调结合我国国情，我国书目情报系统必须走二次文献与数据库一体化的道路，这"是一篇从宏观角度探讨目录学应用研究的文章，颇为引人注目"[5]。

2002 年 4 月，中国图书馆学会第六届学术委员会在北京成立，目录学专业委员会由倪晓建担任主任，王锦贵、柯平、王新才担任副主任。2004年，经济全球化、信息网络化背景下，第四届目录学研讨会在天津举办，会议主题为"网络 信息 文化——新世界目录学与书目工作的发展"。从这次会议讨论的"我国书目信息标准化与数字图书馆的书目标准""网络信息资源的书目控制与网络资源导航""基于网络的书目情报需求与书目情报服务新模式""信息加工与文献的深层次开发"四个议题看，目录学界已将注意力放在了网络新环境上。《20 世纪目录学研究的回眸和思考》（彭斐章、付先华）、《当代目录学客观定位的思考》（王锦贵）、《中国目录学的现状与未来》（柯平）等会议论文均是在总结过去目录学发展的巨大成绩和突破的同时，清晰地认识到目录学研究中的问题，把目录学置于新的网络时代进行发展路径的选择和历史使命的探索[6]。

三是提出网络目录学。彭斐章等早就指出"书目情报工作的电子化、网络化是21世纪中国目录学的重要特征"[7]。2001年，广东省图书馆学会主办的"网络信息资源管理与目录学"学术沙龙，围绕三个方面的问题展开热烈的讨论：一是目录学面临的问题和发展趋势；二是信息资源开发利用与目录学研究；三是网络信息资源目录控制的理论、方法和技术问题。乔好勤认为"目录工作实践活动已进入网络信息目录控制的新阶段，目录学研究的重点应该尽快转移到网络信息目录工作及其检索工具上来。目录学研究者应该积极参与网络信息资源建设、开发和利用这一庞大的世纪工程，找准自己的活动领域，真正把目录学推进到一个新的时代——网络目录学阶段"[8]。2002年在首都图书馆召开的目录学专业委员会座谈会上，网络信息资源组织与书目控制成为目录学研究者们的重要话题。目录学界围绕网络信息资源组织的超文本、搜索引擎、指引库、元数据和图书馆编目等进行研究，司莉[9]、刘秀华[10]、赵晓玲[11]等发表了相关成果。

四是目录学教育向更高层次发展。1991年全国首届现代目录学方向博士研究生在武汉大学招生，标志着高层次目录学人才培养的实现，结束了中国无目录学博士的历史。

1.3　数字时代

目录学进入数字时代，有两个显著的特征。

一是数字资源成为目录学研究的重要对象。目录学从原来只研究图书文献扩大到以数字资源为研究对象，这是一个很大的变化，也是一个巨大的进步。郑建明2020年出版的《当代目录学》与1994年版相比，增加了目录学数字化内容，在十一章中，有三章内容反映有关数字资源的研究，即第七章"数字文献资源的整合机制及其实现"、第八章"网络信息资源书目控制"和第十章"网络学术信息资源利用"，该书还在最后一章专论大数据中的目录学，体现了对数字资源的重视。柯平2022年出版的最新目录学著作《目录学》不仅提出了书目文献大数据，而且提出了书目文献智慧化，包括书目情报处理智慧化、书目控制智慧化、书目情报服务平台智慧化，这就使当代目录学在数字化基础上向智慧化迈进。

二是数字目录学不断发展，目录学的现代化形象不断加强。近年，全国召开了三次目录学年会。

2007年，迈入数字时代，数字化、信息化发展加速，第五届目录学研讨会在重庆举办，会议主题为"数字时代目录学的发展"，分主题有网络信息资源的书目控制与网络书目情报服务新模式、古籍数字化与古籍书目资源共享、数字参考咨询服务与书目工作的变革等，都与数字化背景相关。

2009年9月，中国图书馆学会第八届学术委员会在上海成立，目录学专业委员会由柯平担任主任，王新才、郑建明担任副主任。2013年，全球信息化持续深化，第六届目录学研讨会在武汉举办，会议主题为"继承与创新——中国目录学的发展"。会上，彭斐章以"目录学是读书治学的必修之学"为主题，指出：目录学作为一门历史悠久的学科，在不断继承与创新的发展过程中，对出版发行、信息管理、数字阅读、书目控制、网络信息资源揭示、数字目录学等领域仍具有十分重要的指导作用；在数字环境下，只要坚持在继承的基础上开拓创新，目录学仍将会得到持续不断的、更大的发展。谢灼华提出，目录学在新时期的深化、细化发展应当与国家繁荣文化事业的政策相协调，要发挥目录学在全民阅读推广中的作用，加强已编制的书目文献的宣传推广等。此次会议是一次高水平的学术交流，为探索目录学学术传承与目录学在数字时代应用等议题提供了良好的平台，更是储备目录学人才的绝佳机会[12]。

2022年2月，中国图书馆学会第十届学术委员会组建目录学专业组，柯平担任主任，郑建明、唐琼、王平担任副主任。2023年4月，召开了第七届全国目录学学术研讨会，会议主题为"新文科建设与目录学学科发展"，这是新一届目录学专业组成立后的第一次大会，也是距上次学术研讨会10年之后的一次盛会，旨在推进数字时代目录学的全面创新发展。

2 目录学的"论、史、法"体系的突破与转型

2.1 "论、史、法"体系

以 1982 年武汉大学、北京大学两校合编的《目录学概论》为标志，目录学的"论、史、法"体系一经推出就成为目录学界的"金科玉律"。

"论"即目录学理论。在《目录学概论》（1982）中，目录学基本概念、目录学的对象与内容、目录学的原则和意义属于理论部分。《目录学（修订版）》（2003）不仅确立了目录学理论基础与指导原则，还阐述目录学基本原理，包括应用原理（分为书目情报生产原理、书目情报传递原理、书目情报利用原理等），发展原理，基础理论（书目情报的哲学研究、目录学的社会动力学研究等）。

"史"即目录学史。《目录学概论》（1982）所讲的中国古代目录学、近代现代目录学以及国内外目录学研究属于史的部分。《目录学（修订版）》（2003）将目录学的产生与发展分为五个阶段。①先秦到两汉：古典目录学的产生；②魏晋南北朝与唐宋：古代书目工作的发展与古代目录学理论的初步探讨；③元明清：古代书目工作的进一步发展与古代目录学理论的总结；④中国目录学的近代化历程；⑤中国目录学的现代化历程。

"法"即目录学方法。《目录学概论》（1982）除了讲书目方法论，还详细介绍国家书目、联合目录、推荐书目、专题书目、地方文献书目、个人著述书目和书刊索引的编制法。《目录学（修订版）》（2003）共十一章，方法占七章，包括文献的揭示与组织、书目编撰法、文摘编制法、索引编撰法、综述编撰法、书目情报服务、书目工作组织管理。其内容比《目录学概论》（1982）更为丰富，也更体现时代性。

"论、史、法"体系构成了目录学的"三分天下"或"三足鼎立"之势，影响了目录学的一个时代。

2.2 书目情报理论与书目情报服务

对目录学"论、史、法"体系的第一次突破是书目情报概念的引入。1987 年彭斐章等翻译出版苏联科尔舒诺夫主编的《目录学普通教程》，将"书目情报"概念引入中国。20 世纪 90 年代，中国特色的由书目情报理论与书目情报服务组成的目录学新体系开始建立。

在书目情报服务方面，彭斐章出版的《书目情报需求与服务研究》（武汉大学出版社 1990 年版）是一部我国书目情报服务研究的重要著作。该书不仅探讨了书目情报应用的许多问题，揭示了书目情报需求与服务的规律，开辟了新的领域；而且通过向全国几百个单位的读者进行问卷和跟踪调查，获得了读者书目情报意识与书目情报行为的研究结果与结论，具有重要的指导意义，从而掀起了国内的书目情报服务调查研究之风。彭斐章教授还组织博士生研究团队对书目情报服务进行专题研究，出版了《书目情报服务的组织与管理》（1996）、《书目情报需求与服务组织》（2000）等系列著作。

在书目情报理论方面，彭斐章将书目情报确立为现代目录学的基点，柯平提出了文本书目情报等新概念。柯平的专著《书目情报系统理论研究》（书目文献出版社 1996 年版）对书目情报系统进行了多方位、多层次、多角度的理论发展，包括书目情报系统的功能、书目情报系统环境的分析与运行机制、书目情报系统的发展路径等问题。

2.3 大众目录学与数字目录学的新体系

对目录学"论、史、法"体系的第二次突破是目录学的大众化与数字化趋势。2007 年第五届全国目录学研讨会正式划分了目录学的两大分支：大众（阅读）目录学与数字目录学。会上，目录学分委会副主任、武汉大学信息管理学院王新才作了题为"浅议目录学的发展趋势"的主旨报告，强调了目录学大众化的重要性；目录学分委会副主任、南开大学信息资源管理系主任柯平在"面向数字书目控制和数字资源控制的数字目录学"主旨报告中，阐述了数字目录学意义与目录学的新使命。这次会议确定了目录学下一步发展的两个方向——数字化和大众化[13]。

在此之前，柯平较早开拓文献目录学，创建数字目录学，推进目录学的理论创新。2004年，在全国第四届目录学学术研讨会，柯平提出基于"信息资源—知识定位"的包括文献目录学、信息目录学和知识目录学的新时期目录学三角模型，以数字目录学、企业目录学、知识资源服务与知识记忆系统、信息控制、阅读教育与读者教育等作为目录学的发展重点。2005年，柯平将数字目录学作为目录学的三个发展重点之首，主要解决电子资源的分类编目与检索问题，包括数字图书馆目录、网络编目、联机编目系统、文后电子资源著录、网络资源分类、网络资源组织、网络信息资源的二次开发等问题[14]。2008年，柯平的《从文献目录学到数字目录学》在国家图书馆出版社出版，系统阐述了数字目录学的原理以及从文献目录学到数字目录学的发展方向，"数字目录学是南开大学柯平教授提出的目录学研究的新领域"，"该书的出版是数字目录学的一个里程碑"[15]。2022年，柯平的《目录学》将数字目录学作为专章论述，将代码管理、文本数据分析等作为数字目录学的新领域，将数字目录学推向一个新阶段。

自此，传统的目录学体系实现了转型升级。以书目情报和数字目录学为主体的新目录学体系开始定型。

3　建立 21 世纪新目录学

2022年，柯平提出要建立21世纪新目录学，要寻找新的应用场景、构建新的研究范式[16]。在第七届全国目录学学术研讨会上，柯平作了题为"面向文化强国的中国目录学发展"的主旨报告，再次将建立21世纪新目录学提上议事日程。

3.1　面向国家战略发展具有中国特色的目录学

21世纪新目录学面临文化、科技与教育发展的新机遇。党的二十大报告指出"全面建设社会主义现代化国家，必须坚持中国特色社会主义文化发展道路，增强文化自信，围绕举旗帜、聚民心、育新人、兴文化、展形象建设社会主义文化强国，发展面向现代化、面向世界、面向未来的，民族的科学的大众的社会主义文化，激发全民族文化创新创造活力，增强实现中华民族伟大复兴的精神力量"。当代目录学要与国家战略需求相结合，应用到文化遗产传承、文化对外传播等领域，以助力文化强国的建设。要运用目录学的导读思想，助力全民阅读。全民阅读的深入推进需要公民信息素养的保障，目录学是信息素养的根源。全民阅读推动主体应把握目录学方法论，深入揭示报道文献，指导读者于杂乱的信息中获取所需[17]，充分发挥目录学的教化与育才功能。

3.2　加强与图书馆学等相关学科的融合

当代目录学是一门交叉学科，既与文学、史学等学科关系密切，与图书馆学更有千丝万缕的联系，中国古典目录学为现代图书馆学提供了丰富的理论源泉，而现代图书馆的发展对于当代目录学有着参考借鉴作用。目录学是图书馆学语境下无法绕开的学科，当代目录学必须与图书馆学携手，共同服务于图书馆工作与图书馆事业。例如，目录学要融入图书馆阅读推广工作，以推荐书目理论指导图书馆阅读服务。要将图书馆编目、元数据、信息组织纳入目录学范畴，运用目录学的原理和方法，改进信息资源组织与管理，建立图书馆编目学。

目录学是一门应用性很强的学科，目录学研究要关注社会和行业现实问题，从书目情报工作实践中吸取经验，并将其提升到目录学研究的理论层面。目录学可以与科技情报机构相结合，以书目情报理论为指导，建立科技文献知识库，为科研人员提供创新型书目情报服务。目录学可以与新闻出版部门相结合，进行新闻出版书目情报研究，促进出版物书目控制。

3.3　注重新的场景应用以开辟目录学新的生长点

在新的历史时期，在新的数字环境下，虽然目录学将面临很多挑战，但也获得更多机遇。21世纪新目录学是以数智技术为新环境，促进目录学与新的应用场景的结合，寻求目录学新的生长点，开辟目录学的新天地。

第七届全国目录学学术研讨会第一次尝试邀请企业代表参与目录学发展研讨。北京中文在线阅读教育科技公司常务副总经理兼湖北中文在线数字出版有限公司常务副总经理陈曲在会上作了题为"新媒体环境下目录学在阅读推广中的思考与实践"的专题报告，她认为，阅读推广活动中无处不用到目录学，新媒体背景下，目录学在与新技术的应用融合等方面面临巨大挑战。"碎片化"是信息时代各类资源的重要特征，作为拥有海量数字文化资源的数字出版企业，如何让"碎片化"的阅读方式和"碎片化"的数字信息走向系统、走向多元且有序，亦是数字文化建设过程中值得思考的问题[18]。北京雷速科技有限公司总经理刘锦山博士作了题为"目录学视域下的企业文献开发利用"报告，阐述了目录学对于企业文献开发的重要作用，企业是目录学应用的新的场域。从上述两位企业代表发言中可以看到目录学是一个与时俱进、有广泛应用场景的学科，目录学能够和时代同呼吸，与社会紧相连，为新时代各行各业的发展提供学科方面的支持。

3.4　加强目录学人才队伍建设

目录学的发展经过了几代人的努力，老一代目录学专家学者为当代目录学建设作出了巨大贡献，由于目录学队伍青黄不接，年轻一代的目录学工作者亟待成长，勇挑重担。

2022 年 4 月，中共中央办公厅、国务院办公厅印发的《关于推进新时代古籍工作的意见》提出强化人才队伍建设的要求，包括扩大古籍保护修复人才规模，强化古籍人才培训，实施古籍人才培训计划，设立全国古籍人才培训库，建设古籍人才培训基地和古籍整理研学一体的培训平台。这里也包含着目录学人才问题。做好古籍工作，必须懂得目录学知识，古籍人才必然是目录学人才。

21 世纪新目录学需要新型人才，一方面要造就目录学领军人才，形成以领军人才为首席专家的目录学研究团队，引领 21 世纪新目录学的发展。二是要培养目录学研究的骨干队伍和后备军，包括勇于开拓目录学理论的研究者、懂得数智技术的书目情报工作者等。

3.5　推进高校目录学教学改革

20世纪90年代末以后，高校目录学教学就处于困境之中[19]。目前，高校目录学教学出现了两极分化的现象，一些高校十分重视目录学课程，一批年轻教师勇于创新，积极从事目录学教学改革，形成了目录学示范教学案例，如南京大学郑建明教授在网上推出了目录学慕课，南开大学柯平教授将阅读推广引入本科生目录学教学[20]。当然，还有一些高校不重视目录学教学，将原本作为图书馆学专业必修课以教学改革的名义从教学计划中剔除，造成目录学教学的中断甚至中止现象。

随着高校图书馆学教育回归本原的呼声高涨，目录学教育开始引起图书馆学教育界的重视，推进高校目录学教学改革也成为21世纪新目录学的必由之路。

4　结语

40多年来，当代目录学走过了一条不平坦的道路。目录学从20世纪80年代成为热门领域到遭受前所未有的信息化挑战，目录学传统的研究领域与应用场景发生改变，传统的目录学理论与方法却没有跟上时代的步伐，使目录学受到冷落，甚至一度降到了冰点。今天是当代目录学重振雄风的时代，目录学有了新的发展机遇，目录学工作者有了新的使命，书目情报工作与目录学都面临着改革与创新的艰巨任务。作为中国图书馆学会学术委员会副主任兼目录学专业组主任，柯平教授在第七届全国目录学学术研讨会上提出"仰望星空，顶天立地，面向未来"的号召。我们相信，目录学一定会闯出一个康庄大道，目录学的明天会更美好。

参考文献

[1]冯秉文.三十年书目工作初探［M］//中国图书馆学会论文摘要编辑组.中国图书馆学会第一、二次科学讨论会论文摘要.北京：书目文献出版社，1982：311-

313.

［2］柯平.书目情报系统理论研究［M］.北京：书目文献出版社，1996：238.

［3］彭斐章，谢灼华.关于我国目录学研究的几个问题［J］.武汉大学学报（哲学社会科学版），1980（1）：90-96.

［4］涵之.步入九十年代的中国目录学——第二次全国目录学学术讨论会侧记［J］.图书馆工作，1991（3）：14-16，74.

［5］韩柳.目录学：世纪之交的思考——第三届全国目录学讨论会侧记［J］.图书馆，1994（6）：44-45.

［6］闫慧.全国第四届目录学学术研讨会概述［J］.图书馆工作与研究，2004（6）：92.

［7］彭斐章，贺剑锋，司莉.试论21世纪中国目录学研究的基本特征［J］.图书馆杂志，2001（5）：2-5，28.

［8］乔好勤，李锦兰.当代目录学的理论与实践［J］.图书与情报，2001（3）：2-5，12.

［9］司莉，彭斐章，贺剑峰.网络信息资源组织与目录学的创新和发展［J］.图书情报工作，2001（9）：21-24.

［10］刘秀华.网络信息资源编目之探讨［J］.图书馆建设，2003（3）：45-47.

［11］赵晓玲.网络数据库中电子期刊与馆藏期刊的编目整合［J］.图书馆建设，2003（6）：48-50.

［12］王新才，丁家友.中国目录学的继承与创新——第六届全国目录学学术研讨会会议纪要［J］.图书情报知识，2014（3）：4-7.

［13］柯平.数字时代的中国目录学——在第五届全国目录学学术研讨会闭幕式上的总结［J］.图书馆建设，2007（4）：116-117.

［14］柯平.中国目录学的现状与未来［J］.图书馆杂志，2005（3）：5-11，4.

［15］潘芳莲.目录学研究的继承与发展——25年来全国目录学学术研讨的主题分析［J］.图书馆工作与研究，2009（7）：8-12.

［16］柯平，张颖.呼唤21世纪的新目录学——柯平教授访谈录［J］.图书馆，2022（10）：1-7.

［17］刘倩雯，刘培旺，柯平.中国目录学的导读思想及对全民阅读的启

示［J］.图书情报研究，2023（1）：29-35，54.

［18］中文在线教育.第七届目录学学术研讨会成功举办，中文在线陈曲受邀出席［EB/OL］.［2023-04-11］.https://mp.weixin.qq.com/s/iy7Pne93DFT6Alk3p0WGcQ.

［19］杨河源.目录学：困局与希望［J］.图书情报知识，2005（3）：12-13，17.

［20］柯平，刘旭青，贾朝霞.阅读推广进课堂：新文科背景下目录学教学改革探索［J］.大学图书馆学报，2021（5）：78-86.

智慧图书馆

元宇宙开启智慧图书馆创新服务新征程

李念祖①

摘 要：元宇宙为智慧图书馆建设带来了新机遇，在元宇宙环境下借助大语言模型、虚拟数字人等技术能够进一步实现图书馆服务创新、引领智慧图书馆服务转向。本文面向元宇宙的关键特征提出智慧图书馆建设构想，并以BIGANT支撑技术实现技术框架的底层保障，可通过虚拟数字人、图书馆数字藏品、数字孪生图书馆等创新服务形式，从"人、物、场"角度实现智慧图书馆元宇宙服务的有效落地，开启智慧图书馆创新服务新征程。

关键词：智慧图书馆；元宇宙；图书馆服务

0 引言

随着 5G 网络、人工智能、大数据、物联网等现代信息技术加速迭代，人们越来越习惯于无处不在的智慧化生活、学习和工作场景，而数字阅读、云上生活越来越成为文化传播的主要形式，越来越多的人希望突破时空限制、足不出户也能享受到全新的阅读空间和文化服务。智慧图书馆的发展，无论是对于图书的管理、用户的知识获取抑或是社会的进步，都具有不可忽视的重要作用。

元宇宙的横空出世，无疑成为智慧图书馆创新服务的契机。元宇宙对

---

① 李念祖，首都图书馆副馆长，副研究馆员，在公共图书馆一卡通、图书馆信息化建设等领域成果丰富。主要研究方向：公共图书馆建设和大都市新型城乡关系研究。

实体空间的突破，能够助力图书馆服务突破物理环境的限制，从而进一步迈向"无界"。而在此基础上，大语言模型、虚拟数字人、NFT 更是进一步焕发出新光彩，为图书馆的服务形式带来了更加丰富的可能性。作为积极拥抱新技术的信息中心，智慧图书馆的服务将更具交互性，使读者得到沉浸式的体验，在元宇宙环境开启新征程。

1　元宇宙——智慧图书馆的新机遇

1.1　元宇宙概念及发展概况

目前针对元宇宙还没有公认的定义，从业界针对元宇宙的诸多讨论来看，"元宇宙是整合 VR/AR、云计算、人工智能和区块链等信息技术构建的虚拟世界与现实世界相结合的互联网应用"[1]。元宇宙商业之父马修·鲍尔则将元宇宙定义为：大规模、可互操作的网络，能够实时渲染 3D 虚拟世界，借助大量连续性数据，如身份、历史、权利、对象、通信和支付等，可以让无限数量的用户体验实时同步和持续有效的在场感[2]。

随着关键技术的不断进步，元宇宙产业有望改变人类的消费和生活方式，成为一个颠覆性的产业。元宇宙作为连接虚拟世界和现实世界的平台，标志着互联网发展的重要转折。元宇宙是一个沉浸式的虚拟世界，用户可以在这个世界中拥有新的身份、进行社交、体验新事物。这些虚拟的体验和交流都会对人们的现实生活产生深刻影响。同时，元宇宙也会加快各行业数字化转型的步伐。由于元宇宙的巨大应用前景和商业价值，它已经成为全球投资者关注的热点，国内外的资本都在积极布局元宇宙领域[3]。可以预见，未来元宇宙将吸引更多投资和创业者进入，成为一个极具想象空间和发展潜力的全新市场。

在图书馆领域，元宇宙也展现出广阔的应用前景。它可以帮助图书馆打造虚拟场景，提供沉浸式的交互体验，使读者身临其境地获取知识、参与活动。同时，元宇宙也可以扩展图书馆的空间范围，实现资源的高效利用。总体来说，元宇宙能够丰富图书馆服务的形式，创新知识传播和组织方式，有助于图书馆的数字化转型。

1.2 元宇宙环境下智慧图书馆建设的新形势

元宇宙的到来无疑使智慧图书馆建设呈现出机遇与挑战并存的新形势。一方面，元宇宙为智慧图书馆提供了实现数字化转型的新空间和技术手段。在元宇宙虚拟空间中，图书馆可以打造沉浸式的环境和丰富的交互场景，用虚拟现实、增强现实等新技术重构服务流程，实现对用户个性化需求的响应，突破实体空间的限制，提高资源利用效率。这无疑拓展了智慧图书馆建设的可能性。另一方面，要实现虚拟空间与实体空间的有效融合，提供逼真的用户体验，构建虚拟社交和实体社交的良性互动，图书馆也面临一定挑战。机遇和挑战并存是元宇宙环境下图书馆发展的新情况，图书馆需要在技术和管理上不断探索创新，以适应这一新形势。

1.2.1 用户体验问题

智慧图书馆的建设需要以用户为中心，满足用户的使用习惯和日益丰富的信息需求。但是，传统图书馆服务通常以标准化、一对多的方式进行，这种统一的服务模式很难满足每个读者个性化的需求，也无法提供快速的响应和反馈。此外，传统实体空间也限制了服务的创新，图书馆缺乏能够提供沉浸式体验的互动平台和工具。而在元宇宙环境下，图书馆就可以打破实体空间的桎梏，利用虚拟现实、增强现实等前沿技术，构建开放的虚拟场景空间和数字化服务系统，实现对读者个性化需求的精准响应，提供高度定制化和个性化的服务，让每一位读者都能获得身临其境的沉浸式体验。

1.2.2 空间资源利用率问题

传统图书馆空间格局相对固定，受限于面积和开放时间，馆藏资源和空间难以得到充分开发和利用。但是，在元宇宙环境下，依托虚拟引擎技术，图书馆可以打造开放式的虚拟空间和场景，实现对空间的重新利用，提供超大的活动空间和丰富的虚拟内容，极大丰富空间体验的可能性。虚拟空间和物理空间的匹配利用也面临挑战，图书馆需要研究两者之间的对应关系，实现虚拟内容与实体环境的有效映射，使之能够相互支撑、融合创新。虚拟环境若无法做到完全还原真实场景的细节质感，给用户带来的虚拟体验依然存在无法达到真实世界的效果，这需要持续的技术创新作为支撑。

1.2.3　读者参与度问题

传统实体图书馆模式下，读者更多是被动接受服务的角色，参与图书馆建设和活动的热情不高。但是，元宇宙为丰富读者参与提供了可能。依托虚拟平台，图书馆可以举办各种虚拟社区活动、创建读者交流空间等，吸引读者主动参与，增强他们的互动性和参与感。但是，我们也要认识到虚拟参与的局限性，线下面对面交流所产生的共鸣和认同感难以通过虚拟完全重构。这需要我们在用户研究的基础上，不断探索虚拟互动的真实性提升方案。

1.3　元宇宙环境下智慧图书馆服务的转向

元宇宙可以扩展图书馆服务空间。传统的图书馆通常只能为当地的用户提供服务，而元宇宙则可以突破物理空间的限制，在真实场馆（线下）和虚拟场馆（线上）中为用户提供更多的"阅读学习""知识获取"空间，无限制地服务于全球范围内的读者。

元宇宙技术可以为图书馆数字化转型提供更多的思路和方向。如通过虚拟图书馆空间的搭建，收集、整理和展示来自各地的图书和文献，将实体馆藏进行数字化呈现，为读者提供更加便捷、更具创新性的图书馆资源获取方式，同时也可以通过增强现实技术将数字化资源与实体场景相结合，为读者提供更加全面和深入的知识服务。

此外，元宇宙还可以为图书馆提供全新的互动和体验方式，比如利用虚拟现实和增强现实技术为读者呈现更加丰富和沉浸式的阅读体验，使读者能够更加深入地了解图书馆的藏书和文化内涵。还可以通过人工智能和大数据分析等技术，为读者提供更加个性化和精准的服务，增强读者黏性。

元宇宙技术为图书馆行业带来了许多启发，为图书馆的发展和变革提供了新的思路和方向，也为图书馆提供了更多的机遇和挑战。图书馆也应积极探索和应用元宇宙技术，打通人和书籍之间的连接，让阅读突破时空，成为随时随地可以沉浸的活动，推动图书馆服务的数字化转型和创新发展。

2　面向元宇宙的智慧图书馆创新服务构想

Roblox 提出元宇宙具备八大要素：身份（Identity）、多样性（Variety）、朋友（Friends）、随时随地（Anywhere）、沉浸感（Immersive）、经济（Economy）、低延迟（Low Friction）和文明（Civility）[4]。依托这八大要素设计图书馆服务，可形成如表 1 所示的建设构想。

表 1　元宇宙八要素在智慧图书馆建设中的表现

元宇宙要素	在智慧图书馆建设中的表现
身份（Identity）	每个人在虚拟图书馆空间的虚拟读者身份
多样性（Variety）	虚拟世界中有超越现实的自由和多样性
朋友（Friends）	在虚拟图书馆空间中通过虚拟社交网络进行读者活动和交流
随时随地（Anywhere）	不受地点限制，可以利用终端随时进出虚拟空间
沉浸感（Immersive）	在虚拟世界中实现更强的代入感和体验
经济（Economy）	元宇宙图书馆自身的经济系统
低延迟（Low Friction）	在数据传输中处理速度快、画像清晰
文明（Civility）	构建的文明体系和运转秩序

根据元宇宙八要素在智慧图书馆建设中的表现，可以勾勒出元宇宙环境下图书馆创新服务的图景。在元宇宙环境下，智慧图书馆可以打造沉浸式的虚拟空间，为用户提供身临其境的探索和交流体验。图书馆可以构建主题虚拟场景，营造文化氛围，增强读者对场景的参与感。在虚拟空间内，用户可以创建个性化的虚拟化身，拥有专属账号和身份标识。不同用户可以自由交流，组建读者社群，举办读书会等活动。这加强了用户之间的社交互动。图书馆可以设置积分系统，与用户虚拟行为相挂钩，实现参与的

激励。依托 5G 元宇宙，图书馆可以确保数据流畅传输，为用户提供高清流畅的沉浸体验。用户只需通过手机等终端，就可以随时随地进入虚拟空间，不受地域限制。

总之，元宇宙环境为智慧图书馆提供了创建沉浸式虚拟场景、进行虚拟交互的可能。图书馆可以根据这一趋势，构建身临其境的虚拟图书馆空间和服务，丰富用户的参与体验。图书馆界也已在积极拥抱元宇宙等新兴技术，从理论和实践上探索元宇宙在图书馆资源建设[5]、阅读推广[6]、无障碍服务[7]、创客空间构建[8]等方面的创新应用。图书馆馆藏中有丰富的资源可供元宇宙撷取素材，而元宇宙能够为图书馆提供崭新的服务空间和舞台[9]，大力发展元宇宙服务是图书馆数字化转型的重要探索方向。

3　智慧图书馆元宇宙服务的落地路径

3.1　智慧图书馆元宇宙服务技术保障

在《元宇宙通证：通向未来的护照》一书中，专家学者指出元宇宙具有六大支撑技术，被称作 BIGANT 即"大蚂蚁"，其中 B 指区块链技术（Blockchain）、I 指交互技术（Interactivity）、G 指电子游戏技术（Game）、A 指人工智能技术（AI）、N 指网络及运算技术（Network）、T 指物联网技术（Internet of Things）[10]。如图 1 所示，BIGANT 六大技术可以全面支撑图书馆元宇宙服务的实现，赋能智慧图书馆建设中的创新服务，从而为智慧图书馆面向广大用户开展元宇宙服务提供技术体系的保障，使其更具互动性、沉浸感和智能化。

3.1.1　区块链技术

基于分布式数据库、智能合约、加密算法、共识机制等计算机技术的区块链能够营造去中心化的信任环境，并可通过跨链技术实现虚拟世界的互联[11]。区块链去中心化、不可篡改的特点，可以保证元宇宙中各类虚拟资源的完整性和确权，避免被篡改或盗用。图书馆可以在元宇宙中发行基于区块链的数字藏品、虚拟资产，确保其唯一性和可追溯性。图书馆通过区块链也可以安全地存储和分析数据[12]，为图书馆元宇宙建立不可篡改的数据库，存储各类活动和交易记录，保证系统安全可靠。

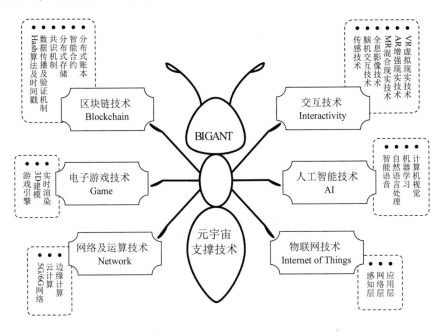

图 1　元宇宙 BIGANT 支撑技术

3.1.2　交互技术

在图书馆的元宇宙服务中，交互技术的创新应用可以极大地提高读者的沉浸感和参与度。通过全息、虚拟现实设备，读者可以在图书馆虚拟空间内看到其他用户或者虚拟 NPC 的形象，并与其交流互动。这种交互方式使得读者能够像在现实世界一样自然地与其他用户进行交流，增强了沟通的真实感和社交体验。此外，读者还可以触碰并操作一些元宇宙空间的物品，例如可以在虚拟图书馆中将书籍从书架上取下来、翻阅或放回。这种自然流畅的交互方式使得读者更加身临其境，感受到真实的图书馆体验。

3.1.3　电子游戏相关技术

该类技术在图书馆元宇宙服务中的创新应用主要体现在精确地还原图书馆的各个空间细节，实现精准的场景模拟。通过这种技术，读者可以在元宇宙中浏览真实的图书馆环境，包括书架、阅览室和阅读座位等。同时，图书馆元宇宙可以通过游戏化（gamification）运营提升服务效能。基于游戏机制的虚拟任务和评分设计可以提供更富娱乐性的交互体验。例如，读者可以通过完成虚拟任务获取积分，从而获得奖励，解锁新的图书资源或参与图书馆活动。这种娱乐化的交互方式可以增加读者对元宇宙图书馆的兴趣和参与度。

3.1.4　人工智能技术

人工智能技术在图书馆元宇宙服务中的创新应用主要包括 AI 对话和个性化推荐系统。通过基于大语言模型的 AI 对话，虚拟馆员可以与读者进行更自然的言语交互，回答读者的问题，提供帮助和预约服务等。这种技术可以为读者提供更便捷、个性化的图书馆咨询和引导服务。当然，为避免可能的伦理焦虑或信息污染，也需要对 AI 语言模型加以合理规制[13]。另外，个性化推荐系统可以根据读者的兴趣和阅读历史，向他们推荐相关的图书和活动。通过分析读者的偏好和行为，系统可以给出符合其阅读需求的个性化推荐，提高读者的阅读体验和满意度。此外，AI 辅助的知识管理系统还可以提供问答、智能检索等服务，帮助读者更方便地获取所需的图书馆资源和信息。

3.1.5　网络及运算技术

网络及运算技术在图书馆元宇宙服务中的创新应用主要体现在高速低延迟网络和云计算方面。高速低延迟网络可以确保海量虚拟数据的流通，保证了图书馆虚拟空间的稳定性和流畅性。读者可以通过元宇宙平台快速加载图书馆资源、与其他用户交流互动，并实现实时的视听体验。云计算通过弹性资源的调配，可以满足元宇宙的大规模计算需求。图书馆的元宇宙服务通常需要处理大量的用户请求和数据，云计算技术可以灵活地分配计算资源，保证用户在访问图书馆虚拟空间时的响应速度和体验。

3.1.6　物联网技术

物联网技术在图书馆元宇宙服务中的创新应用主要体现在虚拟资产与实体书籍的对应和联动上。RFID 将虚拟资产与实体书籍进行关联，使得用户在虚拟空间中的操作能够直接作用于实体环境。例如，读者在虚拟图书馆中借阅一本书籍，该书籍将在实体图书馆中被标识为借出状态，以保证实体环境与虚拟环境的一致性。另外，读者也可以通过虚拟手势或触控设备进行操作，例如在虚拟图书馆中翻开书籍、扩大缩小页面等。这种虚拟资产与实体书籍的对应和联动，增加了图书馆元宇宙的真实感和交互性，使得读者能够更加便捷地利用图书馆资源。

3.2 元宇宙环境下智慧图书馆创新服务形式："人、物、场"

立足元宇宙环境沉浸式场域，图书馆可通过"人、物、场"的属性与关系重构实现服务创新[14]，"人、物、场"三者的重构与联结既是时空尺度的延伸也是场景性质的革新，可以共同形成基于"人、物、场"一体化的架构逻辑[15]。在具体的图书馆元宇宙业务当中，图书馆可以虚拟图书馆、图书馆数字藏品、数字孪生图书馆等服务作为切入点实施。

3.2.1 "人"——虚拟图书馆员

虚拟图书馆员是虚拟数字人技术在智慧图书馆服务中的创新应用，虚拟图书馆员可以在元宇宙环境中面向广大用户提供信息咨询、讲解导览等服务。元宇宙中的虚拟数字人可以实现对画面形象的超越，不限于静态的人物模型，而是可以对包括社会属性在内的特征实现全方位模拟和系统性仿真，并具备社交功能[16]。因而在元宇宙技术的赋能下，图书馆可以通过需求梳理、设计人设、技术实现、场景应用、内容运营等[17]流程创建虚拟数字人，提供创新的虚拟图书馆员服务，发挥人性化功能。

虚拟图书馆员可以作为图书馆员人力、财力、物力等资源的补充[18]，以更低的成本为更多用户提供服务，同时能够打破时空限制实现多线程服务。在元宇宙环境下，虚拟图书馆员可以打破时间和空间限制，为更多读者提供随时随地的信息服务。比如：可以在虚拟展厅出现，为参观的读者推荐相关图书；也可以在线上论坛主动与读者交流，推送热点资讯。通过元宇宙环境的新兴智能技术，虚拟图书馆员可以从传统服务模式升级为智慧化服务模式[19]。虚拟图书馆员的应用丰富图书馆服务的场景，将虚拟世界与实际服务紧密融合。

读者可以通过各类终端进入元宇宙空间，然后见到被设计为图书馆文化 IP 的虚拟图书馆员形象，并与虚拟馆员完成交互。虚拟图书馆员应当具备良好的交互能力，可以自然对话，详细回答读者的各种问题，提供个性化服务。通过接入图书馆自建和外购知识库，虚拟图书馆员掌握图书馆的开放与流通制度、馆藏书目信息、百科知识等多方面的信息内容；通过接入智能问答系统，虚拟图书馆员可对读者用户的咨询进行自然语言处理及意图分析，并从知识库中选择合适的信息，以适合用户的方式进行个性化回答。如果遇到不了解的问题，虚拟图书馆员还可以主动学习、持续进步。

3.2.2 "物"——图书馆数字藏品

在元宇宙环境下，图书馆可以基于 NFT 等技术，将数字藏品作为一种新的创新服务形式来进行展示和应用，从而让读者打破物理实体和传统电子文件的限制，从数字藏品中感知到"灵性""活化"的图书馆资源，并通过数字藏品与图书馆建立起更密切的情感联系。

图书馆可以运用 NFT 技术发行数字收藏品，实现数字资产的确权和流通。读者可以通过图书馆运营的各类活动获取独一无二的数字馆藏，在元宇宙中展示个性化收藏品。这不仅让读者参与其中，也能提高图书馆的知名度以及馆藏资源的利用率。

图书馆丰富的馆藏资源为数字藏品的"铸造"、发行创造了基础条件和主题素材，元宇宙则为数字藏品的增值提供了广阔的空间。发行数字藏品有助于向公众展示图书馆的文化资源，吸引更多潜在读者[20]。图书馆可以对实体馆藏进行数字化，如对古籍、手稿等进行高清扫描、3D 建模，生成数字本和数字模型。这些数字化的馆藏可以在元宇宙的虚拟空间中进行展示，用户只需戴上 AR/VR 设备，就能身临其境地浏览数字藏品，自主控制展示形式，获得沉浸式的数字文化体验。

依托图书馆元宇宙空间，场景中可布置数字藏品。读者可以在虚拟场景中与数字藏品进行交互，提升参与感和娱乐性。数字藏品与年轻一代的消费习惯和价值审美相契合[21]，在其持有、交易、讨论的过程中表现出价值，能够在元宇宙空间承载独有的意义。图书馆可鼓励用户对数字藏品再创作，活化资源利用、反哺价值创新[22]，作为图书馆元宇宙服务的创新方向。

图书馆数字藏品源自客观存在的馆藏资源但又融合创意理念得以再生产，通过用户之间的知识融合与流转，分享关联起图书馆元宇宙空间的不同要素，最终以虚拟藏品形式成为元宇宙空间的价值承载物[23]。元宇宙为图书馆数字藏品提供了沉浸式展示和交互的可能，图书馆可以根据数字需求，打造各类数字馆藏服务。这既丰富了读者的数字文化体验，也是图书馆数字资源建设的重要组成部分。

3.2.3 "场"——数字孪生图书馆

数字孪生图书馆是在元宇宙空间中构建的与图书馆物理实体完全映射的数字孪生模型，可以实现虚拟模型与物理实体的实时双向映射和动态交互反馈[24]。智慧图书馆打造数字孪生图书馆来实时地反映图书馆全馆情况，并将其集成到元宇宙空间。通过数字孪生图书馆，读者、用户可在元宇宙中了解图书馆内的空间规划、路线、馆藏资源、设施、人流量等信息，并实时了解馆内发生的变化。

从本质来看，此类信息似乎都是各类"数据"。但在元宇宙环境下的数字孪生图书馆中，这些原本孤立、枯燥的数据，能够重新在虚拟世界里得到整合与还原，并以可视化乃至可互动的形式向读者生动诠释。数字孪生图书馆可以实现全新体验式服务、一站式知识服务、精准个性化服务等多种形式的创新[25]，能够提供以应用场景为导向、用户体验为目标、满足用户个性化需求的场景化服务，在云端数据驱动仿真模型的基础上实现资源、场景的双向迭代[26]。

数字孪生可以实现物理世界中的实体与数字世界中的孪生体相互映射、相互影响。物理世界中的实体主要功能是采集数据，并传输给数字世界中的孪生体；数字孪生体汇集数据，作出关联分析，给出具体的动作指令。物理世界中的实体接收指令并执行相应的动作。通过智慧高效的管理工具，图书馆随时随地全方位了解图书馆建筑内设备和人员情况，实现图书馆建筑一体化、信息化的管理。

4 结语

图书馆的发展经历了从信息化、智能化到智慧化的形态演变，每一步发展当中，创新技术都起到了极大的助力和推动作用，智慧图书馆建设势必要迎接诸多挑战，图书馆应率先将虚拟馆员、数字藏品、数字孪生图书馆等元宇宙创新技术和应用融入图书服务业态，提供精准感知服务、沉浸式体验，为读者呈现一座海纳百川又懂得读者心思的图书馆，开启面向读者智慧服务的新征程。

参考文献

［1］杨新涯，钱国富，唱婷婷，等.元宇宙是图书馆的未来吗？［J］.图书馆论坛，2021（12）：35-44.

［2］鲍尔.元宇宙改变一切［M］.岑格蓝，赵奥博，王小桐，译.杭州：浙江教育出版社，2022：43.

［3］宣澍，夏伟影，于耀翔.基于区块链视角下元宇宙产业的发展现状、风险危机与优化策略［J］.工信财经科技，2022（6）：28-37.

［4］TAKAHASHI D. Roblox CEO Dave Baszucki believes users will create the metaverse［EB/OL］.（2021-01-27）［2021-12-20］. https://venturebeat.com/2021/01/27/roblox-ceo-dave-baszucki-believes-users-will-create-the-metaverse/.

［5］胡安琪，吉顺权.元宇宙视域下图书馆数字资源建设的机遇、挑战和创新路径［J］.新世纪图书馆，2023（3）：49-55.

［6］胡安琪.元宇宙场域下图书馆"沉浸＋体验"式线上阅读推广模式研究［J］.新世纪图书馆，2023（2）：66-71.

［7］郭亚军，张鑫迪，寇旭颖，等.元宇宙赋能公共图书馆无障碍服务：壁垒突破、体系构建与路径探究［J/OL］.图书馆论坛，1-12［2023-07-25］.http://kns.cnki.net/kcms/detail/44.1306.G2.20230707.1728.004.html.

［8］李默，杨彬．元宇宙驱动下高校图书馆虚拟创客空间构建研究［J］．图书馆工作与研究，2023（7）：3-10．

［9］刘炜，祝蕊，单蓉蓉．图书馆元宇宙：是什么、为什么和怎么做？［J］．图书馆论坛，2022（7）：7-17．

［10］邢杰，赵国栋，徐远重，等．元宇宙通证：通向未来的护照［M］．北京：中译出版社，2021：69．

［11］唐江山．认识元宇宙：缘起、现状、未来［M］．北京：机械工业出版社，2022：138-139．

［12］DESTEFANIS G，MARCHESI M，ORTU M，et al. Smart contracts vulnerabilities：a call for blockchain software engineering?［C］//2018 international workshop on blockchain oriented software engineering（IWBOSE）. Piscataway，New Jersey：IEEE，2018：19-25．

［13］饶高琦，胡星雨，易子琳．语言资源视角下的大规模语言模型治理［J］．语言战略研究，2023（4）：19-29．

［14］李洪晨，马捷．沉浸理论视角下元宇宙图书馆"人、场、物"重构研究［J］．情报科学，2022（1）：10-15．

［15］方卿，李佰珏，丁靖佳．基于"人、物、场"的元宇宙书店构想［J］．出版广角，2022（18）：38-43，50．

［16］夏翠娟，铁钟，黄薇．元宇宙中的数字记忆："虚拟数字人"的数字记忆概念模型及其应用场景［J］．图书馆论坛，2023（5）：152-161．

［17］陈龙强，张丽锦．虚拟数字人3.0：人"人"共生的元宇宙大时代［M］．北京：中译出版社，2022：132-133．

［18］柯平，刘莉．虚拟图书馆员——Lib3.0环境下的新型馆员［J］．大学图书馆学报，2012（3）：24-29．

［19］郭亚军，庞义伟，周家华，等．ChatGPT赋能图书馆虚拟数字人：技术优势、应用场景与实践路径［J/OL］．图书馆论坛，1-11［2023-07-20］．http://kns.cnki.net/kcms/detail/44.1306.G2.20230706.0916.002.html．

［20］宋嵩．元宇宙时代我国图书馆数字藏品发展策略［J］．图书馆工作与研究，2023（6）：18-22．

［21］虞乐.公共图书馆开发数字藏品的思考与建议［J］.出版广角，2022（15）：86-89.

［22］刘倩倩，贺晨芝，陈晓扬，等.NFT数字藏品与GLAM机构的数字文创开发［J］.图书馆建设，2023（3）：25-34，48.

［23］张兴旺，辛杰，吕瑞倩，等.元宇宙视域下图书馆数字藏品价值链的范式构建与场景嵌入研究［J］.农业图书情报学报，2023（3）：4-14.

［24］张兴旺，石宏佳，王璐.孪生图书馆：6G时代一种未来图书馆运行新模式［J］.图书与情报，2020（1）：96-102.

［25］王家玲，查道懂，张春梅.基于区块链的数字孪生图书馆管理与服务模式研究［J］.新世纪图书馆，2023（5）：63-69.

［26］张艳丰，高明泽."云数智"融合视域下数字孪生图书馆场景化服务模式研究［J］.国家图书馆学刊，2022（6）：70-79.

智慧图书馆实践探析

——首都图书馆大兴机场分馆建设

王 璐 黄钟婷 周 雪[①]

摘 要: 智慧图书馆已成为公共图书馆借助信息技术实现业务创新和服务效能提升的转型方向。本文梳理了首都图书馆信息化发展的脉络,通过阐述研究现状及条件,描绘出智慧图书馆发展路径。以首图大兴机场分馆建设为例,论述智慧图书馆建设情况,并结合实际工作给出智慧图书馆发展建议。

关键词: 智慧图书馆;首都图书馆;大兴机场分馆

1 智慧图书馆领域研究现状

2010 年严栋发表《基于物联网的智慧图书馆》一文,将物联网技术引入图书馆领域,由此在我国提出了智慧图书馆的概念[1]。接下来 10 年间图书馆人从概念到体系框架,从读者服务到馆员工作,从理论体系到实践,进行了多角度、多切入点的研究和讨论。

随着信息技术发展带来的新成果、新手段与读者需求、信息资源、业务数据、馆员能力、服务空间等图书馆要素的不断融合,智慧图书馆的内涵与外延也不断丰富。王世伟从信息技术、图书馆服务效率和服务覆盖范

---

① 王璐,副研究馆员,研究方向:数字图书馆;黄钟婷,副研究馆员,研究方向:数字图书馆;周雪,馆员,研究方向:数字图书馆。

围三个角度论述了智慧图书馆的发展方向[2]。乌恩提出智慧图书馆的服务是基于图书馆员智慧的知识服务，也是基于信息资源的深度知识挖掘及具有用户需求分析功能的专家式系统服务[3]。夏立新等提出，应基于人的智慧活动来探讨图书馆的"智慧"，智慧图书馆是融合"人""资源""空间"三个要素并借助技术力量构建的图书馆服务模式[4]。陈进等提出以"资源、技术、服务、馆员和用户"五要素构建感知化、按需提供服务的智慧图书馆服务体系架构[5]。魏来等从数据管理的角度探索智慧图书馆功能构建，建立了基于环境数据、用户数据、资源数据的智慧图书馆功能框架[6]。刘炜等探讨了人工智能、区块链、云计算、大数据和扩展现实五大新型技术与图书馆服务空间融合，通过智慧空间服务形式引导图书馆向智慧图书馆目标前进[7]。

结合具体工作，图书馆人选取了不同的切入点开展了实践。北京邮电大学图书馆基于物联网技术从感知的视角建立了智慧图书馆示范系统[8]。南京大学图书馆从智能基础设施、智慧系统、智慧服务三个层面进行了智慧图书馆体系建设实践[9]。国家图书馆从图书馆当前参考咨询服务的角度出发，引导参考咨询服务与智慧图书馆整体设计目标相契合[10]。深圳市盐田区图书馆从技术和海洋人文角度出发，打造了具有地区特色的智慧图书馆和智慧服务[11]。上海图书馆以 5G 通信技术为切入点梳理了该技术在图书馆的应用场景，并结合智慧图书馆服务平台建设开展了实践[12]。

在体系建设方面，深圳市盐田区图书馆在"智慧 +"公共图书馆总分馆服务体系中构建了具有地域特色、均衡高效的公共文化服务体系，为基层公共文化服务体系高质量发展、资源跨界融合找到新的切入点[13]。饶权在 2020 年"第十届上海国际图书馆论坛"上以"全国智慧图书馆体系：开启图书馆智慧化转型新篇章"[14]为题的主旨报告中提出图书馆的发展进入智慧建设的阶段，应以图书馆发展进程为脉络，以数字图书馆建设经验总结为起点，在全国范围设计出整体图书馆智慧建设的架构："1+3+N，'1'是指一个'云上智慧图书馆'，'3'是指搭载其上的全网知识内容集成仓储、全国智慧图书馆管理系统和全域智慧化知识服务运营环境，'N'是指在全国各级图书馆及其基层服务点普遍建立线下智慧服务空间。"魏大威等在《智慧图书馆建设的思考》中对"十四五"期间我国图书馆从数字图书馆迈向智慧图书馆过程中的建设方式、建设内容、建设成果作了总结性分析,为图书馆真正进入智慧化阶段提供了思路[15]。熊远明从国家战略层面阐述了推进全国智慧图书馆体系建设的必要性,并提出将全国智慧图书馆体系架构作为夯实文化数字化基础设施的重要举措[16]。

2 首都图书馆信息化建设及智慧图书馆发展路径

2.1 首图信息化建设阶段

智慧图书馆是图书馆信息化建设发展到一定阶段的成果,并非空中楼阁。首都图书馆(以下简称"首图")的智慧图书馆发展同样源于长期的信息化建设工作。以馆舍发展为节点,首图信息化建设经历了四个阶段。

第一阶段是图书馆基本业务系统建设及投入使用阶段,时间点在2000年以前。彼时借助计算机发展大潮,各类专业化业务系统伴随着计算机软硬件的发展层出不穷。这一阶段信息化系统建设的主要目标是利用计算机替代传统手工操作模式,提升信息整理和获取的准确性。

第二阶段以2001年华威桥新馆址建设为契机,首图信息化建设进入信息互联互通的新阶段。首图基本业务系统以北京市公共图书馆业务实现联合服务的需求为切入点,加快了信息系统建设的步伐。围绕一系列新需求,不断向外延展各类服务的信息化范围,并向更深层次加大信息化程度,逐渐将原有单一的信息系统内容丰富起来。

第三阶段以2012年首图扩建场馆并投入使用为节点。在信息化技术蓬勃发展的大背景下,读者需求、图书馆自身建设发展需要及市场竞争等多元因素交织,各种形式和内容的数字资源极大丰富。以图书馆资源收集和整理的要求为基石、以向读者提供数字资源服务为目标,开展数字资源相关业务成为图书馆重要工作内容。数字资源是在信息技术环境中孕育和发展起来的,与其相关的信息化系统成为首图一条重要的业务线路。这一阶段首图的各种业务数据呈现多线路、多维度、几何级增长，为信息化建设提出了新的挑战并带来新的机遇。

第四阶段以首图承建北京城市图书馆为起点，在此阶段人工智能、大数据、5G、物联网、区块链等信息技术飞速发展。使智慧化的信息技术融入北京城市图书馆建设这一新的研究课题，既精准回应北京"四个中心"功能定位的需要，又与首图自身发展相契合。由此首图进入了智慧图书馆建设和发展的新阶段。

2.2　首图智慧图书馆发展路径

2.2.1　研究现状

首图同仁们对智慧图书馆这一课题进行了多维度的分析与实践。肖玥等人的论文《机器学习在智慧图书馆的应用研究》以资源、服务、管理三个方面为切入点分析了机器学习技术如何为图书馆的古籍资源管理、服务应用场景设计以及文献采购分类和排架服务[17]；王小宁和马妍的论文《室内定位技术在智慧图书馆建设中的应用探索》通过对不同技术的分析，论述了在不同场景下如何准确定位图书并为业务流程提供全面的数据[18]；王岩玮的论文《智慧图书馆技术的应用趋势与价值重构》从技术角度出发，分析新手段、新方法为图书馆服务价值重构带来的影响[19]。通过以上论文可以看出，首图关于智慧图书馆的研究立足于当下图书馆现状，讨论和分析具体问题的解决方法，同时给相关技术领域指明未来发展方向。

2.2.2　发展的基本条件

事物的发展以现实条件为基础，智慧图书馆在首图的发展也以现实情况为出发点，充分考虑技术与图书馆服务的融合度。若仅是嫁接技术、硬套理论，不但在实际使用的过程中无法推进和落地，还会阻碍图书馆信息化建设的发展。

在信息系统发展的第三阶段首图搭建了一套庞大的基础业务系统，这套系统是北京市公共图书馆服务体系运行的基石。伴随着实际服务需求的发展，首图以这套系统为核心扩展出了或大或小的新应用系统、新服务终端，随之而来的是新的服务形式及流程，以及各种业务数据的爆发式增长。

基础业务系统本身是一套较为封闭的体系，在进行系统功能外延扩展的过程中，无法完全满足数据对接、数据处理、功能调用、统一运维及管理的需求。在实践中往往通过技术路线或功能流线的调整来实现服务目标，实际呈现的服务效果可能会与需求背离。智慧图书馆建设为上述问题的解决带来了新思路。

2.2.3　建设路径

1. 发展过程

智慧图书馆建设的发展过程包含两个议题：一是发展顺序，二是发展节奏。发展顺序的重点是"结构与框架"。结构和框架决定着智慧图书馆的发展方向，根据信息技术的发展规律，其须具备一定规模的大数据存储及处理能力、高效的交互能力、较强的应用服务统一管理及支撑能力、灵活的框架扩展及功能更新能力。首图在原有信息系统的基础上，经过长期调研和论证，逐步规划并形成了一套有机生长着的智慧图书馆信息系统体系架构。

发展节奏的重点是"渐进性"。稳定的智慧图书馆建设需建立在充足的资源及时间的基础上。系统及数据不可能瞬间切换，馆员工作流程及读者使用习惯同样需要时间缓冲及转化。从学科理论上讲，智慧图书馆的关键元素包括高级计算系统、高效的人工智能算法、海量数据采集和管理能力。将这些关键元素同时高规格实现并为读者提供全方位服务是一个复杂庞大的工程。这不仅是智慧化的信息技术与图书馆服务结合的问题，亦是读者和馆员转变行为方式的问题。从服务终端及应用的角度来逐步打造具有特定智慧元素的图书馆读者服务场景，更易结合服务需求而逐步推进。智慧图书馆以服务需求为起点，结合信息技术手段开展实践，让技术手段成为各种服务形式的支撑，再由新技术的应用促进新需求的出现，技术与需求相互作用，从而步入一个良性、渐进的智慧图书馆发展过程。

2. 建设模式

数据交互标准化和功能组件化是首图智慧图书馆建设工作的主要思路。原有基础业务系统、各应用系统及相关数据不会因新体系架构的搭建而被舍弃，其将被转换为新体系下的应用组件和数据服务内容。在融汇、整合的基础上，智慧图书馆实现更多新服务场景的构建、服务范围的拓展及服务效能的提升。

3. 辐射范围

首图智慧图书馆建设旨在为北京市公共图书馆信息系统创造良好的生态环境，引领全市公共图书馆的智慧图书馆建设共建、共享，同时为京津冀公共图书馆协同发展铺设基石。

3 首图大兴机场分馆智慧图书馆建设

3.1 建设背景

2021 年 3 月颁布的《北京市"十四五"时期智慧城市发展行动纲要》中设立了"到 2025 年，将北京建设成为全球新型智慧城市的标杆城市"的发展目标[20]。为了实现这一目标，北京要在"四梁八柱深地基"框架基础上提升公共服务质量和民生保障能力，而创造"智慧生活新体验"是其中要素之一。首图作为北京市公共文化服务场所，为市民打造智慧图书馆服务场景是北京市智慧城市建设的重要一环。文化和旅游部科技教育司在 2021 年 4 月印发的《"十四五"文化和旅游科技创新规划》中对于文化和旅游公共服务提出："研究图书馆、文化馆、博物馆、美术馆、非遗保护中心、游客服务（集散）中心等公共服务设施数字化改造和集成构建技术，研制一站式文化和旅游公共服务技术装备和智慧系统。研发智慧图书馆、智慧博物馆相关技术、平台、装备和系统。"[21]在文旅部的整体规划和指导下，智慧图书馆的研究和实践成为首图在"十四五"阶段发展的主要任务。2022 年 12 月发布的《北京市数字经济促进条例》提出要"建立智慧城市规划体系，通过统一的基础设施、智慧终端和共性业务支撑平台，实现城市各系统间信息资源共享和业务协同，提升城市管理和服务的智慧化水平"[22]。这为图书馆走向智慧化指明了方向，共享和协同成为智慧图书馆建设的必经之路。

为进一步推动全民阅读推广服务模式创新，扎实履行公共图书馆在文旅融合发展中的职责使命，首图依据图书馆建设相关标准并借鉴国内外机场图书馆建设经验，开展了首图大兴机场分馆读者服务项目。大兴国际机场是北京作为国际交往中心的一扇窗口，多元的服务对象、快节奏的服务场景为智慧图书馆实践提供了机遇。如何针对服务对象的特性，精准回应公众的智慧阅读需求，让更多人驻足图书馆、使用图书馆，进而提升读者的阅读体验和空间利用体验，是首图大兴机场分馆智慧图书馆建设面临的挑战。

3.2 建设目标

3.2.1 打造适合大型交通枢纽的公共阅读空间

大兴机场分馆在空间设计层面上以大兴国际机场的整体环境为基石，旨在通过与航站楼环境的融合为读者提供轻松、愉悦的阅读环境。在空间使用层面上具备高度开放性，并提供便利的智慧阅读服务体验。

3.2.2 建设智慧图书馆服务应用体系框架

利用数据流、信息流以及标准化接口等手段，设计并建设一套支撑各类智慧服务形式的智慧图书馆服务体系框架，以实现各种应用系统的统一接入、应用数据的统一应答及统一管理。

3.2.3 实践智慧图书馆服务形式

根据首图大兴机场分馆功能定位，结合专业特长，本着立足公益、注重社会效益、不断扩大社会影响力的原则，研究以"北京市文化旅游"为专题内容的智慧服务形式。一是依托北京市公共图书馆计算机信息服务网络探索多样化的服务形式。二是借助技术手段打造服务场景，不仅为读者提供便利的馆藏获取渠道，也为馆员管理服务资源及回应读者需求提供帮助，如城市大流通背景下的手机借阅、异地还书服务，馆藏的自动定位及智能管理，机器人引导取书等多种服务形式。

3.3 建设内容

3.3.1 建设概况

首图大兴机场分馆从内部空间、文献资源、人力资源、服务设备、读者服务、宣传推广六个方面开展建设工作，将服务形式、服务要素有机融合，围绕将智慧图书馆建设落地到实际应用场景的总体目标进行了探索，打造了一个具有公共图书馆服务属性的智慧阅读空间。

3.3.2 建设成果

大兴机场分馆作为首图智慧图书馆建设的一次成功实践，其核心内容是围绕服务对象需求，以各类服务资源为核心，通过微服务架构技术及中台技术搭建一套智慧图书馆信息系统体系框架。在大型交通枢纽这一社会环境中，在读者时间有限、馆舍空间有限的条件下，大兴机场分馆依托于智慧图书馆建设提供了高度凝练的图书馆功能、高效的服务响应能力以及不受时间、地点限制的智能手机端服务方式。通过智慧图书馆管理平台及城市书房管理系统的搭建，完成各项服务功能的建设，并依托此"平台 + 系统"体系框架实现了各应用系统的统一接入及应用数据的统一管理。从读者服务着手，将此框架建设的目标紧紧围绕服务场景的搭建，使其具有可行性。从工作流程上看，从读者角度、馆员角度、系统维护角度开展工作，便于馆员管理服务内容及系统管理员运维。具体在以下 9 项中开展了工作：

1. 建立智慧图书馆管理平台

智慧图书馆管理平台是构建智慧图书馆服务应用系统框架的基石。首先，它定义了数据及接口等规范，解决了各应用系统间的数据互联、用户互认问题，为以后的应用升级、功能扩展铺平了道路，使各个智慧应用模块不必为数据互通进行重复建设，降低了系统间的协作成本。在此基础上，大兴机场分馆实现了图书馆管理系统与智能书架、机器人、自助办证及借还机等设备的互联互通。其次，智慧图书馆管理平台为应用提供了统一的操作界面、用户体系、数据存储、运维工具等共用组件，实现对系统资源进行监控、预警的功能，为各应用系统提供了一个可靠的智慧服务平台框架。

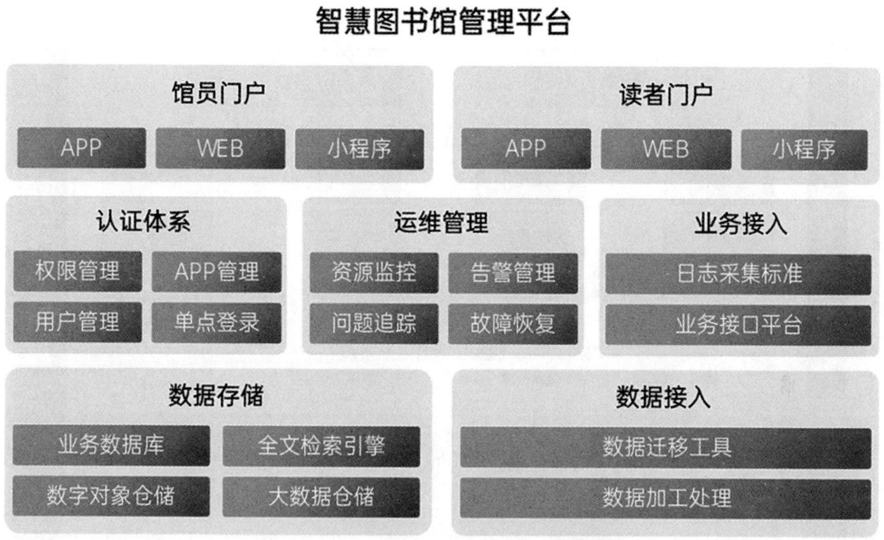

智慧图书馆管理平台

图 1　智慧图书馆管理平台系统架构

2. 构建城市书房管理系统

城市书房管理系统是依托于智慧图书馆管理平台而建设的读者服务的融合体，在此系统框架中，大兴机场分馆依据智慧图书馆平台的数据和接口等规范，实现了移动端文献借阅、移动端异地还书、馆藏智能管理、统计报表等多项读者服务应用的构建。这一框架包含 5 个层面，从下至上依次为数据层、技术层、功能层、展示层、用户层，具有较好的灵活性和可扩展性。

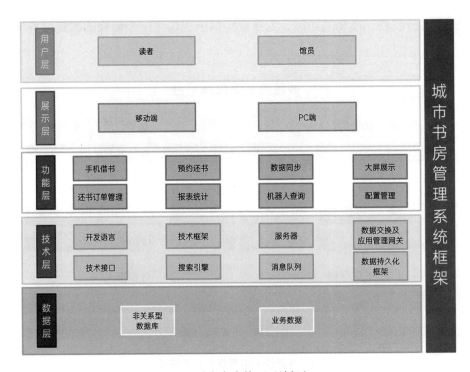

图2　城市书房管理系统框架

3. 移动借阅

在大兴机场分馆服务空间中，读者使用手机移动应用扫描书籍的馆藏条形码即可完成文献借阅。移动借阅服务使文献流通工作站得到拓展，缓解了自助设备及馆员工作站的使用压力。智慧图书馆将纸质文献流通服务拓展到读者手机端，不仅为读者提供了个性化服务，更积累了丰富的移动端服务数据，为文献流通的多层次智慧化服务开拓了空间。

4. 异地还书

手机移动端异地还书功能集成于"阅读北京"小程序，支持对从大兴机场分馆借阅的馆藏图书进行异地物流还书。读者可查看还书订单的物流信息与状态。同时，馆员可通过管理系统对预约还书订单进行管理，查看预约还书订单的详情、物流进度等信息，进行预约还书订单的验收。在对接第三方物流平台的业务、整合现有文献流通服务规则的基础上，异地还书服务的业务流线逻辑清晰，还书时间节点明确，为后续首图网借平台建设工作探索了可行路径。

5. 文献预约

依托于北京市公共图书馆服务体系建立的馆际间城市大流通服务，并基于业务数据的统一管理，大兴机场分馆提供馆藏文献预约服务。读者可预约体系内其他公共图书馆的文献，这些文献经物流配送到大兴机场分馆以供读者借阅。文献预约服务是典型的文献流通需求响应服务，这一业务流线为智慧图书馆建设提供了有效的读者行为数据分析依据。

6. 馆藏智慧管理

智能书架是馆藏智慧管理系统，利用高频技术实现在架识别，可完成馆藏清点、查询、定位、错架统计等功能，可帮助读者自动定位并实时知晓文献的状态，同时帮助馆员获取一定周期内文献活跃度数据。

7. 机器人馆员咨询与导引

机器人馆员实现信息咨询、服务引导的智能化。"小图"是首图大兴机场分馆的机器人馆员代表，读者只需呼唤"小图你好"并与之对话，"小图"将会提供图书馆使用、天气、航班、航站楼地点导航等信息。同时智能书架和"小图"一起实现馆藏的智能定位和机器人引导找书。读者在机器人平台搜索到文献后，"小图"会自动将读者引导到智能书架中文献的具体位置。

8. 馆员移动端服务

大兴机场分馆在移动端展示各项业务运营数据简报，馆员可根据数据掌握整体运营情况并快速对读者咨询进行反馈。展示的数据包括三个主要部分：一是大兴机场分馆流通服务数据，含到馆人次、借阅人次、还书人次、办证数量及文献预约服务、借阅读者分析等信息；二是馆藏数据，含馆藏总量、入藏量、逾期图书量、借阅排行等；三是智慧服务数据，包括移动借阅、预约还书、智能书架、机器人馆员服务等。

9. 统计报表

馆员移动端服务提供更全面的读者、馆藏、流通数据统计等功能。从多个维度提供统计报告，并进行一定程度的趋势分析及全局数据分析，为图书馆决策提供数据化支撑。

3.4　社会效益

首图大兴机场分馆智慧图书馆服务自 2021 年 7 月正式上线运行以来，深受读者认可。至本文截稿时，月均服务 1 万人次，历史峰值达 2.2 万人次。在文献的智慧服务中，通过手机借书渠道及自助设备渠道借出实体文献 1.1 万册次，智能书架文献取阅次数达 40 万余册次，有近 6000 位读者通过机器人馆员的引导找到了心仪图书所在位置，近 1000 位读者通过文献预约服务从 9 个北京市公共图书馆服务体系成员馆将文献预约至大兴机场分馆进行借阅。

4　结语

大兴机场分馆智慧图书馆建设的思路以智慧图书馆服务"平台＋系统"的体系框架为起点，将各种终端及应用系统间的交互数据进行整合、互通；以智慧服务终端及应用为服务入口，以业务数据及服务资源为支撑，融汇各类智慧服务方式，从而实现了多维度的综合服务。一方面其破除了各应用系统建设中存在的数据孤岛问题，为应用数据建设标准化、数据管理流程化、图书馆决策数据化进程奠定了坚实基础；另一方面，通过小规模且具备自身鲜明特色的公共图书馆服务空间凸显了智慧图书馆服务的特性，为更多层次、更广范围开展智慧图书馆建设提供了试点经验。

作为智慧图书馆建设的一次成功实践，其形成了一定程度可推广的智慧图书馆建设经验，同时也带来了新的课题。

首先，智慧图书馆建设是一项系统性工程，需从读者需求出发，以提升服务质量为主要目标，以服务形式多样化为手段，以创新技术为依托，以馆员智慧服务能力培养为落脚点，多维度、渐进式地综合推进。这对图书馆的读者需求响应能力、服务形式创新能力、技术利用能力、部门间协同能力及馆员综合能力提出了新要求。

其次，现阶段智慧图书馆建设所使用的数据大多来自图书馆自身领域，数据构成较为单一，服务效果有待提升。例如机器人馆员服务，其所使用的语言模型的参数规模普遍较小且跨行业数据整合能力不足。当下 AI 大语言模型发展迅猛，基于此的预训练技术已成为人工智能研究的重要突破口。图书馆应开展这一领域的相关研究，将其引入智能问答库的建设，进一步提升机器人馆员服务水平。

此外，单馆的智慧图书馆建设虽具有自身特色，但资源终究有限，需与所在地区图书馆协同发展。例如，首图正探索与北京市公共图书馆服务体系及京津冀公共图书馆共同实现建设资源、技术路线、建设成果的深度共享，从而既避免重复建设，又使智慧图书馆建设助力公共服务的区域均衡发展。同时，要积极融入全国智慧图书馆建设体系的发展，更好地服务于文化数字化国家战略。

参考文献

［1］严栋.基于物联网的智慧图书馆［J］.图书馆学刊，2010（7）：8-10.

［2］王世伟.论智慧图书馆的三大特点［J］.中国图书馆学报，2012（6）：22-28.

［3］乌恩.智慧图书馆及其服务模式的构建［J］.情报资料工作，2012（5）：102-104.

［4］夏立新，白阳，张心怡.融合与重构：智慧图书馆发展新形态［J］.中国图书馆学报，2018（1）：35-49.

［5］陈进，郭晶，徐璟，等.智慧图书馆的架构规划［J］.数字图书馆论坛，2018（6）：2-7.

［6］魏来，张伊.基于数据管理的智慧图书馆功能框架研究［J］.数字图书馆论坛，2018（4）：2-7.

［7］刘炜，赵冬梅.图书馆智慧空间建设：概念、演变、评价与设计［J］.图书情报工作，2022（1）：122-130.

［8］董晓霞，龚向阳，张若林，等.智慧图书馆的定义、设计以及实现［J］.现代图书情报技术，2011（2）：76-80.

［9］沈奎林，邵波.智慧图书馆的研究与实践——以南京大学图书馆为例［J］.新世纪图书馆，2015（7）：24-28.

［10］曹宁，杨倩．面向智慧图书馆的参考咨询服务发展思路初探［J］.国家图书馆学刊，2022（3）：22-28.

［11］刘俏．公共图书馆特色资源服务的创新实践——以深圳市盐田区图书馆为例［J］.图书馆研究，2018（4）：61-64.

［12］刘炜，陈晨，张磊．5G与智慧图书馆建设［J］.中国图书馆学报，2019（5）：42-50.

［13］李星光．盐田区图书馆"智慧+"总分馆服务体系建设实践研究［J］.图书与情报，2021（1）：26-31，37.

［14］饶权．全国智慧图书馆体系：开启图书馆智慧化转型新篇章［J］.中国图书馆学报，2021（1）：4-14.

［15］魏大威，谢强，张炜，等．智慧图书馆建设的思考［J］.国家图书馆学刊，2022（3）：3-11.

［16］熊远明．围绕国家文化数字化战略 积极推进全国智慧图书馆体系建设［J］.中国图书馆学报，2022（4）：5-9.

［17］肖玥，李念祖，谢鹏．机器学习在智慧图书馆的应用研究［J］.山东图书馆学刊，2021（4）：63-67，71.

［18］王小宁，马妍．室内定位技术在智慧图书馆建设中的应用探索［J］.图书馆研究与工作，2022（8）：53-58.

［19］王岩玮．智慧图书馆技术的应用趋势与价值重构［J］.河北科技图苑，2022（1）：80-84.

［20］北京市大数据工作推进小组．北京市"十四五"时期智慧城市发展行动纲要［EB/OL］.（2021-03-23）［2023-07-23］.http://kw.beijing.gov.cn/art/2021/3/23/art_2380_14684.html.

［21］文化和旅游部科技教育司．"十四五"文化和旅游科技创新规划［EB/OL］.（2021-06-11）［2023-07-23］. https://www.gov.cn/zhengce/zhengceku/2021-06-11/content_5616972.htm，

［22］北京市人民代表大会常务委员会．北京市数字经济促进条例［EB/OL］.（2022-12-14）［2023-07-23］.https://www.beijing.gov.cn/zhengce/zhengcefagui/202212/t20221214_2878614.html.

智慧图书馆建设研究综述

崔　玥[①]

摘　要： 本文以国家"十四五"纲要关于"加快数字化发展，建设数字中国"的重要战略部署为依据，旨在探讨未来智慧图书馆的发展趋势和研究需求，以揭示智慧图书馆建设中面临的挑战并提供解决方案，推动智慧图书馆发展和用户体验的不断改进。作者通过文献综述和资料收集的方法，从近些年智慧图书馆理论研究和调查研究两个方面入手，评估目前智慧图书馆研究的缺位与不足，并提出结合实际需求的调研方向。针对智慧图书馆发展中的诸多挑战，文章从技术依赖和数字鸿沟、隐私安全和保护、用户需求和参与度等多个维度，对未来我国智慧图书馆发展需要解决的问题进行论述和分析。

关键词： 智慧图书馆；调查研究；创新发展

中华人民共和国国民经济和社会发展第十四个五年规划提出了"加快数字化发展，建设数字中国"的重要战略部署。其中，重点指出了培育壮大人工智能、大数据、区块链、云计算、网络安全等新兴数字产业，并推进产业数字化转型，实施"上云用数赋智"行动，以此推动数据赋能全产业链协同转型[1]。在大数据时代，以人工智能、物联网和云计算为核心的新一代技术浪潮引发了图书馆深刻的变革，重塑了其服务模式、用户行为

---

①　崔玥，国家图书馆副研究馆员。研究方向：中文文献资源建设。在《国家图书馆学刊》《图书馆建设》等核心期刊发表论文10余篇。

方式、资源建设方向以及馆员角色定位。在此背景下，智慧图书馆的概念于 2003 年首次由芬兰奥卢大学的艾托拉等人提出。积极推进智慧图书馆的发展不仅符合国家"十四五"纲要关于"加快数字化发展，建设数字中国"的重要战略部署，同时也是实施国家文化数字化战略的关键任务之一[2]。时任国家图书馆馆长饶权曾在《中国图书馆学报》发表的《全国智慧图书馆体系：开启图书馆智慧化转型新篇章》中指出智慧图书馆管理系统作为全国智慧图书馆体系的"大脑中枢"，将经历全面智能化的升级改造，以实现对图书馆线上、线下业务的全流程智慧化管理[3]。本文从智慧图书馆研究现状谈起，结合实际应用调研分析目前智慧图书馆的研究缺位及不足，提出未来智慧图书馆发展及研究需要考量的几个问题，以期为智慧图书馆建设研究提供参考和借鉴。

1　智慧图书馆建设调研缺位

对于智慧图书馆发展的研究，除了要了解智慧图书馆背景下的研究进展，还要进行切合实际需求的深入调研，并进行全面的应用调研。只有摸清实际情况的研究才可以更好地、有针对性地指导实践。

从调研对象角度分析，目前高校图书馆智慧图书馆建设研究较为全面，而公共图书馆缺乏基础业务流程上的调研，如自动化系统应用现状及需求调研、智能应用在采编业务上的优化调研等。同时，缺乏对在智慧图书馆建设中科技公司发挥的作用的调研。高校图书馆有一些相关研究可供公共图书馆借鉴，但在职能定位、资源建设、服务对象上有不同之处。如《"双一流"高校图书馆自动化集成系统应用调研分析》针对 42 所"双一流"高校所使用的自动化集成系统进行调研分析（出具详细的自动化系统汇总，对现有系统的优劣进行剖析），同时，对高校自动化集成系统未来应用趋势进行分析（对已经迁移成功的系统进行实地考察并总结）[4]。《国内省级公共图书馆自动化系统评析》对国内 31 家省级图书馆所选用的图书馆国内外自动化管理系统作简要评析[5]，在智慧图书馆发展阶段，给图书馆自动化系统的选择提供了一些参考，但是此文是 2014 年进行的调研，可以继续追踪更新。

从调研主题角度分析，智慧图书馆调研内容主要集中在技术应用的调研分析，其中技术应用主要分为基于国外下一代图书馆服务平台的调研、基于下一代图书馆服务平台应用的调研。如包凌等在 2013 年发表的《国外下一代图书馆自动化系统的实践与发展趋势研究》，侧重于对 Alma、Sierra、Kuali OLE、WMS、Intota 和 Open Skies 等系统的研发现状、开发方式、部署方式、功能等调研，并指出下一代图书馆自动化系统的发展趋势[6]。陈炼的《下一代图书馆服务平台比较研究——以 Alma、Sierra、FOLIO、Libstar 为例》，对目前国外市场上主流自动化产品研发公司及产品进行了跟踪和对比[7]。但目前的研究缺乏对国内公共图书馆智慧环境的调研、对国内自主研发的技术产品的调研、对新系统应用的调研。

从对需要的研究的角度看：有从用户需求角度分析的研究，如《从用户角度看图书馆业务流程自动化管理——基于高校图书馆用户满意度调查的数据分析研究》，从用户角度分析用户需求与各个业务之间的内在联系[8]。有从市场需求角度分析的研究，如《市场角度下对美国图书馆集成系统历史及未来的重新审视》，以市场因素在图书馆集成系统研究中的缺位为切入点，通过回顾美国图书馆集成系统及其市场的崛起和发展，强调市场在技术、用户需求和时代环境相互博弈中的重要性。关注和研究这些因素将有助于学界更深入地理解图书馆集成系统的本质和内涵[9]。有从图书馆自身发展需求角度的调研，如《高校图书馆下一代图书馆系统研究——基于需求分析理论视角》，以高校图书馆实际需求为基础，开展各系统的"众筹"开发、测试与运行，满足图书馆的不同业务需求[10]。目前的需求研究缺乏对市场、用户、公共图书馆三方综合需求的调研。

2 智慧图书馆建设研究不足

"智慧图书馆"这一概念自提出以来已过去 20 余年，在这期间我国图书情报领域一直从未停止过对于"智慧图书馆"的跟踪和研究，但就目前实施情况来看，仍是观望者居多。笔者认为在智慧图书馆建设研究方面主要存在以下几个问题：

2.1　缺乏深度研究

2023 年廉洪霞在《数字技术与应用》上发表《基于 CiteSpace 的国内智慧图书馆发展态势分析》，对 2000 年至 2021 年中国知网（CNKI）收录的智慧图书馆领域研究成果进行了梳理和分析，涵盖年度、作者、机构、期刊和基金等 5 个方面。结果显示，我国智慧图书馆研究热点主要集中在 11 个方向，包括智慧服务、图书馆、大数据、RFID、5G、空间再造、人工智能等主题[11]。作者表示虽然智慧图书馆研究成果较多，取得了一定进展，但是研究成果良莠不齐，深度和广度都不足。2022 年王栓栓、徐瑾等人在《科技传播》杂志上发表了《近五年国内智慧图书馆研究综述》，文章总结目前我国对智慧图书馆实际操作中的问题仍缺乏深入研究[12]。2021 年由国家图书馆出版社出版的《智慧图书馆探索与实践》对智慧图书馆的概念、内涵、特征、技术、体系、功能、服务等方面进行了系统梳理，同时对智慧图书馆建设成功案例进行分析。其中中国人民大学信息资源管理学院教授索传军在采访实录中指出智慧图书馆如果仅仅停留在概念创新，不从用户需要、图书馆本质和实际业务出发去解决图书馆事业发展中的实际问题，那么智慧图书馆也许仅仅停留于相关文献之中，很难改变图书馆的实践，对图书馆事业的推动作用将非常有限[13]。

2.2　缺乏系统性研究

近些年智慧图书馆研究从概念研究逐渐转化为实践应用，其中对新一代服务平台建设、技术应用等的研究逐渐增多，新技术时代需要新一代的服务平台来对接前端的智慧化发展的需求，同时要适应未来资源多形态和多载体的知识存储需求，并且还应具有知识开源和共享的功能。从近些年研究学者的研究中不难看出，目前针对智慧服务、智能应用的研究居多，缺乏系统性全盘性的研究成果。如 2020 年李玉海、金喆在《中国图书馆学报》上发表的《我国智慧图书馆建设面临的五大问题》中提到智慧图书馆的判定标准应该包含业务管理的智能化、服务的智慧化、保障环境的智慧化、队伍建设的创新性这四个方面，其中业务管理的智能化，特别是核心业务的智能化应放在首位。只有图书馆现有业务管理的智能化程度较高，该图书馆才实现了向智慧图书馆的转型[14]。2021年王惠君等人发表的《图书采分编智能作业系统的研究与应用》一文提到：随着信息技术高速发展，诸如物联网技术、工业机器人和人工智能等相关技术应用日益成熟。然而，这些技术在智慧图书馆领域的应用主要集中在读者服务等前端领域，而在图书馆业务管理的后端，很少有相关理论探讨能够真正落地并形成实用化案例[15]。目前智慧图书馆应用研究主要集中在图书馆智慧服务，即便是较为成熟的智能应用也是更好地为前端服务，针对后台的应用研究相对较弱。因此，尽管智慧图书馆在提供前端服务方面取得了进展，但仍需关注其在后端业务管理方面的进展，以推动这些理论和概念的实际应用，使智慧图书馆在图书馆管理中发挥更为积极的作用。这需要加强理论与实践的结合，鼓励更多的研究和实践探索，以提高智慧图书馆的整体效能和价值，为图书馆事业的发展和用户服务质量带来真正的改变。

2.3 缺乏应用研究

智慧图书馆的建设和运行离不开先进的信息技术，但同时也受技术发展的制约。一方面技术发展迅猛，很多产品还没有到实际应用阶段，技术就已经升级迭代。以自动化技术研究为例，2012年王志庚、肖红等在《图书馆建设》中发表了《全球图书馆自动化系统发展综述》，从技术、功能、服务谈自动化系统的新技术、新产品，由于技术发展迅猛，文章中的提到的24小时自助图书馆已经发展成熟，但有些自动化产品和技术已经被新的一代产品取代。时隔11年，图书馆自动化系统有了新的研究进展，也仅仅停留在产品分析上，没有结合实际应用进行研究。另一方面技术的发展远低于市场发展需求。陈定权等发表的《21世纪国外图书馆技术产业的历史考察》指出，国产图书馆集成系统在早期还能跟上技术更新的步伐，但进入21世纪后，国内厂商仍然在图书馆传统业务上精耕细作，技术实力跟不上市场需求的变化[16]。因此，国内厂商需要重新审视并加强对图书馆集成系统的技术研发和更新，以适应不断变化的市场需求，并为图书馆提供更加先进、高效的解决方案。只有这样，国产图书馆集成系统才能在智慧图书馆的建设中发挥更大的作用，并推动图书馆事业朝更加现代化和智能化方向发展。

3 智慧图书馆建设研究建议

3.1 调研建议

为了解图书馆智慧化业务发展现状，应广泛开展现状调研。目前智慧图书馆的研究主要侧重于业务前端智慧服务的应用，而对服务平台的实际应用研究较为欠缺。为深化智慧图书馆研究，首先需要全面了解目前图书馆的现状。这可以通过广泛开展调研来实现，内容包括但不限于图书馆应用技术现状、服务现状、人员现状、组织架构现状、文献建设现状、资金投入现状等。通过深入了解现状，研究人员能够把握智慧图书馆发展中的关键问题和挑战，为智慧图书馆的实际应用提供更准确的指导和支持。这种调研的方法能够为智慧图书馆研究提供真实的数据和案例，促进智慧图书馆的持续创新和优化发展。

研究人员应了解图书馆智慧化业务发展需求，综合考量各方需求，为智慧图书馆作好理论准备：广泛调研用户需求，以确保服务与用户期望相契合；综合图书馆发展需求调研，为长期发展规划提供指导；对采编系统要求进行调研，确保图书馆拥有高效的采编体系，并对国内技术公司自动化发展情况、国外技术跟踪情况和实施情况进行调研，保持对技术的了解和更新。综合考量这些调研结果，能够为智慧图书馆的发展提供全面支持，使其能够适应多变的需求和科技发展，为用户提供更优质的服务。

研究人员应了解智慧图书馆框架布局，优化现有业务流程，做到技术和人员的同步升级。首先，深入了解智慧图书馆的框架布局，包括整体架构、技术支撑和服务模式等方面，以确保系统的稳定性和可扩展性。其次，对图书馆现有的业务流程进行全面审视和优化，针对现有痛点和不足，提出智慧化的改进方案，以提高服务效率和用户满意度。同时，关注技术和人员的同步升级也至关重要。一方面，要引入先进的信息技术和数字资源，不断跟进科技发展的最新趋势，以满足用户日益增长的需求。另一方面，要着力培养图书馆工作人员的数字素养和技能，提高其智慧图书馆服务的专业水平。通过对框架布局的了解、对业务流程的优化以及技术和人员的同步升级，智慧图书馆将能够更好地适应时代发展的要求，提供更智能、便捷的服务，推动图书馆事业迈向新的高峰。

3.2 建设建议

3.2.1 解决技术依赖和数字鸿沟

智慧图书馆的建设和运行离不开先进的信息技术和数字资源，但是技术的快速发展可能导致技术依赖性和数字鸿沟问题。一些地区或机构可能因为技术基础设施薄弱或数字能力不足而难以充分开展智慧图书馆建设。例如，发展中国家或偏远地区的图书馆可能面临缺乏高速互联网接入、优质的数字内容和专业的技术人才等问题。解决技术依赖和数字鸿沟问题需要综合考虑多个因素。一方面，需要政府和相关机构的支持，投资于基础设施建设和技术普及，以确保广大用户能够享受到智慧图书馆的服务。这包括提供稳定的互联网接入、改善设备设施和推动数字技术的普及教育。另一方面，需要开展数字能力培训，帮助用户提升数字素养和技能，更好地利用智慧图书馆的资源和服务。这可以通过举办培训课程、推广数字技术教育和提供技术支持等方式实现。

3.2.2 加强隐私和安全保护

智慧图书馆涉及大量的用户数据和个人信息。保护用户数据的隐私和确保信息安全是智慧图书馆建设需要面对的挑战。例如，智慧图书馆系统可能面临数据泄露、信息滥用或黑客攻击等风险，需要采取有效的安全措施和隐私保护策略。通过采取数据隐私保护措施、信息安全防护措施、遵守合规性要求和加强用户教育，可以保障智慧图书馆系统和用户数据的安全性和隐私保护，增加用户对智慧图书馆的信任，改善其使用体验。

3.2.3 提升用户参与度

了解用户需求和促进用户参与是智慧图书馆研究的关键问题。研究人员需要深入了解用户的需求和期望，以确保智慧图书馆能够真正满足用户的需求。同时，鼓励用户参与图书馆的设计和决策过程，提高用户参与度，这可以增强智慧图书馆的可持续发展和用户满意度。例如，用户可能希望有更便捷的检索和借阅服务、个性化推荐系统、在线学习和合作平台等。通过深入了解用户需求、鼓励用户参与设计、提供多样化的服务和资源以及进行用户教育和培训，图书馆可以建立以用户中心的智慧图书馆，满足用户需求，提高用户参与度。

3.2.4 增强可持续性和可行性

智慧图书馆的建设和运营需要考虑可持续性和可行性。这包括经济可行性、社会可接受性和环境可持续性。智慧图书馆的投资和运营成本、商业模式的可行性、社区的接受度以及对环境的影响都需要研究和评估。例如，一些智慧图书馆项目可能面临资金短缺、缺乏商业可行性或社区的反对意见，因此需要进行深入的可行性研究和社会影响评估。研究智慧图书馆的可持续性和可行性是确保其成功建设和运营的关键因素。经济可行性、社会可接受性和环境可持续性的研究和评估可以为智慧图书馆的发展提供基础和支持。解决这些问题需要跨学科合作、政策支持以及持续的研究和不断的创新。通过解决这些问题，智慧图书馆可以更好地服务用户，推动图书馆事业的发展，并为社会创造更大的价值。

3.3 打造"产学研"智慧图书馆建设模式

"产学研"是指企业、高校、科研机构相结合，是科研、教育、生产等不同社会分工在功能与资源优势上的协同与集成化，是技术创新上、中、下游的对接与耦合。智慧图书馆建设可以借鉴"产学研"模式，将图书馆、产业界和学界的优势结合起来，推动智慧图书馆的发展和创新。图书馆应组建自己的智慧图书馆建设项目小组，全程参与智慧图书馆建设，提出智慧图书馆实际应用和建设中的用户需求、业务需求、技术准备等，搭建智慧图书馆建设总体框架和布局。学界应将最新科研成果转移应用到图书馆服务中，提升用户体验。产业界应运用最新技术以期满足智慧图书馆建设的需求，并共享数据资源，运用实际数据可以为图书馆的数据分析和用户研究提供支持。

图书馆与产业界和学界合作开展具体项目，如数字资源管理系统的开发、智能检索算法的研究等，通过合作推动技术创新和服务优化。图书馆可以与高校合作，为学生提供实习、项目合作等机会，培养更多能够适应智慧图书馆发展的人才。与其他图书馆合作，共享数字化资源和服务经验，推动智慧图书馆的合作共赢。与学术机构合作开展研究，探索图书馆数字化服务的前沿问题，推动图书馆服务与学术研究的融合。与产业界合作，解决图书馆服务实践中遇到的问题，例如如何提高用户体验、优化流程等。可以与产业界合作设立创新实验室，用于尝试新的服务模式、技术应用等，推动创新的落地。

建立合理的建设机制。首先，优化业务布局，提升智慧图书馆工作效率。智慧图书馆在资源建设、系统更新中对传统业务布局有所冲击，结合智慧图书馆业务发展、技术更新、人才培养等因素合理优化业务布局，不断适应图书馆新业务环境发展。其次，构建良好的沟通机制，提高解决问题的效率。定期举办产学研交流活动，如研讨会、论坛等，促进各方之间的交流和合作，共同探讨智慧图书馆发展的趋势和挑战。建立智慧图书馆与学术机构、产业界共同参与的研究中心，共同开展研究项目，推动创新。最后，勇于尝试，敢于部署。新技术更迭速度快，图书馆要勇于进行智慧图书馆软、硬件方面的搭建尝试，才能更快找到合适的解决方案。

参考文献

［1］中华人民共和国国民经济和社会发展第十四个五年规划和 2035 年远景目标纲要［EB/OL］.［2021-04-11］.https://www.gov.cn/xinwen/2021-03/13/content_5592681.htm.

［2］熊远明.围绕国家文化数字化战略 积极推进全国智慧图书馆体系建设［J］.中国图书馆学报，2022（4）：5-9.

［3］饶权.全国智慧图书馆体系：开启图书馆智慧化转型新篇章［J］.中国图书馆学报，2021（1）：4-14.

［4］李伟超，李琴，李梅倩，等."双一流"高校图书馆自动化集成系统应用调研分析［J］.图书馆学研究，2018（24）：33-39.

［5］王小林，李文跃，黄建辉.国内省级公共图书馆自动化系统评析［J］.数字与缩微影像，2014（1）：16-20.

［6］包凌，赵以安.国外下一代图书馆自动化系统的实践与发展趋势研究［J］.图书馆学研究，2013（9）：58-65.

［7］陈炼.下一代图书馆服务平台比较研究——以 Alma、Sierra、FOLIO、Libstar 为例［J］.办公室业务，2022（21）：169-172，176.

［8］翟晓娟.从用户角度看图书馆业务流程自动化管理——基于高校图书馆用户满意度调查的数据分析研究［J］.国家图书馆学刊，2013（1）：3-9.

［9］陈定权，肖鹏.市场角度下对美国图书馆集成系统历史及未来的重新审视［J］.大学图书馆学报，2011（5）：41-49.

［10］陆康.高校图书馆下一代图书馆系统研究——基于需求分析理论视角［J］.新世纪图书馆，2019（1）：43-48.

［11］廉洪霞.基于 CiteSpace 的国内智慧图书馆发展态势分析［J］.数字技术与应用，2023（4）：33-36.

［12］王栓栓，徐瑾，王富国.近五年国内智慧图书馆研究综述［J］.科技传播，2022（24）：28-32.

［13］智慧图书馆探索与实践编委会.智慧图书馆探索与实践［M］.北京：国家图书馆出版社，2021：218.

［14］李玉海，金喆，李佳会，等.我国智慧图书馆建设面临的五大问题［J］.中国图书馆学报，2020（2）：17-26.

［15］王惠君，吴昊，潘咏怡等.图书采分编智能作业系统的研究与应用［J］.图书馆论坛，2021（1）：58-63.

［16］陈定权，袁俊聪，吴亦乐.21 世纪国外图书馆技术产业的历史考察——对 Marshall Breeding 图书馆技术产业报告的分析［J］.图书馆论坛，2022（12）：149-158.

公共文化服务体系

公共图书馆联合编目工作探析

——以北京市文献联合编目中心为例

黄　爽　吕叶欣[①]

摘　要: 联合编目工作是区域性公共图书馆实现文献信息资源共建共享的重要举措。本文通过调研在联合编目工作模式背景下北京地区各级公共图书馆编目工作的现状,探析图书馆联合编目工作中书目数据质量、数据库建设与维护和人员综合素养等方面存在的问题及原因,并从规范文献著录细则、建全数据质量监控机制、加强业务培训及建立沟通协调机制等角度提出相应对策,展望联合编目未来工作中科技创新与体制升级的发展趋势。

关键词: 公共图书馆;联合编目;文献信息资源;北京联编中心

0　引言

　　编目是文献信息资源描述与组织的过程,主要包括书目著录、名称规范、主题规范与数据库维护等。编目工作是各级公共图书馆的基础业务,也是图书馆开展公共文化服务的前提。由于受各地区经济、政治和文化发展不平衡等因素制约,各地区、各级公共图书馆文献信息资源分布不均,无法提供普遍均等的文化服务。联合编目工作通过整合利用各级图书馆的文献资源与人力资源,打破公共图书馆之间的区域壁垒,实现书目数据资源的共建共享,从而提高各级公共图书馆的服务效能,推动图书馆事业的

---

①　黄爽,首都图书馆馆员;吕叶欣,首都图书馆馆员。

现代化发展。

联合编目工作自20世纪60年代开始发展至今，已经形成了较大的规模，技术日趋成熟，管理也更加科学规范。国外发达国家联合编目工作开展得较早，具有较好的实践基础。1967年，美国成立联合编目中心OCLC，即联机计算机图书馆中心，总部设在俄亥俄州，是世界上最大的文献信息服务机构之一。目前，其成员馆已经遍布全球。20世纪90年代，中国联合编目事业陆续发展。1997年，国家图书馆履行国家书目中心职能，成立全国图书馆联合编目中心，着手国家书目与全国图书馆联合馆藏目录建设。同年，CALIS联机编目中心开始建设。随后，北京市文献联合编目中心、上海市文献联合编目中心、广东省文献联合编目中心等相继成立。2018年起实施的《中华人民共和国公共图书馆法》第三十条规定："公共图书馆应当加强馆际交流与合作。国家支持公共图书馆开展联合采购、联合编目、联合服务，实现文献信息的共建共享，促进文献信息的有效利用。"2019年文化和旅游部发布的文化行业标准《公共图书馆业务规范》提到，区域图书馆服务体系建设应包含联合编目、联合资源建设等内容，联合编目是促进各级公共图书馆融合发展的有效手段。在上述法规及标准的推动下，全国范围内各级各类文献联合编目工作进一步开展。目前，全国图书馆联合编目中心成员馆遍及全国，构成"全国中心—分中心—成员馆"的分级组织模式，各分中心、成员馆共同致力于文献联合编目体系建设，共同推进联合编目工作持续有效进行。

北京地区公共图书馆联合编目工作自20世纪90年代起步发展。1997年，首都图书馆联合北京地区23家区县图书馆共同建立了北京市文献联合编目中心（以下简称北京联编中心），中心机构设在首都图书馆。2013年，首都图书馆成为全国图书馆联合编目中心北京市分中心。2017年，随着统一编目平台的启用，为进一步优化文献信息资源合理配置，本着"资源共享、合作建设、平等互利、优势互补"的发展原则，北京联编中心修订了章程和工作机制。笔者通过调研在联合编目工作模式背景下北京地区各级公共图书馆编目工作的现状，分析图书馆联合编目工作中书目数据质量、数据库建设与维护和人员综合素养等方面存在的亟待解决的问题及产生原因，并从规范文献著录细则、建全数据质量监控机制、加强业务培训和建立沟通协调机制等角度提出相应对策与可行性方案，展望联合编目工作未来发展趋势，旨在为区域性公共图书馆联合编目工作向更高水平发展提供参考。

1 北京市公共图书馆联合编目工作模式概述

北京联编中心上承全国图书馆联合编目中心，下联北京市各区县图书馆，中心馆首都图书馆与各区县成员馆共同进行各类文献资源的联合编目工作，致力于推动北京地区公共图书馆文献信息资源的交流与共享，促进文献资源整体化建设，以书目数据的规范化、标准化和网络化为核心业务目标，助力北京地区公共图书馆事业进一步发展。

1.1 业务范围与中心任务

北京联编中心旨在实现中心所属各成员馆的文献联合编目，建设与维护中心所属的联合书目数据库与馆藏库，并定期开展北京地区公共图书馆联合编目相关工作的业务培训与研讨交流。

北京联编中心负责协调促进各成员馆文献编目工作的规范化与标准化，指导各成员馆的联合编目工作，整合信息资源与人力资源，降低各成员馆的编目成本，避免书目数据资源的重复建设，提高编目工作效率与书目数据质量，合作建设各类文献联合目录数据库，提供与联合编目相关的各项服务，实现北京地区文献信息资源的共建共享。

1.2 机构设置

北京联编中心下设中心领导组、书目数据组以及技术服务组。中心领导组负责北京联编中心的日常工作管理、业务发展决策、各类规章标准的制定以及各类交流培训的组织等。书目数据组下设书目数据编辑小组与质量监控小组，负责各类型书目数据的编制与审校工作，具体包括中外文文献书目数据的编辑、书目数据的质量审核与数据库的维护以及日常业务工作的指导等。技术服务组负责北京联编中心相关用户权限管理、系统技术支持与指导等。

1.3 工作管理与要求

北京联编中心制定《北京市文献联合编目中心章程》《北京市文献联合编目中心书目质量控制管理制度》《北京市文献联合编目中心工作机制》《北京市文献联合编目中心编目权限调整办法》作为规范指导文件，促进北京地区公共图书馆联合编目工作规范有序开展。

为确保各类书目数据完整、准确和一致，北京联编中心所属各成员馆在进行联合编目工作过程中，对中文图书严格按照《北京市联合编目中心中文图书编目说明》的规则进行编目，对外文图书遵循《北京市文献联合编目中心外文图书编目规则说明》进行编目，对音像资料按照《北京市文献联合编目中心视听资料编目说明》进行编目。中文文献数据格式统一采用 CNMARC 格式，外文文献数据格式统一采用 MARC21 格式。中文图书、外文图书（含少儿）分类依据《中国图书馆分类法（第五版）》，少儿中文图书分类依据《中国图书馆分类法（未成年人图书馆版）（第四版）》和《中国图书馆分类法（第五版）》。

为保障书目数据库质量，北京联编中心严格执行成员馆与中心馆二级审校制度。各成员馆设专门审校人员，负责本馆书目数据的检查与维护。中心馆对成员馆新增上传数据进行抽查审校，总结反馈书目数据质量问题，定期发布《北京市文献联合编目中心数据抽查结果通报》，对书目数据中出现的字段、字符、主题和类号等差错进行订正，并对系统操作流程进行规范指导。

北京联编中心每年定期开展编目和标引相关业务专题培训，交流工作问题，明确编目规则，并定期组织编目员资格考试，根据考试成绩及实际工作质量情况，对各成员馆编目权限进行相应定级调整。

1.4 工作模式

在实际工作中，北京联编中心中心馆与各成员馆共同采用 Aleph500 系统进行编目，中心服务器设在首都图书馆。Aleph500 系统数据库分为书目数据库和馆藏数据库，其中书目数据库包括中文数据库、外文文献数据库与中文临时库。中心馆与成员馆共同使用各书目数据库中的一条书目数据，各成员馆可以新增书目数据或添加本馆馆藏数据库书目信息，中心馆则负责书目数据的修改与维护。

2　北京市文献联合编目工作问题分析

随着北京地区联合编目工作的深入开展，逐步实现文献资源整体化建设的同时，也逐渐暴露出发展过程中面临的诸多问题。其中，书目数据质量、数据库建设与维护及人员综合业务素养等方面存在的问题直接制约着联合编目工作实现更高水平的文献信息资源共建共享。

2.1　书目数据质量问题

书目数据共建共享的基本原则是在联合编目工作过程中确保书目数据的唯一性与准确性。北京联编中心书目数据库是北京地区各级公共图书馆共同且唯一的一套书目数据库，因此书目数据质量至关重要。2022 年北京联编中心抽查成员馆上传数据总量为 52217 条，错误量为 6240 条，错误率为 11.95%。差错率与成员馆上传数据是否为原编数据以及上传总量有关，各成员馆中错误率最低的为 2.55%，最高的为 50.65%。

联合编目工作中书目数据错误主要集中在著录错误、著录不规范、记录格式未修改、标引不规范或重复数据问题。通过对错误数据汇总分析可知，产生上述问题的原因主要包括编目规范细则修订变化或不统一、成员馆数据审校制度难以有效落实、缺乏完善的奖惩机制等。

2.2　数据库建设与维护问题

书目数据库和馆藏数据库建设是公共图书馆文献信息资源建设的重要组成部分，建立和维护高质量的信息数据库，确保书目数据规范化、标准化是联合编目工作的核心。2022 年，北京联编中心成员馆上传书目数据总量为 10.61 万条，其中中心馆首都图书馆上传 5.67 万条，其他成员馆上传 4.94 万条。北京联编中心处理成员馆提交的工作单 172 个，处理数据和单册 6787 条，解答成员馆编目标引和系统问题咨询 205 次。

北京作为全国文化中心，将文化建设放在全局工作的突出位置。北京地区公共图书馆馆藏资源丰富，联合编目工作量大，文献信息资源建设和维护工作难度大。北京联编中心所属每个成员馆都有维护书目数据的义务，但因为大部分成员馆编目人员数量有限，缺少专职审校维护人员，只有少量成员馆能及时对发现的错误数据或重复数据提交修改或合并工作单。

2.3　人员综合素养问题

编目人员综合素养的高低直接影响书目数据质量与联合编目工作效果。北京联编中心通过对各成员馆的走访与问卷调研发现，由于图书馆工作人员编制结构问题，成员馆普遍存在编目人才流失、业务不熟练、专业能力欠缺等问题。

目前，北京联编中心成员馆编目业务普遍实行外包模式。在日常工作中，许多外包公司的编目人员流动频繁，业务水平参差不齐。由于缺乏长期工作的经验积累，编目人员对编目知识和著录规则缺乏系统理论学习，无法充分理解编目工作的基本原则和重要意义，缺乏业务能力和责任心。

3　公共图书馆联合编目工作保障措施

制定统一规范的文献著录细则、建立健全联编数据质量监控机制、加强区域性联合编目业务培训、建立联编工作沟通协调机制等措施可以解决公共图书馆联合编目工作中的各类问题，可以有效提升书目数据质量，畅通工作联络机制，推进区域性联合编目工作持续发展。

3.1 制定统一规范的文献著录细则

书目数据质量控制是一项长期性、基础性工作，应在遵守各项国际、国家数据质量标准规定的基础上，结合本地区联合编目实际工作需要，针对未明确规定的、容易引起歧义的问题制定适用于本地区实际工作情况的细则，包括各类型文献的著录规则、书目数据唯一性规则等，使联合编目成员馆的编目人员有章可循，以确保书目数据质量。

3.2 建立健全联编数据质量监控机制

为进一步提升区域性公共图书馆文献信息资源的共建共享水平，应建立严格的分级审校制度。各成员馆应设置专职审校岗位，编目数据须经过各馆审校人员审核后才可上传至联编中心数据库。另外，完善书目数据质量考核奖惩机制是联合编目质量控制的又一项重要措施。中心馆应定期对各成员馆及所属人员工作成果进行总结与反馈，进行书目数据质量考核评比，根据质量优劣调整各成员馆联合编目权限。必要时各馆可将质量考核结果与编目人员绩效相挂钩，以此激励编目人员工作积极性。

3.3 加强区域性联合编目业务培训

中心馆定期开展联合编目实际工作基础理论培训与业务知识指导活动，积极推行编目员执证上岗制度。中心馆通过定期举办"文献编目知识培训班"，将成员馆编目人员的培训工作纳入常规工作范畴。每期培训后进行相应的编目知识考试，成员馆学员在取得编目资格证书后，才能在联合编目系统中进行编目。编目员执证上岗制度的实施，能够有效促进联合编目书目数据库中各成员馆新编书目数据质量的提升。

3.4 建立联编工作沟通协调机制

中心馆应发挥人才技术优势，强化组织保障，发挥联合编目工作机制优势，设立数据库建设与维护专岗专人联系沟通制度，为各成员馆提供一对一驻馆编目指导。中心馆还可通过各类社交软件建立联编工作联络组群，汇集各成员馆编目员、审校员及系统管理员等。设置专人值班，在工作组群中定期发布问题通报、培训信息、前沿理论等内容。通过线上线下多线并举，推进区域性联合编目工作的高效进行。

4 公共图书馆联合编目工作未来发展趋势

联合编目工作是公共图书馆文献服务体系建设中的一项传统业务。面对社会发展带来的新机遇与新挑战，在新形势下联合编目工作如何改革创新，提高工作质量与水平从而增强公共图书馆服务效能，是推动图书馆事业发展的重要课题。

4.1 科技创新

随着互联网技术的发展以及智慧图书馆的理念逐渐成为现实，公共图书馆各项工作不断向数字化、网络化、智能化转型升级。将大数据、人工智能、云计算等新兴技术与联合编目工作这一较为传统的图书馆业务交叉融合，推动联合编目领域不断出现新技术、新产品，是未来发展的重要趋势之一。各级中心馆应充分发挥资源优势，积极探索研发智能联合编目信息处理系统。依托科技创新改变传统人工联合编目工作模式，搭建自动化一体化综合管理平台，从而提升联合编目工作效率、提高书目数据质量、解放人力资源。联合编目工作应主动融入技术赋能发展新趋势，以智慧图书馆体系建设为引领，以数字化创新提升智慧化服务能力，推动公共文化领域取得新突破。

4.2 体制升级

在新时代背景下，联合编目工作体制结构的调整升级是公共图书馆优化服务模式、提升服务质量、更好服务读者的重要途径。传统公共图书馆联合编目工作通常以行政区划作为组织分区依据，区域内各级公共图书馆就编目业务开展协作。通过横向突破区域限制，扩大公共图书馆合作范围，纵向改变传统采编模式下与书商交易时信息不对称的被动局面，引入出版社、高校、书店等多元主体，形成联合编目新形态、新机制，有利于数据信息多方共建、多向共享。以北京联编中心为例，充分发挥首都的带动作用，整合京津冀辐射圈内各级图书馆的馆藏资源，各类出版机构的出版资源以及各大高校和科研机构的人才、学术、信息资源，推动京津冀一体化协同在文化领域高质量发展。

北京联编中心借助现代图书馆的管理理念和技术手段，为各成员馆图书编目工作、书目数据库建设提供支持，实现文献信息资源共建共享，推动北京地区公共图书馆联合编目工作日益规范化和专业化，促进公共图书馆更好发挥馆藏资源效益，为读者提供更加优质的服务，满足人民日益增长的精神文化需求。面对新的历史机遇与时代挑战，公共图书馆联合编目工作作为图书馆文献信息资源建设中必不可少的重要环节，顺应现代图书馆发展趋势，做到科学性、创新性转型升级，才能更好满足智慧图书馆发展新需求，服务于图书馆事业可持续发展进程与公共文化数字化建设，为国家发展、社会进步、科技创新以及个人终身学习和全面发展提供高质量知识信息服务。

参考文献

[1]《中华人民共和国公共图书馆法解读》编写组.中华人民共和国公共图书馆法解读［M］.北京：中国法制出版社，2019：2-100.

[2]富平，刘小玲.中文书目规范控制的理论与实践［M］.北京：北京图书馆出版，2007：101-123.

[3]全国信息与文献标准化技术委员会.信息与文献资源描述（GB/T 3792—2021）［M］.北京：中国标准出版社，2021：13-14.

[4]陈娟.总分馆制下联合编目中文图书书目质量控制策略研究——以深圳市"图书馆之城"为例［J］.图书馆研究，2019（4）：65-71.

[5]廖宇峰.图书馆编目业务外包的质量管理研究［J］.图书馆学刊，2017（5）：43-46.

[6]李萌.联合编目数据质量问题探析——以四川省图书馆为例［J］.四川图

书馆学报，2015（5）：52–55.

　　[7]钟静.区域联合编目工作的实践与探索[J].河南图书馆学刊，2015（8）：80–81.

　　[8]丁建勤.联机联合编目成员馆编目绩效评估及其分析[J].图书馆建设，2012（8）：21–27.

　　[9]孙辉.论全国公共图书馆联合编目主题标引质量控制[J].图书情报导刊，2017（3）：34–37.

　　[10]高娃.如何提高公共图书馆采编工作质量[J].图书管理，2021（1）：182–183.

　　[11]刘菡.合作编目项目（PCC）研究[J].图书馆建设，2019（5）：108–114.

　　[12]李慧，张秀兰.新技术在图书馆编目工作中的应用[J].文化产业，2021（4）：120–122.

　　[13]寿建琪，鲁雪梅.区域性公共图书馆联合编目质量控制对策研究——以天津地区为例[J].河南图书馆学刊，2020（7）：44–46.

　　[14]肖乃.CALIS联合目录数据库的质量控制——以贵州省地方文献书目数据为例[J].大学图书情报学刊，2016（3）：78–83.

　　[15]袁乐乐.OLCC联合编目数据质量控制研究[J].图书情报导刊，2019（8）：24–27.

北京市公共图书馆 24 小时自助图书馆发展研究

于景琪　许　凯①

摘　要：自助图书馆技术的出现极大方便了读者的阅读需求，分布在大街小巷的 24 小时自助图书机也成为图书馆服务体系伸入到基层的触手，为居民便捷获取图书馆服务提供了便利。北京市公共图书馆自 2010 年开展自助图书馆服务以来，已经走过十余年。面对新型阅读方式以及新技术的不断涌现，24 小时自助图书馆也面临在布局、技术、功能上的升级迭代。本文在本市自助图书馆服务调研的前提下，回顾其建设历程，梳理其服务效能，并通过对广州市、武汉市和深圳市自助图书馆服务情况的业务交流与访问研究，分析 24 小时自助图书馆面临的发展问题，从提升服务、规范机制、拓展服务功能等方面提出进一步优化建议。

关键词：图书馆；自助图书馆；24 小时图书馆

自美国在 20 世纪 70 年代尝试应用首台自助借还书机，到 90 年代 3M 公司设计的自助借还书系统，自助借还系统逐渐成为图书馆的主要工作系统。同时，美国、英国、加拿大、新加坡等地区的图书馆开始引入自助借还书系统。2005 年东莞试运行第一个 24 小时全天开放的自助图书馆，也促进了图书馆行业的技术创新与应用。2007 年 6 月列入文化和旅游部科研项目，正式定名为"城市街区 24 小时自助图书馆系统"。2008 年 4 月，首台自助服务机研制并通过了科技创新验收工作，7 月，深圳正式启用 10 台自

---

① 于景琪,首都图书馆副研究馆员;许凯,首都图书馆副研究馆员。

助服务机。此后，"城市街区 24 小时自助图书馆系统"初步研制成功并在很多城市上线运行。北京、上海、武汉等城市都引入这一创新项目，并在图书管理实践中投入使用。

城市街区 24 小时自助服务机（简称"自助图书馆"）具备了传统图书馆的如办证、借书、还书等基本功能，同时，还具有不受图书馆开馆、闭馆时间的限制、减少了场地面积投入、节约了人力成本等优势，可以不分昼夜地为读者提供便捷的就近服务，其已成为北京市公共图书馆服务体系的组成部分。本文在前人注重研究功能、布点、服务方式的基础上，结合 10 年来北京市 24 小时自助图书馆的发展及运行中所遇到的问题，对其今后的发展进行了分析，提出了建议。

1 北京市自助图书馆建设概况

1.1 自助图书馆建设情况

1.1.1 自助图书馆建设布局

为完善公共图书馆服务网络，解决公共图书馆分布不均，居民阅读需求受时间、空间限制等问题，自 2010 年起，在北京市委、市政府以及北京市文化和旅游局的指导下，首都图书馆启动自助图书馆运行服务，分步在城市郊区部署，将图书馆公益服务深入街巷、小区，得到广大市民的认可与关注。朝阳区、石景山区、通州区和房山区图书馆也先后购置了自助图书馆设备，在各区域内运行服务。截至 2022 年底，依托北京市公共图书馆信息服务平台，共计 199 台自助图书馆为市民提供阅读服务，分布情况为：东城区 8 台、西城区 9 台、朝阳区 122 台、海淀区 8 台、石景山区 8 台、通州区 36 台、房山区 7 台、怀柔区 1 台。

1.1.2 自助图书馆服务功能

一是申办读者卡。市民可凭二代身份证在自助图书馆申办读者卡。二是自助借还图书。自助图书馆的屏幕可实时显示本机的文献情况。持含外借功能读者卡的读者，可在任意一台自助图书馆借阅图书，也可将所借图书归还到任意一台自助图书馆。读者在任意一台自助图书馆借还图书，可外借数量、外借周期与馆内外借相同。三是查询服务。读者可通过自助图书馆访问"北京市公共图书馆计算机信息服务网"，查询联网图书馆信息和馆藏状况。四是扫码服务。位于朝阳区的自助图书馆，支持扫二维码借阅、微信预约图书服务及免费送书上门、便民线上辅助借阅、数字资源阅读等功能。

1.1.3　自助图书馆文献配置

为保障自助图书馆的运行服务，首都图书馆、朝阳区图书馆、通州区图书馆建立专门书库，按照每台自助机不低于两倍图书的数量进行配置，并不定期进行新旧图书替换工作，实现书库的良性运转。石景山区图书馆和房山区图书馆将自助图书馆图书配送纳入其总分馆流转配送体系，针对各点位的特定文献需求，进行图书配置和更新。

为了提高自助图书馆的使用率和借阅率，在配书方面以大众阅读类为主，要求通俗易懂，包括文学、历史、经济、健康生活等方面，不入藏专业性强或成套多册的图书。同时，参考自助图书馆所在区域读者的阅读喜好、图书还回种类、周边环境、潜在群体等，进行分析后选配图书品种。

1.1.4　自助图书馆设备

本市自助图书馆设备主要供应商是深圳海恒公司和福建信昇达。2010—2013年采购的是深圳海恒公司自助图书馆设备，当时为第一、二代，目前已经发展到第七代，原型号技术滞后，阻碍其服务功能的进一步拓展。自助图书馆设备的服务时效为8年，随着使用年限的增加，设备运行噪声逐年增大，部分维修配件已不再生产，无法更新替换。为最大化发挥设备的功能作用，目前继续维持运行服务。

1.2　国内其他城市自助图书馆建设情况

为更好地了解其他城市自助图书馆建设经验，北京市与广州、深圳、武汉市图书馆积极开展业务交流。

广州图书馆在2012—2015年陆续建成7台街区24小时自助图书馆，

选址布点于住宅区、公园、商场等区域，作为基层分馆的补充。在投入使用初期取得较好的服务效果，深受周边市民欢迎，高峰时期年外借图书达到 11 万册次。自助机使用深圳海恒公司的 SSL-2-3-1 型号，在运营 3～4 年后，由于自助图书馆设备老化故障频发，加上"十三五"时期广州地区大力推动基层分馆、新型阅读空间建设，街区 24 小时自助图书馆逐渐失去读者的青睐，服务效能呈现明显下降趋势。

深圳市的自助图书馆项目纳入其"图书馆之城（2006—2010）五年规划"重点建设之中，自 2008 年起至 2020 年，共建有 220 台自助图书馆，逐步构建了覆盖全市的新型公共文化服务网络，成为全市公共图书馆服务的重要组成部分，在"图书馆之城"统一服务中发挥了重要作用。城市街区自助图书馆走进街区，深圳市民可就近借书、还书、申办读者证，享受图书馆预借送书等各项免费服务。设备提供商分别为海恒和远望谷公司，目前最新的一代是海恒的 M4 标准版自助机，还可提供超星、QQ 阅读等电子书扫码阅读。

武汉市 24 小时自助图书馆是 2012—2013 年由市政府作为十件惠民实事分两年建设的项目。共建设 50 台自助图书馆。建设初期，由各区文化局推荐，并公开征集市民意见，最后由专家论证确定选址和布点方案。2012年第一期投入的 25 台，选取的是武汉市 7 个中心城区中大型社区、公园、休闲广场、车站等人流量较大的点位。2013 年建设的 25 台主要分布于新城区、开发区为主，着重为公共文化服务资源匮乏的地区提供服务。自助图书馆的用户主要以周边居民及单位职工为主，根据测算，一台设备覆盖周边居民约 1.5 万至 3 万人。由于周边居民及环境不同，50 台自助图书馆借阅量不一。一般靠近大型社区的自助图书馆借阅量较大，日均流通图书 100左右。自助机设备供应商为武汉飞天智能有限公司，提供数字图书阅读服务。

2 自助图书馆服务成效

2.1 自助图书馆建设的意义作用

自助图书馆突破传统图书馆服务模式，探索了多种服务途径与方式，成为公共图书馆网络的重要组成部分，在公共图书馆服务体系建设过程中发挥了重要作用。就 2013 年服务情况看，平均每台自助图书馆外借图书 1773 册，是当年社区图书室平均年外借图书的 1.8 倍。具体概括为以下方面：

（1）自助图书馆服务有效地缓解了图书馆网点分布不均、居民图书资源使用需求受限的问题，营造了社区文化氛围，促进了书香城市建设。

（2）自助图书馆在时间上打破了传统图书馆的限制，24 小时全天候提供服务，满足市民的阅读需求；在地域上延伸了图书馆的服务功能，将触角深入到市民身边，图书馆服务范围得以拓宽；在图书配置上，注重参考周边环境和区域读者特点，有效对接百姓阅读需求。

（3）自助图书馆突破传统图书馆的服务模式，市民可就近享受办证、借书、还书、预约、查询等服务，节省了到达图书馆的成本和时间，对带动市民读书热情、提高市民阅读水平起到积极作用。

（4）自助图书馆操作方便、服务便捷，探索多种途径与方式提供服务，展现了公共图书馆服务的公益性、均等化、标准化和数字化，社会效益显著。

（5）从经济性来看，自助图书馆包括机器、防雨棚等各项辅助设施，总占地面积一般也不大于 10 平方米，全天候 24 小时不间断提供服务，运营成本仅有网费、电费和物流费用。与街道（乡镇）图书馆相比，自助图书馆更加节省空间和维护费用。

2.2 自助图书馆服务概况

2.2.1 北京市自助图书馆服务情况

以自助图书馆运行服务 2010—2020 年数据为例，北京市自助图书馆总办证量为 6.17 万个，总借书 191.16 万册，总还书 247.03 万册。具体数据如表 1 所示。

表 1 北京市自助图书馆历年服务情况

年份	办证 / 个	借书量 / 册	还书量 / 册	借还书总量 / 册
2011 年	3263	89851	117250	207101
2012 年	6132	208575	252063	460638
2013 年	5493	197729	245497	443226
2014 年	9344	241889	287052	528941
2015 年	9222	294076	340091	634167
2016 年	7215	206219	281387	487606
2017 年	16855	190461	273610	464071
2018 年	2446	190651	257699	448350
2019 年	1202	227198	320359	547557
2020 年	482	64994	95295	160289
总计	61654	1911643	2470303	4381946

2.2.2 国内其他城市自助图书馆 2010—2020 年服务情况

广州市自助图书馆总办证量为 16251 个、总借书 579.87 万册、总还书 43.16 万册。

深圳市自助图书馆总办证量为 25.89 万个、总借书 1063.21 万册、总还书 1379.76 万册。自 2008 年起提供图书预约服务，总预约 190 万册，其中 2020 年预约图书 18.2 万册，预约周期约 2 ~ 3 天。

武汉市自助图书馆总办证量为 2 万个、总借书 58 万册、总还书 60 万册。

3　自助图书馆运行维护概况

北京市为规范自助图书馆的管理和使用，编制《北京市城市街区 24 小时自助图书馆管理手册》，自助图书馆的运营服务，采取分级管理方式，全部纳入北京市公共图书馆信息服务网络。在市文化和旅游局的指导下，成立自助图书馆工作小组，负责各项工作的统筹规划、工作制度的制订与管理。各区图书馆负责本区域内自助图书馆安装地点的推荐，以及日常服务工作的具体实施，接受自助图书馆领导小组的管理与监督。自助图书馆的设备、雨棚及保障运行服务的图书、网、电、物流、运维、人员等经费全部纳入各级财政预算，采用政府招投标方式进行。本市自助机图书更新周期为 7 天，不定期进行自助机的维护与调试。

广州市自助机图书更新周期为 5 天，不定期进行自助机的维护与调试。深圳市自助机图书更新周期为每天，自助机的维护与调试为每季度巡检，出现故障随时检修。武汉市自助机图书更新周期为每日补充新书，每季度整机更换，每天进行自助机的维护与调试。

4　自助图书馆发展面临的问题

4.1　本市自助图书馆与国内其他城市自助图书馆对比分析

4.1.1　自助图书馆缺乏统筹规划，发展建设不平衡

本市 199 台自助图书馆分别由首都图书馆、朝阳区图书馆、石景山区图书馆、通州区图书馆、房山区图书馆各自建设和运行服务，从而造成网点分布、文献配置、服务效能、运行维护以及资金申请等方面差异性较大。应加强全市统筹规划、统一监管、规范服务、提升效能，促进平衡发展。武汉市和深圳市自助图书馆建设项目有全市统一规划、统一物流配送、统

一管理等优点，并作为"武汉市 2021 年政府惠民十件实事"和"图书馆之城（2006—2010）五年规划"重点项目整体推进，北京市也应从兼顾服务均衡和服务效益的原则出发，向全市征求布点申请，统筹布局，统一管理与运营，从而形成合理的全市性服务网络。

4.1.2 自助图书馆服务功能相对单一

深圳市自助图书馆通过逐年更新，最新一代采用的是海恒 M4 型。它在图书借阅服务外，可提供超星、QQ 阅读等电子书扫码阅读和"丰巢快递柜"式自助取书。北京市自助图书馆大部分购置于 2013 年前，其型号技术滞后，无法更新升级，已经不能适应现阶段图书借阅和数字阅读等多方面的服务需求，影响读者继续使用设备的意愿。本市近年购置的自助图书馆设备，也未能开发办证、查询和图书借还外的其他服务功能。

4.1.3 自助图书馆服务数量呈下降趋势

据北京市各区图书馆不完全统计，自助图书馆使用数量逐年减少，各区域服务效能差距较大，具体数据如表 2、表 3 所示。

表 2　北京市自助图书馆年度服务情况

时间	数量 / 台	借还图书 / 册	平均每台借还图书 / 册
2010 年	2	115511	57755.5
2011 年	3	207101	69033.7
2012 年	12	460638	38386.5
2013 年	69	443226	6423.6
2014 年	121	528941	4371.4
2015 年	141	634167	4497.6
2016 年	157	487606	3105.8
2017 年	174	464071	2667.1
2018 年	186	448350	2410.5
2019 年	204	547557	2684.1
2020 年	199	160289	805.5

表 3　北京市各区域自助图书馆运行服务情况（截至 2022 年 12 月）

管理单位	运行数量 / 台	服务区域	运行服务时间 / 年	平均每年每台	
				外借 / 册	还书 / 册
首都图书馆	28	东城区、西城区、朝阳区、海淀区、怀柔区	13	6373	11666
朝阳区图书馆	120	朝阳区	12	7722	7766
石景山区图书馆	8	石景山区	6	127	215
通州区图书馆	36	通州区	6	353	653
房山区图书馆	7	房山区	9	109	130

4.2　自助图书馆发展面临的问题

在 2010 年建设以后的最初几年，自助图书馆作为服务的延伸，为公共图书馆服务体系建设发挥出积极作用。但近年来，随着北京市公共图书馆服务体系建设发展，公共图书馆四级服务网点逐年增多，城市书房、公共阅读空间蓬勃出新，文化服务模式不断创新，"一卡通"服务日益扩展，加之数字阅读迅速成长为新的阅读方式等因素，公共文化服务供给多元化发展，市民选择阅读的方式、渠道丰富多样，导致部分自助图书馆出现使用人数和次数下降问题。具体原因分析如下：

4.2.1　基层图书馆服务能力提升

伴随公共图书馆服务体系建设，基层图书馆服务能力显著提升，阅读环境得到改善，阅读方式丰富多样，带给读者更加优质的阅读体验，市民可在距家 15 分钟内享受到阅读服务，部分点位的自助图书馆逐渐失去读者青睐，服务效益呈现下降趋势。

据北京市各区图书馆 2022 年统计，北京市公共图书馆服务体系包括图书馆（室）6175 家，其中市级图书馆 1 家、区级图书馆 18 家、街道图书馆 172 家、乡镇图书馆 195 家、社区图书室 2363 家、村级图书室 3426 家，馆舍总面积 71 万平方米，阅览座席约 12.3 万个，文献总藏量 4957.98 万册件，全市人均藏书 2.2 册（件）。公共图书馆不断延长服务时间，如通州区图书馆 22:00 点闭馆，首都图书馆 21:00 点闭馆，平谷和石景山区图书馆 20:30 闭馆，等等。

4.2.2 新型阅读空间层出不穷

公共图书馆创新探索社会化合作，创新文化服务新模式，24 小时城市书房、特色阅读空间、与实体书店合作的馆社店结合服务等新型阅读空间蓬勃发展。据北京市各区图书馆统计，2022 年初公共图书馆建有分馆、主题阅读空间 501 个，24 小时城市书房及自助机 260 个，送书点 3963 个，其中社会化合作的百家之多，加之科研机构、学校、书店等面向市民提供阅读服务，公共文化服务模式和渠道增多，势必对自助图书馆服务空间产生压缩。

4.2.3 "一卡通"成员馆数量不断扩大

北京市公共图书馆信息服务网（简称"一卡通"）提供书目信息联合检索、文献联采统编、图书通借通还和数字资源共享服务，构筑起公共图书馆文献信息资源保障体系、基层图书服务资源配送体系、图书通借通还体系和数字资源共享体系。2022 年"一卡通"办理读者卡 46.4 万个，文献外借 710.1 万册次、89.6 万人次，归还图书 671.8 万册。自助图书馆的服务基于"一卡通"，十年来其通借通还馆发展到 428 家，是 2010 年的 2.5 倍，覆盖全市、遍及城乡的服务网点，分散了自助图书馆的使用人次和外借数量。

4.2.4 数字阅读增长迅速

便捷的数字阅读方式正在冲击自助图书馆的纸质阅读方式，在数字资源服务方面，北京市公共图书馆通过网站、微博、微信公众号、App 等多种形式，推荐自建数字资源，推广直播功能，全方位向读者提供服务。首都图书馆牵头各级图书馆面向市民提供优质数字资源，共享数据库 24 个，2022 年全市公共图书馆网站点击量达 5298 余万次，数字文献阅读量达 5980 万余篇 / 册次。2022 年举办阅读活动 10455 场，其中线上活动 8076 场、2903 万人通过网络参与其中。

此外，一方面技术迭代加速也是重要影响因素。部分自助图书馆设备超期服务，原型号技术滞后，阻碍其服务功能的进一步拓展，严重影响读者继续使用设备的意愿。另一方面，北京市公共图书馆服务网络还有待完善，部分基层图书馆的服务时间与读者上班时间重合，同时，由于北京市 24 小时自助图书馆投入有限，覆盖范围相对不足，不能满足读者日益高涨的阅读需求。

5 自助图书馆进一步提升服务措施

为弥补今后基层图书馆面临的人员短缺及服务时长不足的问题，24 小时自助图书馆将成为图书馆服务网络不可缺少的部分。全国智慧城市建设的发展也将促使 24 小时自助图书馆升级服务及拓展功能，为使北京市 24 小时自助图书馆完善发展，笔者建议提升服务效能的措施如下：

5.1 建立规范管理机制，提升服务效能

第一，需要统筹规划，制定全市自助图书馆发展规划，建立自助图书馆优化布局和规范管理机制。第二，重视服务跟踪和监管。跟踪服务数据变化，进一步优化自助图书馆服务环境，拓展服务功能。第三，扩大宣传，增加公众认知度，提升服务效能。第四，强化资金使用监管，降低服务成本。

5.2 研究事业发展，拓展服务功能

这方面的思路包括：

（1）优化网点布局。将自助图书馆纳入以公共图书馆、城市书房、特色书店等多种形态为支撑的 15 分钟现代公共阅读服务体系中，与区域性文化建设发展相协调。兼顾服务均衡和服务效益，以公众需求为导向，通过大数据分析，对服务效能不好的自助图书馆点位进行优化迁移。

（2）按需精准配送。开展读者阅读需求调研，丰富图书品种，提高物流频率，持续做好图书补充更新，推进自助图书馆文献配置与群众阅读需求的有效对接，提高自助图书馆的使用率和借阅率，提升服务效能。

（3）拓展服务功能。开拓自助图书馆的数字服务功能，图书借阅与数字资源服务相结合。推广自助图书馆与图书预约相结合，实现预约图书

的 24 小时自助取书，提升高质量文化供给。伴随着技术发展，将自助图书馆转型为市民身边定制化阅读服务的智慧网络终端。

（4）创新服务供给模式。发挥各级各类公共文化服务机构的主力军作用，引入竞争机制，适度引入社会委托运营、政府购买等模式，创新自助图书馆运行管理。

（5）培育新业态。立足新发展阶段，研究图书馆事业发展，更新自助图书馆设备，大力培育多种新业态服务模式，以创新引领图书馆业务技术转型升级，提升"一卡通"、数字阅读、移动阅读等多种服务效能，推动图书馆服务高质量发展。

5.3 挖掘潜力，提升读者使用的方便性

主要措施包括：

（1）提升使用方便性。加强对自助图书馆运行服务巡检，及时解决由于机械、网络、供电等原因，造成的不稳定运行因素，提升读者使用的方便性。

（2）报废更新。自助图书馆设备的服务时效为 8 年，随着设备使用年限增加，运行噪声增大，死机和故障率增多，部分维修配件无法更新，将超期服务的设备淘汰更新。

（3）加大宣传力度，并将自助图书馆纳入诸如百度地图、图书馆导引系统之中，让读者更加便利地对其进行应用，同时，与厂商开展合作，共同研发具有诸如提供周边旅游景区、乘车信息等功能的 24 小时自助图书馆，以打造图书馆 24 小时信息服务站。

参考文献

［1］贾丽珍.城市街区 24 小时自助图书馆使用中的问题及对策［J］.兰台内外，2023（2）：67-69.

［2］易运文，陈莉薇.图书馆领域的一场革命——深圳建设街区 24 小时自助图书馆纪事［N］.光明日报，2009-12-11（2）.

［3］翟威.城市街区 24 小时自助图书馆建设实践与思考——以沈阳市和平区

图书馆为例〔J〕.图书馆学刊，2012（9）：78-80.

［4］肖志雄，韩文慧.城市街区自助图书馆的选址问题研究［J］.图书馆学研究，2018（23）：37-42.

［5］王淑美.24小时自助图书馆服务策略及发展规划的探讨［J］.图书情报，2019（5）：6-7.

［6］蒋睿.我国城市街区24小时自助图书馆利弊分析研究［J］.黄山学院学报，2018（20）：133-136.

［7］赵娜.城市街区自助图书馆使用率低的原因及解决策略［J］.科技情报开发与经济，2015（23）：3-5.

［8］李星光.城市街区自助图书馆运行现状及其完善思考［J］.深图通讯，2008（3）：51-53.

［9］孙丽红.完善城市街区24小时自助图书馆建设问题研究［J］.河南图书馆学刊，2022（4）：70-72.

［10］田原.我国大陆地区自助图书馆发展现状调查及问题分析［J］.图书馆建设，2012（12）：53-56.

［11］吴晞.自助图书馆的事儿［J］.图书馆论坛，2011（6）：133-139.

［12］唐俐俐.福州市城市街区24小时自助图书馆发展探析［J］.图书馆理论与实践，2018（9）：74-78.

新馆建设

公共图书馆少儿外文文献资源建设策略研究

——以北京城市图书馆为例

王芸①

摘　要： 本文以北京城市图书馆少儿外文文献资源建设的策略和实践为案例，提出对公共图书馆文献资源建设工作的思考和建议，希望对全国公共图书馆少儿外文文献资源建设工作起到启示作用。

关键词： 文献资源建设；少儿外文文献；北京城市图书馆；公共图书馆

公共图书馆作为儿童社会教育的重要基地，是儿童课外阅读和学习的主要场所，对学校教育起着补充、延伸和深化的作用。每个公共图书馆都应拥有一份由图书馆服务管理机构签署的关于儿童服务的成文的馆藏建设和管理政策。政策应确保为儿童服务的馆藏获得持续发展[1]。新时期公共图书馆的馆藏构成已不再是过去单一的中文图书，外文图书作为特色馆藏逐渐受到大部分图书管理者的重视，已成为馆藏建设的重要组成部分，被纳入图书采购计划[2]。研究科学的少儿外文文献馆藏建设策略，是提高馆藏资源利用率的主要手段，是提升公共图书馆业务与服务水平的有效途径。

---

① 王芸,硕士,就职于首都图书馆采编中心,负责外文图书采访与审校工作。研究方向：文献资源建设与服务。

1 国内公共图书馆少儿英文图书馆 / 室概况

1.1 国内公共图书馆少儿英文图书馆 / 室基本分布与馆藏情况

目前首都图书馆、厦门市少年儿童图书馆、杭州市少年儿童图书馆等国内 16 家公共图书馆与美国明德图书馆基金会（简称"明德"）合作，在馆内建立了明德少儿英文图书馆。上海、广州、深圳、温州、成都、西安、郑州、天津、南昌、南宁、济南等城市的公共图书馆都设有外文图书借阅室[3]。全国主要公共图书馆少儿英文图书馆 / 室基本馆藏情况详见表 1 所示。

表 1 全国主要公共图书馆少儿英文图书馆 / 室馆藏情况

馆名	开放年份	馆藏量	藏书类型
首都图书馆（明德）	2009	4 万余册	G 类、I 类、Q 类居多，主要包括低幼卡板书、儿童绘本、经典儿童文学作品、科普类读物等。
厦门市少年儿童图书馆（明德）	2004	3.3 万余册	267 种 300 多册附盘图书可供小读者借阅，其中以绘本光盘为主，还有少量章节书及纸板书光盘。这是中国大陆第一家英文少儿图书馆。
杭州市少年儿童图书馆（明德）	2005	3 万余册，含明德捐赠 2 万余册	I 类（文学）所占比例最高；G 类（文化、科学、教育、体育）所占比例位居第二；H 类（语言、文字）第三，复本量很高。
重庆市少年儿童图书馆（明德）	2010	近 4000 册	I 类（文学）、G 类（文化、科学、教育、体育）、Q 类（生物科学）居多。

馆名	开放年份	馆藏量	藏书类型
金陵图书馆（明德）	2009	1万余册	有适合低幼阅读的立体书、地板书，如 *Guess how much I love you*、*I spy* 等；也有青少年读者喜爱的经典小说，如 *Black Beauty* 等。
桂林市少年儿童图书馆（明德）	2005	9800余册	文学、体育、科普、历史类读物为主，还有相当一部分低幼读物，40多套原版英文多媒体资料，平均复本达10本，部分图书复本量达50本以上。
大连市少年儿童图书馆（明德）	2013	捐赠8000册，自购1.5万余册	儿童文学、童话绘本、科普读物、历史地理知识读物等。
合肥市少年儿童图书馆（明德）	2007	1万余册	涉及文学、体育、科普、历史等内容，还有相当一部分低幼读物。
上海市少年儿童图书馆（长风馆国际童书馆）	2022	4万余册	品种非常丰富，涵盖分级读物、绘本、儿童文学等各个类别。
广州市少年儿童图书馆（英文图书馆）	2015	8000多种，1.6万册	设分级读物区，以及绘本和章节书专区。
温州市少年儿童图书馆（英文图书室）	2015	1万余册	英文绘本8000余册，英语小说2000余册，有牛津树等分级读物，英文原版电影CD和英文童谣CD等246张。

1.2 公共图书馆少儿英文图书馆文献资源建设现状

近年来，我国公共图书馆事业有了长足的发展，但与广大儿童日益增长的精神文化需求相比，公共图书馆儿童服务工作，尤其是馆藏建设方面，还存在着较大的差距。从表1我们可以看到，全国各地公共图书馆的少儿英文资源馆藏数量和质量上都存在显著差异，存在发展不均衡的问题。此外，在资源多样性、学科结构、复本量控制等方面也存在亟待解决的问题。在经费有限、外文原版图书价格高昂的条件下，研究科学的文献资源建设策略，才能发挥外文图书最大的价值，满足少年儿童多元化的阅读需求。

2 北京城市图书馆少儿外文资源建设分析

2.1 北京城市图书馆少年儿童馆概况

北京城市图书馆位于北京城市副中心绿心森林公园（位于通州区），与首都图书馆为"一馆两址"的管理模式。顺承北京城市图书馆"面向未来的公共图书馆"的功能定位和"亲民、特色、智慧"的设计理念，北京城市图书馆少儿馆的功能定位是"培养未来的阅读者"，致力于打造融先进性、舒适性、安全性、友好性于一体的"以儿童为本位"的公共文化空间，提供具有参与感、科技感、艺术感、未来感的专业化和智慧化服务。少儿馆含 4000 平方米的室内阅读空间以及 2500 平方米的户外活动区，具备阅读、休闲、娱乐、体验等多种功能。

2.2 北京城市图书馆少儿外文资源配置原则

文献资源建设应根据城市图书馆少儿馆的性质、功能、定位，有计划、有目的地收藏各学科、各类型文献资源，使馆内的文献资源建设在总体上体现出系统性、分级性、特色性相结合的特点。

2.2.1 系统性
图书馆的藏书体系是一个持续发展的有机整体，要全面规划，保持各种文献类型和各学科内容按比例增长，保证馆藏资源体系的完整。

2.2.2 分级性
北京城市图书馆少儿外文文献以分级性来主导资源配置，注重发挥分级读物在英文阅读中的核心地位，给不同阅读能力水平者提供有科学性和针对性的读物。

2.2.3 特色性

（1）地域特色

突出北京地方特色资源的建设，适当收藏北京传统文化、非物质文化遗产、地方旅游等主题童书，形成具有北京地域特色的少儿文献保障体系。

（2）建筑空间特色

北京城市图书馆屋顶设计灵感来自银杏树，有"森林书苑"的雅称。结合城市图书馆的建筑和空间布局特点，适当收藏森林、动植物等相关主题童书。

2.3 北京城市图书馆少儿外文资源配置目标

2.3.1 城市图书馆少儿馆馆藏文献数量目标

依据北京城市图书馆功能定位和馆舍条件配置，少儿馆共需文献 6 万册，其中，英文文献约 0.5 万册。

2.3.2 城市图书馆少儿馆馆藏文献质量目标

（1）以重点学科作为文献收藏为主要目标，同时也要兼顾到少年儿童阅读的一般性需求。既重视文献本身质量，又满足社会教育、大众阅读、语言学习等现实需求。

（2）以城市图书馆少儿馆分级阅读理念为依据，根据儿童的身心发展特点、认知思维水平和阅读兴趣爱好，打造分层分级的外文文献资源体系，更加科学、精准地为不同年龄的少年儿童匹配适合他们的读物。

2.4 北京城市图书馆少儿外文资源采访策略

2.4.1 确定学科结构比例

依据首都图书馆华威桥少儿英文图书馆现有馆藏结构，优化北京城市图书馆馆藏学科结构比例，如表 2 所示：

表2　首都图书馆华威桥馆少儿外文文献学科分类占比

《中图法》分类	各类少儿外文图书种数/册数	占少儿外文图书总目的百分比
A	0	0
B	305	0.73%
C	328	0.78%
D	108	0.26%
E	243	0.58%
F	150	0.36%
G	16278	39.02%
H	501	1.20%
I	6550	15.70%
J	744	1.78%
K	1060	2.54%
N	628	1.51%
O	696	1.67%
P	1616	3.88%
Q	6892	16.52%
R	816	1.96%
S	1820	4.36%
T	1153	2.77%
U	753	1.81%
V	336	0.81%
X	271	0.65%

《中图法》分类	各类少儿外文图书种数 / 册数	占少儿外文图书总目的百分比
Z	464	1.11%
总计	41712	100.00%

数据来源：首都图书馆少儿综合借阅中心统计数据（2021）。

从表 2 中可以看出，首都图书馆少儿英文图书馆（华威桥馆）的采购重点为 G 类（占比 39.02%）、Q 类（占比 16.52%）、I 类（占比 15.70%）、S 类（占比 4.36%）、P 类（占比 3.88%）。

依据首都图书馆少儿英文图书馆运行经验及馆藏发展目标，北京城市图书馆采购原则应为"求精"而"非全"，以人文社科类为重点，主要采购 G 类（文化、科学、教育、体育）、I 类（文学）、K 类（历史、地理），以及自然科学类——集中在 N（自然科学）、O（数理科学和化学）、P（天文学、地球科学）、Q（生物科学）、S（农业科学）等类别。具体学科结构占比详见图 1。

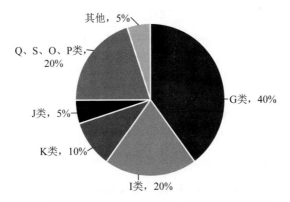

图 1　北京城市图书馆少儿外文文献学科结构占比

2.4.2　确定馆藏适合读者年龄结构比例

依据首都图书馆华威桥少儿馆 17 岁以下读者到馆借阅年龄结构分析，确定北京城市图书馆少儿馆馆藏适合读者年龄结构比例，如图 2 所示：

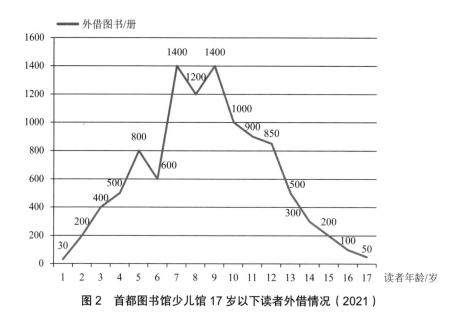

图2　首都图书馆少儿馆17岁以下读者外借情况（2021）

注：此图摘自首都图书馆业务部2021年读者阅读倾向分析报告。

从图2中可以看到，3～12岁的小读者借阅量很高，其中借阅量最高值为年龄在7岁和9岁的读者群体，而12岁以上的读者因学业压力较大，借阅量随年龄增长呈下降趋势。根据此项调查报告结果，优化馆藏年龄结构比例，以0～12岁读者群体为主，大致为0～3岁占比20%，4～7岁（对应国内小学英文水平）占比40%，8～12岁（对应国内初高中英文水平）占比30%，12～17岁（对应国内英语水平较高青少年）占比10%。

2.4.3　打造立体多维的分级分层文献体系

2011年，国务院颁布的《中国儿童发展纲要（2011—2020年）》中明确提出，推广面向儿童的图书分级制，为不同年龄儿童提供适合其年龄特点的图书，为儿童家长选择图书提供建议和指导[4]。2016年，《全民阅读"十三五"时期发展规划》指出，加强对少儿阅读规律的研究和运用，科学研究不同年龄、不同群体、不同性别少年儿童的智力、心理、认知能力和特点，借鉴国外阅读能力测试、分级阅读的科学方法，探索建立中国儿童阶梯阅读体系，加快提高我国少年儿童的整体阅读水平[5]。北京城市图书馆少儿外文文献资源配置充分重视分级分层性，把分级阅读思想贯穿到少儿馆馆藏建设中。

1. 注重分级读物的采选

分级阅读，是按照少年儿童不同年龄段的智力和心理发育程度为儿童提供科学的阅读计划，为不同孩子提供不同的读物，提供科学而有针对性的阅读图书[6]。分级阅读是真正的以儿童为中心的阅读行为，是循序渐进提高少儿阅读能力的有效方法。目前，英语分级阅读市场上主流的分级读物有"牛津阅读树"（*Oxford Reading Tree*）、"尤斯伯恩我的图书馆"（*Usborne My Reading Library*）、"红火箭分级读物"（*Red Rocket Readers*）、"国家地理分级读物"（*National Geographic Readers*）、"我会阅读"（*I Can Read*）及兰登书屋的"步入阅读"（*Step into Reading*）等。

2. 注重适合儿童阅读特点的文献体裁选择

公共图书馆的文献资源建设工作，应始终遵循"以用户为中心"的原则。在少儿外文文献体裁的选择上，要充分考虑不同年龄阶段孩子的阅读习惯和偏好，为不同年龄儿童提供适合其年龄特点的图书，例如：

（1）为婴幼儿配置玩具书、触摸书、翻翻书、立体书等异型书，激发低幼儿童的好奇心和探索欲。

（2）为学龄前儿童配置自然拼读读物（Phonics[①] Readers）。自然拼读读物将自然拼读的规则融入难度逐渐上升的读本里，使孩子逐步了解拼读规则，循序渐进地实践与巩固自然拼读知识，帮助孩子从阅读启蒙逐步进阶到自主阅读。

（3）针对学龄儿童，除配置文学类读物外，还应注重科普类读物的资源配置。美国共同核心州立课程标准（CCSS[②]）要求各小学科普类阅读与文学类阅读比例各占一半[7]。儿童阅读科普类读物一来可以大大扩充词库，弥补故事类读物中缺少的专有名词，二来对于培养孩子的逻辑思维能力、

---

① 自然拼读法又称"Phonics"，是指看到一个英语单词，就可以根据英文字母在单词里的发音规律把这个单词读出来的一种方法。自然拼读法可以作为孩子自主阅读的敲门砖，让孩子做到"见词能读，听音会写"。

② CCSS（Common Core State Standards），又称美国共同核心州立标准，是2010年颁布的统一美国K–12的课程标准。

帮助他们认识世界帮助很大。科普类图书的阅读对于儿童全面的知识积累起到关键性作用。

（4）为青少年配置世界经典名著、人物传记类读物。世界经典名著、人物传记类读物能够帮助青少年树立正确的人生观和价值观。

2.4.4 打造特色突出的主题专区式文献体系

公共图书馆应重视通过主题专区或主题归类陈列式专架等方式展示馆藏。获奖作品、经典名家作品、经典 IP 系列读物均可作为主题。这种按照主题来组织专区或专架的模式有助于吸引读者注意力，增加读者到馆阅读黏性，并为主题阅读推广、主题展览活动奠定良好的物质基础。

1. 注重世界童书大奖作品的采选与收集

世界绘本大奖除了重视绘本的艺术价值，图文配合的巧妙与否也是评奖的重要考量因素。凯迪克奖（Caldecott Medal for Best Illustrated Children's Book）是美国最有影响的绘本奖。凯特·格林纳威奖（The Kate Greenaway Medal）是英国儿童绘本领域的最高荣誉。美国纽伯瑞儿童文学奖（The Newbery Medal for Best Children's Book）以及英国图书馆与情报专家学会（Chartered Institute of Library and Information Professionals，CILIP）的卡内基奖（CILIP Carnegie Medal），主要奖励优秀的儿童与青少年文学作品[8]。公共图书馆馆藏需要优质资源的不断充实，这些世界童书大奖为优秀作品的挑选提供重要依据。

2. 经典名家绘本作品全品类收藏

儿童绘本大师把他们的人生经验与感悟、对孩子的珍重与爱，都融汇在一本本的作品中。他们的每一部作品，都值得孩子们阅读。世界著名绘本作家包括苏斯博士（Dr.Seuss）、艾瑞克·卡尔（Eric Carle）、李欧·李奥尼（Leo Lionni）、莫·威廉斯（Mo Willems）、安东尼·布朗（Anthony Browne）、大卫·香农（David Shannon）、玛格丽特·怀兹·布朗（Margaret Wise Brown）、朱莉娅·唐纳森（Julia Donaldson）等。在少儿外文文献资源建设工作中，经典名家绘本作品应全品类收藏。

3. 经典形象绘本作品重点收藏

经典形象（IP）系列绘本在语言上大都使用儿童日常用语中的高频词

和常用句型，在轻松愉快的阅读氛围中巩固拼读、积累词汇，可作为儿童初学语言的最佳入门向导。此外，故事往往简单且生动有趣，围绕家庭和学校等幼儿所熟悉的生活场景展开，让孩子在趣味性和代入感中爱不释手，在获取知识的同时，对孩子的习惯养成、性格塑造，以及在情绪和社交方面都有积极作用。北京城市图书馆计划采购 Clifford（大红狗）系列、Maisy（小鼠波波）系列、Mr.Men and Little Miss（奇先生妙小姐）系列、Peter Rabbit（彼得兔）系列、Spot（小玻）系列、Bizzy Bear（小熊很忙）系列等经典形象绘本。

3　对公共图书馆外文文献资源建设工作的思考和建议

3.1　文献资源、建筑空间、阅读推广活动三者形成合力

文献资源是图书馆核心能力的基础，外文文献资源是其中的重要组成部分，而少儿外文文献资源对于青少年读者又具有特殊意义。少儿外文文献资源的科学配置应立足于服务青少年读者现实需求，在馆舍建筑空间内合理布局，为在青少年群体中开展互动体验、阅读推广、主题展览等活动提供优质的阅读材料，助力青少年开拓国际视野，提升外语水平。建立多层次的外文文献资源保障体系，与基础设施、阅读推广活动相结合，三者形成不可分割的有机整体，有助于提升图书馆服务效能，为社会创造更多价值。

3.2　注重纸质馆藏与数字馆藏协调发展

以首都图书馆为例，通过赛阅电子书（OverDrive）平台采购外文电子图书，年均经费为30万至40万人民币，年均采购外文电子图书种类为4000种。OverDrive 平台主要收藏满足成人、青少年及儿童精神文化发展、语言学习及休闲娱乐需求的电子读物。其中，少儿电子读物可重点采购配音电子书（Read-alongs）及有声书（Audiobooks），作为纸质资源的有效补充。

数字馆藏的建设还可以有效缓解热门纸本图书的复本量有限的问题，及时满足高峰时期读者的阅读需求。在文献资源建设工作中应注意纸质文献资源与电子文献资源的协调发展与优势互补。

技术的发展使当今图书馆能够利用电子触摸屏、手持阅读器等高科技设备，实现多样化的阅读场景。此外，公共图书馆可借助 5G、人工智能、AR/VR 等先进技术手段为青少年读者提供沉浸式外文阅读体验，打造"懂童心"的智慧型图书馆，还能够通过大数据分析，将青少年读者的外文阅读偏好记录到个人知识图谱中，实现外文文献资源定向推送，形成"个性化定制书单"，甚至为孩子们打造"阅读成长计划"。大数据、云计算等方式还可以进行高效的读者阅读需求分析，捕捉借阅热点，指导采访人员更加有针对性地、精准地开展图书采选工作。

3.3 加强文献资源的协调与共享

在一馆多馆址的工作模式下，各馆区要注意外文文献资源共享与互补。在资源统筹规划、相互协作、合理布局的馆藏建设方针下，各个馆区既要整体统筹安排，又要各有特点和侧重。在工作实践中，工作人员还要处理好品种与复本的关系，既要保证有尽量多的热门图书品种，又要保证一定的复本量。可以对低流通率的品种严格控制复本，从而提高整体外文文献资源系统的保障能力，最大限度地满足读者的阅读需求。

图书馆区域协作是图书馆之间加强交流合作、优势互补、共建共享的重要方法。利用公共图书馆总分馆体系优势，建立文献借阅共享机制，有利于节省资源建设的成本，使文献资源利用最大化；有利于解决公共图书馆事业发展不均衡不充分的矛盾，促进城乡文化一体化发展，推动公共图书馆事业协调发展、高质量发展。

3.4 助力中国国际传播体系构建，讲好中国故事

讲好中国故事，是以习近平同志为核心的党中央提出的时代课题。2023年 7 月 3 日，习近平在致第三届文明交流互鉴对话会暨首届世界汉学家大会的贺信中指出，在人类历史的漫长进程中，世界各民族创造了具有自身

特点和标识的文明。不同文明之间平等交流、互学互鉴，将为人类破解时代难题、实现共同发展提供强大的精神指引[9]。公共图书馆以传承和弘扬中华民族优秀传统文化，培育少年儿童社会主义核心价值观为工作重点，同时肩负文化交流展示、国际友好合作等社会职能。外语既是一项语言技能，也是多元思维的载体，更是国内外沟通学习、文明交流互鉴的重要方式。做好外文文献资源建设，特别是充分发挥少儿外文文献资源在青少年读者群体中的独特作用，有助于新时代青少年以书为媒，更好理解外国人的思维习惯，从而以外国人"听得懂、易接受"的方式向世界发出中国声音、讲好中国故事，增强中华文化的传播力和影响力。

4 结语

国家图书馆馆长熊远明在 2022 年第三届中国儿童阅读发展论坛上强调，一个适于儿童生活的城市才是有底蕴、有魅力、有可持续发展能力的城市，适合儿童生活居住的儿童友好城市的文化建设，应以提高公共图书馆少年儿童服务水平为重要抓手，共同努力让图书馆少年儿童服务成为塑造城市文化、凝聚城市精神的美好风景[10]。未来，公共图书馆宜因应时代发展变化，以满足广大少年儿童日益增长的精神文化需求为目标，采取更加科学的馆藏建设策略，不断优化创新馆藏结构，建设特色突出的精品化馆藏资源，真正成为城市重要的儿童文献收藏中心、学习资源中心，社会教育实践中心，文化文明传播中心。

参考文献

［1］国际图联 0 ~ 18 岁儿童图书馆服务指南［M］// 徐晓霞，陈力勤，等．公共图书馆低幼儿童服务．北京：国家图书馆出版社，2019：244-245.

［2］陶丽珍．广州少年儿童图书馆外文图书利用与导读实证分析［J］.河南图书馆学刊，2016（10）：136-137.

［3］黄莲莲，雷静．公共图书馆英文阅读推广的实践和策略——以温州市少年

儿童图书馆为例［M］// 中国图书馆学会.中国图书馆学会年会论文集：2020 年卷.北京：国家图书馆出版社，2020：254-259.

［4］中国儿童发展纲要（2011—2020 年）［EB/OL］.（2011-08-08）［2023-07-15］.http://www.scio.gov.cn/ztk/xwfb/46/11/Document/976030/976030.htm.

［5］关于印发《全民阅读"十三五"时期发展规划》的通知［EB/OL］.（2016-12-27）［2023-07-15］.https://www.nppa.gov.cn/xxfb/tzgs/201612/t20161227_666067.html.

［6］Leveled readers for guided reading［EB/OL］.［2023-07-15］.https://www.spellingcity.com/leveled-readers.html.

［7］Common core state standards［EB/OL］.［2023-07-16］.http://www.p12.nysed.gov/ciai/common_core_standards/pdfdocs/nysp12cclsmath.pdf.

［8］The CILIP Carnegie Medal［EB/OL］.［2023-07-16］.https://carnegiegreenaway.org.uk/yoto-carnegie-medal/.

［9］习近平向第三届文明交流互鉴对话会暨首届世界汉学家大会致贺信［EB/OL］.（2023-07-03）［2023-10-10］.http://www.news.cn/politics/leaders/2023-07/03/c_1129729938.htm.

［10］图书馆报（微信公众平台）［EB/OL］.（2022-11-11）［2023-07-23］.https://mp.weixin.qq.com/s/Bu9andBbBvlwY4RmPEahSQ/.

公共图书馆主题文献资源建设的思考

——以北京城市图书馆文献专区建设为例

杨 潇 ①

摘 要： 本文以北京城市图书馆文献专区建设为例，就主题文献资源建设的全面性、专业性和跨学科性三大特点展开探讨，并对文献资源未来的发展，从政府决策支持、新兴技术引进、与不同行业合作等方面提出建议，以期为未来主题图书馆文献资源建设提供新的思路，促进公共图书馆更好地发展。

关键词： 主题文献；馆藏资源建设；北京城市图书馆

随着时代的发展，各行各业都在向专业化、精细化方向发展，公共图书馆也不例外。为满足不同读者的文化需求，我国公共图书馆也走上了从"覆盖全社会"到"提供专业化服务"的转型之路[1]。在这样的背景下，主题图书馆如雨后春笋般兴起，如国家图书馆的古籍馆、法律馆，杭州 19 个主题图书馆，上海图书馆的中国文化名人手稿馆等，馆中馆、馆外馆和"主题图书馆 +X"等不同模式的探索，都在社会中引起了较大的关注。主题图书馆的发展势必对其核心要素——主题文献资源建设提出新的要求，主题文献选取的标准、内容范围和未来的发展趋势，都值得图书馆采访人

---

① 杨潇，首都图书馆馆员。曾于 2019—2021 被选派至中国驻新西兰使馆工作。研究方向：智慧图书馆建设。

员深入思考。

1　相关研究进展

利用 CNKI 数据库进行相关文献数量统计，目前以"主题图书馆"为题名可查到文献 80 余篇，内容多侧重于主题图书馆的概念研究、主题馆模式、服务实践和空间构建等方面，如王世伟在《主题图书馆述略》中对"主题图书馆"概念进行辨析[2]，柯平在《主题图书馆建设中的若干问题与发展思考》中对主题图书馆模式展开探索，谢雨在《论专题图书馆建设与图书馆核心竞争力》中阐述了专题图书馆与提升图书馆核心竞争力的内在联系[3]，刘慧等人在《主题图书馆概念属性及其建设机制研究》中对主题图书馆的资源空间、服务职能和交流特色进行了论述[4]，等等。以"主题文献资源建设"为主题词查询，文献有应晖、冯亚惠所写的《基于主题馆建设模式的茶文献资源组织管理探析》，以茶主题为切入点进行主题文献构成的探析[5]，卢垚、王鹭飞、马鑫所写的《基于主题分析的交叉学科科技文献遴选方法研究——以蜜蜂学为例》中提出了利用主题关键词提取、资源内容匹配和质量评估方法跨学科搜集文献资源[6]，任国祥的《主题图书馆资源建设的深化与创新》对文献资源建设的完整性、规划性、开放性、原生性、创造性和时代性六个特点进行了阐述，并对未来建设路径提出展望[7]。通过对以上相关文献的梳理与分析，笔者发现目前对文献资源建设的研究多集中于对某一特定主题文献的讨论，对整体主题文献内容的构建与发展趋势的关注相对较少。因此，本文将以北京城市图书馆三个主题文献专区建设为例，探讨在新时代背景下主题文献资源建设的必要性，并结合其特点，对未来主题文献资源建设提出一些思考。

2 主题文献资源建设的必要性

2.1 时代的需要

在建设文化强国的新时代宏伟蓝图下，公共图书馆担负着保存中国文化遗产资源的重要责任。文化遗产资源需要系统和完整的保存，这就要求采选文献资源的过程不是一个简单的相关内容出版资源的集合，而是在对每类学科有总体把握的基础上，进一步筛选有学术价值、代表性的文献，进行主题学科体系的构建。这样不仅可以多角度体现该学科领域的发展历史，展示出我国传统文化的辉煌历程，还可以呈现该领域现代技术的应用和前景预测，增强我们的文化自信。展示中华文化魅力是新时代公共图书馆的一项重要职能，也是公共图书馆可以保持魅力的关键所在。因此，主题文献资源建设是时代发展的需要，也是公共图书馆未来发展的一个重要方向。

2.2 读者的需要

在知识爆炸的今天，选择什么文献来阅读，是当下读者面临的一个重要问题。主题文献资源建设对这一问题给出了很好的答案。主题资源框架的搭建揭示了学科的全貌，主题资源中书目之间的排列说明了学科内容的关联性，读者以自己感兴趣的部分作为出发点，可以有序地发散性地进行阅读，逐步对学科的全貌有所掌握。这一功能的实现，也使公共图书馆的阅读推广和社会教育职能得到有效的发挥。

3 主题文献资源构建的重点和特点

3.1 主题的确定

建立主题文献专区是新时代公共图书馆突破传统管理模式的一种创新尝试，主题的选择至关重要。第一，要满足《公共图书馆服务规范》中强调的"为个人、企事业机构及政府部门提供多样化的、灵活的、有针对性的服务"[8]和《关于加快构建现代公共文化服务体系的意见》中提到的"在公共文化服务体系建设中统筹考虑群众的基本文化需求和多样化文化需求，推动公共文化服务向优质服务转变，实现标准化和个性化服务的有机统一"[9]，这是新时期对公共图书馆提出的发展要求，因此公共图书馆在文献主题选择上需要在政府层面和群众层面做到平衡，尽可能覆盖多方需求。

第二，公共图书馆文献主题的选择应厚植于地域文化根基，很好地体现出地域特色和城市定位，把文献专区打造成为城市文化发展中的一张名片。北京作为政治、文化中心，对中国文化的传承、文化自信的发扬有着重要作用。北京城市图书馆应更好发挥其文化传播的职能定位，结合文献内容从地理位置、历史变迁、城市定位等方面深挖，找出文化新亮点，展现首都文化的深厚底蕴与包容性，讲好中国和北京的文化故事。

基于以上两点考量，北京城市图书馆为满足不同人群到馆阅读的需求，所选的文献主题兼顾学术性和普及性。经过前期对近五年到馆读者的背景、借阅图书类别的热点变化、所在区域读者阅读习惯等所做的大量实际调研，北京城市图书馆确定了经济学、法学、小说、书法、人物传记和计算机等几大类作为初步主题意向。随后，北京城市图书馆围绕北京"四个中心"城市功能定位，立足北京城市副中心建设规划，结合首都图书馆自身已有文献资源、北京城市图书馆地理位置和该地域读者群体等诸多因素，确定法律和文化旅游融合两个主题专区。同时，考虑到公共图书馆在文献资源查询、文献资料梳理中所起的作用，决定增加工具书综合类主题书目这一专区。法律、工具书综合类和文化旅游融合这三个主题专区的主题文献资源建设方案经过馆领导和专家意见组的多轮论证与讨论后，逐步细化并最终确定。北京城市图书馆三大主题类文献共计约 4 万册，占全馆中文普通图书总量的近四分之一。

3.2　主题文献资源的特点

3.2.1　文献资源的完整性

文献资源收录的完整性在主题资源体系建设中尤为重要。完整性首先体现在对某一学科发展历程与知识内容体系的全面性。从学科发展的背景源头到当前研究进展、学术发展动态，从学科核心领域知识的探究到小众相关研究领域内容的兼顾，从国内学术成果的汇总到全球先进研究、创新观点的收录，应多层次、多角度地展现学科的内涵。另外，文献资源的完整性还体现在对某一学科不同读者需求的满足。公共图书馆面向公众开放，读者群体中有知识渊博的学科专家，也有渴望拓展知识边界的学科新人，因此对文献内容深浅程度的把握需要进行全面的考虑，做到学术性和通识性的有机统一。

北京城市图书馆中的法律主题专区在建设初期对完整性这一相关问题进行了较为全面的思考。国内外法律体系历史演变，法律界专业学术著作与普法图书的占比，当前新技术、新趋势的发展对法律领域的影响等，通过对诸多问题的思考与论证，结合法律主题文献资源专家论证会给出的专业意见，北京城市图书馆最终确立了国外法律体系、中国特色社会主义法律体系、国际法和立法四大板块，文献内容包括各国现行法律、国际法条例的注释、条文解释、各领域学者专著、司法案例判例、法律工具书及普法类文献。

3.2.2　文献资源的专业性

文献资源的专业性取决于文献资源的来源、认证机构、文献的学术影响因子、引用频率，用户的反馈意见以及文献出版时间带来的时效性等因素，主题文献资源收录的专业与否是评价一个主题专区或主题图书馆的重要指标。如何在信息爆炸性增长的当下，高质量地完成文献资源的筛选，提高所选文献资源的学术价值，是需要在文献资源建设过程中给予高度重视的。

在北京城市图书馆中工具书综合类主题专区文献资源的采选过程中，由于工具类文献存在版本较多、内容相似度高的特点，在文献采选时将文献专业性的要求放在了首位，重点对经典工具书版本的甄选、不同学科工具书的占比以及不同学科工具书随着时间的推移其文献内容的准确性和时效性进行了论证。同时，结合摆放架位、购买资金和采购周期等因素，对古今经典代表性工具书进行了选择性采购，力求通过选取不同时代代表性工具书，展示我国工具书文献资源的演变过程，并透过工具书综合类文献资源的展示，中华优秀传统文化进行挖掘与阐释。

3.2.3 文献资源的跨学科性

公共图书馆长期以来在排架布局、类目划分上都是以《中国图书馆分类法》（简称《中图法》）为依据，而这对于新兴的主题专区或主题图书馆在保障学科文献资源的全面性上会产生诸多不便。比如往往一门学科的起源是从其他学科划分或演变而来，最初的基础性文献不在当下《中图法》划分的本学科体系中，加之目前不同学科之间融合与交叉的大趋势，许多前沿问题的研究是不同领域的合作尝试，不再局限于某一特定学科之中，这就要求在主题文献资源建设中打破旧规，深入研究文献资源内容的联系，建立一套新的有逻辑层级关系又方便读者查找文献的排架方式。

北京城市图书馆文化旅游融合专区的建设就是一次文献资源跨学科性的大胆实践。文化和旅游的融合是 2018 年文化部和国家旅游局职责整合成立文化和旅游部后[10]提出的新要求。"诗与远方"的结合既开启了文化事业的新局面，也为公共图书馆文献资源的整合提供了新思路。无论是读者的外出旅行，还是到图书馆的思想旅行，都不应是简单景点介绍的浏览、当地美食的品尝，更多的是了解当地的历史文化、美食背后的风俗观念，因此在文化旅游主题文献资源建设过程中，除了常规的旅游路线、观光导游的图书外，北京城市图书馆将地方历史的介绍、名人传记、当地特色文化解读、特色建筑艺术内涵等内容归入其中。同时为了让读者在不借助检索工具的前提下，也能快速、有效地找到所需图书，经过几轮的讨论和外出调研，最终确定文化旅游专区按照地理位置将文献按三级类目重新进行布局排架，具体内容如表 1 所示：

表 1　文化旅游专区文献资源三级类目级别划分

序号	主题文献一级类目	主题文献二级类目	主题文献三级类目
1	世界	亚洲、非洲、欧洲、美洲、大洋洲及太平洋岛屿、极地	美国、英国、意大利、法国、德国、加拿大等
2	中国	东北地区、华东地区、华北地区、华中地区、华南地区、西南地区、西北地区	天津、重庆、上海、湖南、湖北、山西、陕西、宁夏等
3	北京	东城区、西城区、朝阳区、海淀区、丰台区、石景山区、顺义区、通州区、大兴区房山区、门头沟区、昌平区、平谷区、密云区、怀柔区、延庆区	

4　主题文献资源建设未来展望

随着 2019 年杭州图书馆与南开大学柯平教授研究团队合作的落地和《全国"公共图书馆主题分馆建设"馆长论坛杭州共识》的发布，主题图书馆建设掀起新热潮[11]。我们期待公共图书馆未来在主题文献资源建设方面作出更多的探索与实践。

4.1　政府政策的支持，助力发展

一个新事物的良性发展，离不开政府在政策环境上的保驾护航。政府通过文件的下达能够创造良好的发展氛围，通过举办相关的研讨会、外出调研，能够推进其顺利发展。如 2014 年江西省文化厅组织召开了全省主题图书馆建设研讨会，邀请业界专家就全媒体时代主题图书馆的建设作了精彩的讲述[12]；2018 年浙江省公布的《关于进一步完善全省公共图书馆服务体系建设指导意见》中明确提出全省公共图书馆应"探索文旅结合新路径、新方法、新经验，推进主题图书馆建设"[13]。这些举措都极大地促进了地区主题图书馆的建设与发展，江西省建成了 26 个规模不一的主题图书馆，杭州市建立了 19 个总分馆模式的主题图书馆。同时，杭州图书馆制定的《杭州图书馆主题分馆建设与管理规范》以标准化和制度化建设推动了主题图书馆的可持续发展，为主题文献资源建设在深度上和广度上的不断拓展提供了必要的空间和条件。

4.2　新兴技术的引进，拓宽可能

科技的发展让文献资源之间建立了更多的联系，通过图像获取、机器学习、智能统计等功能的使用，文献内容的把握与提炼不再单纯依靠书目题名与主题词的揭示，不再有词语数量和文字选择的限制，大大提高了文献资源之间内容关联的程度，有助于提升主题文献资源建设的效率。同时，科技的进步让文献资源类型越来越丰富，电子文献，图像，专业人士讲座以及口述历史的影像资料等，将使主题文献资源建设在数量和质量上实现质的飞跃，加上利用 AI 技术还原场景，可以为读者提供立体化、多角度的文献资源展示，提升公共图书馆的核心竞争力。

4.3　不同行业的合作，融合前行

公共图书馆作为公共文化服务机构的一分子，与社会不同行业、领域的互动与合作，对其走出象牙塔、迸发新活力十分有益。与出版相关主题图书的出版社的合作，为及时了解新书信息、补充文献资源提供支持；与相关博物馆的合作，可将文献中提到的描述内容实物化和具体化，更加生动地展示在读者面前；与各类学会、协会的合作，在丰富主题相关学术文献的同时，可以合作建设特色数据库或主题 App，为读者提供多样化的资源获取平台。与不同机构的交流，找寻新的融合点，不仅能丰富主题文献资源内容，也有助于提高公共图书馆的影响力，为其不断发挥文化吸引力提供强有力的保障。

5　结语

　　主题文献资源建设是公共图书馆对所拥有的文献资源的再次梳理与利用，让躺在书架上的书"活"起来，让不同类型的文献资源用新的联系"抱"起来，让传统形式的文献与新兴类型的文献"牵"起来，通过多层次、立体化的方式展现在读者面前，通过对新方向、新路径的摸索，让公共图书馆展现出新的魅力，更好地为大众服务。

参考文献

［1］应晖，柯平. 主题图书馆的杭州模式［M］. 北京：国家图书馆，2019：16.

［2］王世伟. 主题图书馆述略［J］. 山东图书馆学刊，2009（4）：36-38.

［3］谢雨. 论专题图书馆建设与图书馆核心竞争力［D］. 合肥：安徽大学，2013.

［4］刘慧，徐玮，夏莹. 主题图书馆概念属性极其建设机制研究［J］. 图书馆理论与实践，2023（2）：56-61.

［5］应晖，冯亚惠. 基于主题馆建设模式的茶文献资源组织管理探析［J］. 图书馆杂志，2020（2）：62-66.

［6］卢垚，王鹭飞，马鑫. 基于主题分析的交叉学科科技文献遴选方法研究——以蜜蜂学为例［J］. 数字图书馆论坛，2020（11）：33-41.

［7］任国祥. 主题图书馆资源建设的深化与创新［J］. 图书馆杂志，2014（6）：66-69.

［8］全国图书馆标准化技术委员会. 公共图书馆服务规范［EB/OL］.［2023-07-21］. https://openstd.samr.gov.cn/bzgk/gb/newGbInfo?hcno=17FAE54755356FAB55CFB32BDD07C3AD.

［9］中共中央办公厅，国务院办公厅. 关于加快构建现代公共文化服务体系的意见［EB/OL］.［2023-07-21］. http://www.scio.gov.cn/m/xwfbh/xwbfbh/wqfbh/2015/20150121/xgbd32478/Document/1392857/1392857_1.htm.

［10］文化和旅游部 . 文化和旅游部正式挂牌［EB/OL］.［2023-07-21］. https://www.gov.cn/xinwen/2018-04/11/content_5281510.htm.

［11］柯平，袁珍珍，张畅 . 主题图书馆的中国实践［J］. 图书馆建设，2020（1）：8-15.

［12］黄俊 . 公共图书馆主题图书馆建设实践与思考［M］// 中国图书馆学会年会论文集（2015 年卷）. 北京：国家图书馆出版社，2015：282 - 289.

［13］浙江省文化和旅游厅 . 关于进一步完善全省公共图书馆服务体系建设指导意见［EB/OL］.［2023-07-21］.http://www.zjdx.gov.cn/art/2019/3/20/art_1229667159_13182.html.

阅读推广

"阅读北京"阅读推广活动的品牌建设和运营推广研究

李凌霄　张　法①

摘　要： 随着全民阅读上升为国家发展战略，公共图书馆全民阅读活动已实现品牌
化发展。文章运用案例分析方法，以"阅读北京"阅读推广活动为例，从
品牌建设的几大要素，结合运营推广中的经验，探讨分析这一案例的成功
之处，以期为各地公共图书馆建设全民阅读品牌，培育全民阅读品牌体系
提供借鉴。

关键词： 全民阅读；公共图书馆；品牌建设

自 2014 年以来，全民阅读连续 10 次被写入《政府工作报告》;《中华
人民共和国国民经济和社会发展第十四个五年规划和 2035 年远景目标纲要》
提出"深入推进全民阅读，建设'书香中国'"[1]，全民阅读上升为国家发
展战略。在阅读推广大潮中，图书馆因为是体系成熟、布点广泛、资源富
集、专业化程度高的文化基础设施，所以自然而然地成为阅读推广的一支
核心力量[2]。公共图书馆作为公益性阅读提供机构，在推广、引导和服务
全民阅读方面发挥重要作用。图书馆阅读推广活动的品牌化能够实现各类
资源的整合与利用，进一步保护品牌的核心竞争力，提高活动的管理水平
和管理效率，使得活动开展更具计划性和持续性[3]。创办"阅读北京"阅

---

① 李凌霄，首都图书馆宣传策划部副主任，馆员;张法，首都图书馆宣传策划部副研究馆
员。

读推广活动是推动北京地区公共文化服务高质量发展的重要举措，本文将论述该项活动在品牌建设、品牌管理、品牌宣传等方面的方法和经验，以期为图书馆行业阅读推广活动的组织与开展提供参考。

1 阅读推广活动品牌建设概述

品牌化阅读推广，指根据不同群体的阅读需要，策划设计不同的活动品牌，开展系列主题突出、特色鲜明的读书活动，进而产生一定社会影响力和吸引力、能够推动公民文化素质提高的阅读推广项目[4]。

图书馆领域的研究者和实践者已经普遍注意到阅读推广品牌化的重要意义。王世伟认为服务品牌是公共图书馆提供公共文化服务的价值资源，也是衡量公共图书馆服务品质和水平的重要标志[5]。李斗光提出公共图书馆服务品牌要与时俱进，就要从服务品牌进化论的升位思路着眼[6]。石继华梳理了国外阅读推广的品牌化运作案例后，得出结论："阅读推广品牌的创立与建设，除需要具备较强的品牌意识之外，在具体实施上还应采取系统的品牌化运作模式。"[7]

在实践领域，国家图书馆"文津图书奖"[8]、深圳图书馆"图书馆之城"[9]、湖北省图书馆"长江讲坛"[10]、长三角区域"长三角阅读马拉松"[11]、杭州市图书馆"YUE 杭图"系列活动[12]、内蒙古图书馆"彩云服务"[13]、佛山市图书馆"邻里图书馆"[14]等阅读推广活动通过不断的品牌塑造，展示了具有中国特色公共图书馆的创新智慧。

2 "阅读北京"阅读推广活动概述

对于阅读推广而言，品牌定位是建立阅读活动品牌形象的过程与结果[15]。北京市于 2002 年 12 月开通北京市公共图书馆计算机信息服务网络，它实现了全市各级公共图书馆的联合检索、馆际互借、资源共享和图书"一卡通"服务，截止到 2023 年 5 月，网络已覆盖了全市 16 个行政区，联网成员馆已达 457 家。为了持续推动全民共享的公共文化服务保障体系建设，丰富全市人民的阅读生活，依托公共图书馆在阅读推广领域积累的丰富经验，"阅读北京——首都市民阅读系列文化活动"自 2016 年起，以"一卡通"公共图书馆四级服务网络为节点，开展诵读大赛、"十佳优读空间——百姓身边的基层图书室"推优活动、"最美书评"征集评选活动、"阅读伴我成长"活动和评选"读书小状元"活动。"阅读北京"品牌自创办之初，就定位为发挥图书馆阵地优势、着力开展互动式的公共文化服务，通过策划实施四项贯穿全年、覆盖全市、打通阅读各节点的大型阅读推广活动，形成以群众需求为基础、政府为主导、各方参与的活动机制，以打造阅读品牌、搭建阅读平台、推送阅读资源、丰富阅读形式，增强首都城市文化底蕴和品质，推进北京全国文化中心建设。

经过近 8 年的品牌化运营，"阅读北京"已累计产生 451 名领读者、287 名读书小状元，并向广大读者推荐 1000 余种图书、69 家身边的优质阅读空间，出版诵读大赛原创美文《声暖情长》、最美书评获奖文集《妙笔生花》等 8 种图书。"阅读北京"被书香中国·北京阅读季领导小组评为"2021 年北京市全民阅读优秀项目"，在 2022 年 4 月 23 日首届全民阅读大会"书香北京"案例分享活动中，首都图书馆馆长毛雅君把"阅读北京"活动组织和品牌推广的经验在现场进行分享。

3 "阅读北京"阅读推广活动的品牌建设

3.1 项目管理

潘俊彤、范并思认为公共图书馆可将所有的阅读推广事件综合作为统一的阅读推广活动总项目管理节点，单个事件则作为子项目管理节点，全过程总项目管理可以从组织结构、总项目管理全过程和总监管机制三方面进行构建。组织结构是整个总项目管理模式的起点[16]。

　　"阅读北京"品牌由中共北京市委宣传部、北京市文化和旅游局创建，北京市公共图书馆、北京市图书馆协会联合运营，依托以首都图书馆为中心馆，各区图书馆为总馆，街道、乡镇图书馆为分馆，社区、村图书室为基层服务点的"一卡通"总分馆制四级服务网络服务体系开展阅读活动。首都图书馆作为项目实施和品牌建设的牵头单位，组建了固定的项目团队，团队核心成员14人，中层以上领导干部占五成，具有高级职称的馆员占四成，分别来自宣传策划部、少儿阅读活动中心、合作协调中心和北京市文化志愿者服务中心首图分中心。区馆设置固定的项目联络人1～2人，自上而下保证项目顺利实施。

　　"阅读北京"在项目管理实施阶段，每年根据市场报价进行预算测算，邀请图书馆、媒体、阅读推广等领域的专家对下一年度的活动策划、周期进度、经费分配、绩效目标等内容进行论证。论证后由北京市文旅局聘请的第三方评审机构对项目预算和绩效目标进行审定，启动社会化公开招标，并根据阅读推广活动事件，每年度设定不同的子项目，如设置宣传推广、名家主题诵读会、展演等子项目。项目进入收尾管理阶段，则引入第三方满意度测评和绩效评价机制，通过参与者和专家两个层面对项目进行评价，读者满意度测评注重项目参与感受和宣传推广情况的评价，专家评价则是从项目决策、项目管理和项目绩效三个维度对项目进行整体打分评价。

3.2　活动策划

　　策划是指为达到一定目标，在调查、分析有关材料的基础上，遵循一定的程序，事先对未来某项活动（事件）进行系统、全面的构思、谋划，并制定或选择合理可行的具体执行方案，以达到预期效果的一种综合性创新活动[17]。阅读本是一项私人的活动，为了号召广大市民参与到阅读中来，"阅读北京"以策划和实施诵、评、演、写等参与度高的活动为主线，力求打造阅读的闭环，实现"五个一"的目标，即搭建一个阅读平台，推荐一批优秀图书，组建一支基层"领读者"队伍，打造一个阅读活动品牌，推广一批示范基层图书馆。"阅读北京"每年度既发布总体的活动方案和宣传方案，同时针对四项固定的主题活动，还制定可实施的策划方案和执行方案，通过定期召开的区馆馆长会进行方案部署和总结反馈，强化活动的可操作性。

其中，诵读大赛的具体做法是，北京市各区图书馆自行组织灵活多样的初赛，推选参加决赛的个人组和集体组选手到首都图书馆参与决赛，自下而上发动市民参与诵读和阅读。首都图书馆负责全市的诵读培训，同时打破地域局限，开设网络赛区。每年的诵读大赛获奖选手加入北京市文化志愿者队伍，组建"领读者"队伍。"十佳优读空间——百姓身边的基层图书室"推优活动是首先由各区图书馆推荐基层图书馆（室），再由首都图书馆组织馆员测评和读者投票，最后经专家研议推优，每年评选出 10 家基层图书馆（室），以宣传它们的服务功能，推广服务基层的特色资源，让百姓熟悉身边的基层图书馆（室）。"最美书评"征集评选活动是在图书馆荐书的基础上，推荐一批优秀图书，引导市民通过撰写书评来强化深度阅读，提升阅读素养；"阅读伴我成长"主题活动通过对全市中小学生的读书情况、利用图书馆情况、读书成果等情况的考察，以及配合现场演讲等环节，最终评选出 70 名"读书小状元"。

3.3 资源建设

阅读推广活动一旦形成品牌，除了注重可操作性以外，还需要关注可持续性，凝聚品牌的核心要素和价值资源。"阅读北京"自 2018 年起开始注重资源积累和建设，通过搭建官方网站、建设微信小程序的方式，充分运用自媒体渠道，打造信息发布的平台，同时将阅读推广活动中积累的优势资源进行汇编，成为阅读推广的成果库，资源涵盖视频、图书、展览等。

诵读大赛平均每年收集诵读作品万余篇，精选出优秀诵读节目 50 个，开展诵读培训不少于 5 场，首都图书馆将诵读节目和课程以视频的方式刊载在活动官网上，对参赛选手是一种激励，也同时积累了宝贵的声音资源和队伍资源，可为视障读者和有需求的大众读者提供有声阅读等深度服务。诵读大赛自 2018 年起设置"原创美文"奖项，鼓励选手自创适合诵读的文字作品，2021 年时将 40 篇原创美文结集出版，加之七届"最美书评"征集评选活动中积累的 490 篇优秀书评作品（每届结集出版图书一种），"阅读北京"累计出版图书 8 种。2022 年底，"阅读北京"对成书的 500 余篇文章进行分类标引，以数据库的形式汇集在网站上，方便读者检索和阅览。2016—2022 年已累积评选出 69 家"十佳优读空间"，通过专业主持人探店打卡的方式拍摄制作优秀空间展示视频，并联合高德地图推出 6 条文旅融合的空间走读路线，实现展示和导航的功能。"阅读伴我成长"主题活动中涌现出的名家导读课程、青少年科普剧获奖节目、国学唱诵教学也都通过视频形式汇集起来，便于读者学习参考。此外，"阅读北京"中的荐读书目、获奖藏书票设计、全年活动成果均以展览展示的形式进行汇总和推广。

4 "阅读北京"阅读推广活动的运营推广

4.1 品牌传播

品牌是由各种要素组成的集合，既包括名称、标识等外在构成要素，又包括品牌定位、品牌传播、品牌维系等内在和引申构成要素[18]。品牌在传播过程中，外在的构成要素最易被识别和记忆。品牌标识是品牌中可以被识别，但不能用语言表达的视觉识别系统，包括名称、标志、标语口号等要素及其广泛的应用。"阅读北京"具有统一的名称、Logo 标志和"阅读北京 悦享生活之美"这一标语口号。为了不断引发读者的情感共鸣，增加阅读推广活动品牌的情感附加值，"阅读北京"将 Logo 标志和标语口号进行物化，创作出符合阅读气质的文创品，作为活动奖品赠与读者。

阅读品牌宣传有助于吸引读者对阅读的兴趣，并增加阅读品牌的用户黏性。"阅读北京"自 2017 年起，广泛邀请作家、学者、主持人等名人作为活动推广大使，如王蒙、梁晓声、尼格买提、凯叔、王宁、春妮、彭敏、蒙曼、祝勇、都靓等，上百位名人名家通过朗诵、演讲、活动颁奖、访谈等多种方式参与"阅读北京"活动。名人效应有助于增加市民对阅读的兴趣和认同，扩大品牌的影响力。同时，"阅读北京"还广泛借助社会力量，在宣传的同时，拓展读者参与活动的渠道，如通过喜马拉雅 App、阿里巴巴夸克 App、优谷朗读亭开办诵读大赛网络赛区，依托掌阅精选 App 开展电子书阅读答题、打卡活动，联合国家植物园、紫竹院公园、景山公园、北京交通大学、北京工业大学、金融街街道等单位开展讲座和直播，将资源和活动送到读者身边。

在推广渠道方面，"阅读北京"首先发挥阵地优势，将每年的主视觉、活动海报、推广视频等活动宣传品发送至"一卡通"公共图书馆四级服务网络的成员馆，通过线下张贴、播放和自媒体发布的方式广而告之。其次，积极发挥"双微一抖"（微博、微信公众号、抖音）的场景广泛、功能丰富、效果明显且成本低廉等优势，通过话题、图文、视频、直播等宣传形式，与不同群体进行沟通，展现品牌趣味化、实用化、可信赖的一面（如表 1 所示）。再次，为了更加精准地对接目标读者，还通过电视广告、广播、报纸、网站、公交站牌、地铁广告、船体广告、楼宇广告等传统形式的媒体和户外广告进行全渠道的宣传推广，以吸引更多读者参与"阅读北京"的各项活动。

表 1 "阅读北京"品牌推广流量统计

年度	微博、微信阅读量 / 万次	视频、直播播放量 / 万次	活动参与人次 / 万人
2016	—	—	9.5
2017	3	—	41
2018	337	56.6	92.8
2019	1276.9	150.2	85.3
2020	1981	850.4	642.5
2021	112.5	493	363.2
2022	2582	832.3	895.9

注：活动参与人次包含投票、直播观看人次。

4.2 品牌维系

品牌维系是指针对内部和外部环境的变化，对品牌进行维护管理、保持品牌市场地位和生命力的一系列活动的统称。阅读推广活动需要紧跟社会阅读趋势和读者阅读需求的变化，不断推陈出新、变换阅读活动的主题[7]。"阅读北京"结合年度热点设置不同的主题，各活动版块和子项目根据年度主题打造灵活的爆款活动，通过策划开展市民喜闻乐见的快闪、诵演、走读、研学等阅读推广活动助力品牌维系。

2016 年"阅读北京"以"阅读北京 书香盎然"为主题，突出"家庭阅读"，开展"书香溢我家"家庭情景剧全市会演；2017 年以"心阅书香 共读共享"为主题，打造"阅读北京"朗读亭，吸引读者走入实体朗读亭进行诵读，还联合北京广播电视台制作了《阅读北京"我是领读者"》特别节目，挖掘展示 6 组领读者的阅读故事；2018 年以"纪念改革开放 40 周年"为主题，首次以晚会的形式举办阅读盛典，通过百姓朗诵、故事演绎、歌曲舞蹈、名家访谈等多种形式全方位地展现首都市民共襄阅读的盛况，并实现了盛典的同步直播，扩大了公共文化服务的覆盖面。2019 年以"阅动京城 礼赞祖国"为主题庆贺新中国成立 70 周年，组织了"我和我的祖国"快闪活动和诵演活动，在阅读盛典中增设"致敬"版块，表彰优秀的阅读推广人和阅读推广品牌，团结一切的阅读力量开创全民共读共享的时代。2020 年以"与书香为伴 与经典同行"为主题，积极开展线上阅读服务，讲好中国抗疫故事，邀请梁晓声、蒙曼、尼格买提、王宁等 18 位名家带来"名家寄语 抗疫克艰"线上活动 7 期，开展"相遇春天 为爱发声""情浓夏日 为爱发声"空中诵读分享会；2021 年以"颂读百年路 展阅新征程"为主题，围绕"品书香""迎冬奥""庆百年"三条主线开展各项活动，举办"益起读"线上线下阅读助学公益活动，吸引全国各行业、不同年龄的读者近 17 万人参与，在河北省张家口市 3 所小学建立起 36 个班级图书角、1 间图书室，捐献书籍共计 1299 册；还开展"筑梦冰雪"共绘冬奥长卷、"我与冬奥在一起"读书手账征集等形式多样、线上线下并举的阅读推广活动。2022 年围绕北京冬奥和党的二十大，以"熔古铸今向未来 赓续文脉启新程"主题推出"读北京 阅经典 向未来"活动书单，以文旅融合为重点打造"漫步北京"系列活动，全年活动围绕"书单"和"漫步"策划和举办，开展了多场阅读打卡、共读答题、漫步走读的活动。2023 年以"终身阅读书香镌刻时光"为主题，按照党中央《关于在全党大兴调查研究的工作方案》和党的二十大报告提出的"建设全民终身学习的学习型社会、学习型大国"的重要部署，推广"阅读从 0 岁开始"的理念，开展调研并发布"终身阅读"书单和新生儿阅读大礼包，组织走读胡同主题研学活动。

5　结语

阅读品牌建设是一个长期的、系统的过程，需要通过时间去累积和检验。"阅读北京"意在打造全市性的阅读推广活动品牌，重视核心资源建设和品牌推广，但是电子资源分散在不同平台的现状依旧存在，社交媒体、短视频平台的影响日益加深，出版社、书店、阅读推广人自媒体等领域中的机构、个人对公共图书馆开展阅读推广活动提出了不同挑战，因此"阅读北京"需要对各项资源、渠道、平台进行深层次的梳理和升级，促进全民阅读从"活动层面"向"工程、事业"转化，从"浅层设置"向"科学规划"转化，从"模糊定性"向"科学评价"转化，从"政府主导"向"全民参与"转化，从而推动北京成为引领全国、享誉世界的"阅读典范之城"。

参考文献

［1］中华人民共和国国民经济和社会发展第十四个五年规划和 2035 年远景目标［EB/OL］.［2023-07-08］.https://www.gov.cn/xinwen/2021-03/13/content_5592681.htm

［2］王波.阅读推广、图书馆阅读推广的定义——兼论如何认识和学习图书馆时尚阅读推广案例［J］.图书馆论坛，2015（10）：1-7.

［3］刘容超.活动品牌化：图书馆推广活动的品牌创建［J］.图书馆学刊，2017

（12）：13-17.

　　［4］刘敏．品牌化阅读推广对提升公民思想素质的思考［J］．新阅读，2021（2）：54-56.

　　［5］王世伟．论公共图书馆服务品牌［J］．中国图书馆学报，2018（6）：4-24.

　　［6］李光斗．升位——中国品牌革命［M］．杭州：浙江人民出版社，2008.

　　［7］石继华．国外阅读推广的品牌化运作及启示［J］．图书情报工作，2015（2）：56-60.

　　［8］陈力：让图书馆成为公众的“荐书专家”［EB/OL］．［2023-07-08］．http://www.rmzxb.com.cn/c/2016-03-29/748727_1.shtml.

　　［9］张岩，王林．深圳模式：深圳“图书馆之城”探索与创新［M］．北京：中国社会科学出版社，2017.

　　［10］姚迎东．公共图书馆讲座服务机制创新性探索——以湖北省图书馆“长江讲坛”为例［J］．图书馆工作，2015（3）：27.

　　［11］雷若欣．“长三角阅读马拉松”赛事的品牌化运作与实践［J］．图书馆理论与实践，2023（1）：93-98.

　　［12］蒋萍，刘海波．杭州图书馆推出“YUE 杭图”品牌［N］．文汇报，2018-05-23（3）.

　　［13］段宇锋，王灿昊．内蒙古图书馆“彩云服务”的创新之路［J］．图书馆杂志，2018（4）：43-50.

　　［14］黄百川．公共图书馆阅读推广品牌建设创新与思考——以佛山市图书馆邻里图书馆项目为例［J］．图书馆，2021（5）：92-95，118.

　　［15］朱伟伟．高校阅读文化活动品牌建设研究——以南京大学图书馆读书节活动为例［J］．高校图书馆工作，2016（1）：25-29.

　　［16］潘俊彤，范并思．公共图书馆阅读推广全过程项目管理模式构建［J］．图书馆工作与研究，2023（5）：52-59.

　　［17］卢晓．节事活动策划与管理［M］上海：上海人民出版社，2012：62-66.

　　［18］叶靖雯，汪全莉，陈瑞祥．公共图书馆阅读品牌建设现状调查研究——以粤港澳大湾区公共图书馆为例［J］．山东图书馆学刊，2023（2）：6-10.

公共图书馆外文文献阅读推广实践与思考①

程柳音②

摘　要：本文以公共图书馆外文文献馆藏资源（以纸质外文书刊为主）为研究对象，利用文献调查、网络调查、案例研究等研究方法，论述外文文献阅读推广实践现状，分析外文文献阅读推广活动形式、内容和存在的问题，最后提出如下策略：以藏为本，加强外文文献资源建设；读为核心，推动阅读推广工作长期开展；多元运用，提升阅读推广服务效能；以评促读，促进评价反馈机制构建；培育人才，组建阅读推广专业队伍。

关键词：公共图书馆；外文文献；阅读推广

0　引言

外文文献作为世界各国文化的重要载体，具有极高的学术价值和参考利用价值。用另一种语言阅读，能从更多的视角获取信息、发展思维和感知世界，在这个过程中，知识素养也得到提升。在全球化经济与文化融合发展的时代背景下，社会要求、经济发展需求、知识和技术创新的诉求以及个人能力提升的追求都是外文阅读兴起的重要因素[1]。公共图书馆作为文化传播和交流中心、文献信息资源中心，是引领文化互鉴和开展社会教育的前沿阵地，外文文献始终是其馆藏文献资源的重要组成部分。但目前

---

①　本文系中国图书馆学会 2022 年阅读推广课题"再发现图书馆系列研究：文献资源"（项目编号：YD2022B10）研究成果之一。

②　程柳音，硕士，天津图书馆馆员。研究方向：外文文献资源建设、外文阅读推广服务。

来看，公共图书馆外文文献普遍使用人数较少、利用率偏低，部分公共图书馆开展的儿童手工制作、英文竞赛等阅读推广活动游离于外文馆藏资源，活动中不依赖外文文献或不出现外文文献[2]。如何推动以外文文献资源为依托的阅读推广工作的深入发展，使外文文献高水平"引进来"，高质量"走出去"，是公共图书馆需要重视的问题。

笔者在 CNKI 中国知网数据库上以"公共图书馆、外文/英语、阅读"为主题进行检索，仅得到十余篇相关文献，实践案例和理论研究成果较少，且既有研究中多数针对少儿英语绘本阅读推广服务实践。代表性研究有：花香（2014）认为公共图书馆应建立馆员书评系统助推外文阅读[3]；潘芳（2016）阐述了公共图书馆开展英文绘本阅读推广活动存在的问题[4]；陶丽珍（2016）提出针对少儿外文图书采用中英文对比式导读、主题活动推送式导读、主题归类陈列式导读、图书展览式导读来实现阅读指导[5]；张亚菲（2019）从二语习得理论的角度，分析公共图书馆英语绘本阅读推广活动与校园英语课堂教学活动的差异[6]；李圣昭（2022）以天津图书馆（天津市少年儿童图书馆）为例，探讨公共图书馆开展外文图书阅读推广活动的对策[7]等。

鉴于此，本文对公共图书馆针对外文文献开展的阅读推广活动进行调查，研究其实践现状及实践不足，针对存在的问题提出优化策略，以期为公共图书馆外文文献阅读推广工作提供参考。

1 公共图书馆外文文献阅读推广活动形式和内容调查分析

笔者通过搜索多家公共图书馆官方网站、微信公众号，再结合个人的理解，以广东省立中山图书馆、江西省图书馆、湖北省图书馆、安徽省图书馆、上海图书馆 5 家省级公共图书馆为例，归纳总结如下几种以外文文献资源为依托的阅读推广活动。

1.1 书目推介类

书目推介类活动是指公共图书馆借助微信公众号、官方网站等平台，为读者选择图书进行推荐，指导读者阅读。推荐书目通常以人工甄别的方式从海量外文书刊资源中产生，如诺贝尔文学奖得主作品、布克国际文学奖得主作品，或者以某一特定主题集结相关书目形成系列性书刊统一推荐展示。此类活动是图书馆员在阅读推广实践中不断重复开展的一项工作，具有长期性、系列性的特点，要求图书馆员凭借个人经验和时代敏锐感，并结合读者的阅读偏好、借阅统计分析而进行的外文书刊甄别、选择和推荐，拟定推荐宗旨和主题通过微信公众号或官方网站定期推送。例如：广东省立中山图书馆的"外文专题书刊荐读"栏目，截至 2022 年底已举办 72期，内容包括"一起向未来——奥运主题书刊荐读""文学精粹 星辉闪耀——世界著名文学奖获奖作家与作品""看！这些被改编成电影的经典外文图书"等。

1.2 主题书展类

主题书展类活动是指公共图书馆按照不同的主题，挑选相关主题下具有代表性的外文书刊，设主题展示区（通常在外文书刊阅览室或读者活动室）于一定时间内集中展览，主要以线上发布预告和线下场地举办相结合的方式开展。主题书展是公共图书馆的一项特色阅读推广活动，对于展示馆藏的选择原则是"优中选优"，注重"品质阅读"，旨在为读者带来精彩的外文阅读推荐。一系列多个语种的原版书刊均有展出，从建筑到艺术、从历史到文学……开展外文书展的意义已超出书籍本身，更能让读者在阅读中感受、学习和理解，体会中外文化的交流互鉴。例如：江西省图书馆曾多次开展外文书展活动，每场活动展书数量控制在百册左右，内容包括"一带一路"主题外文书展、外文原版人物传记主题书展、阅读的力量——外文原版新书展等。

1.3 志愿类

志愿类活动是指公共图书馆招募志愿者与其进行跨界合作，由公共图书馆有针对性地选择外文书刊馆藏并提供活动教室和影音设备支持，志愿者则通过专业化的讲述来开展外文原版作品阅读活动。例如：湖北省图书馆开展的"英文原著零距离·讲座"活动，活动为全英文讲座，邀请华中师范大学外国语学院英语系教师作为志愿主讲人，与现场英语文学爱好者一起解读优秀英文原著，为读者营造真实的语言文化氛围，拓展读者的阅读范围。

1.4 少儿类

少儿类活动是公共图书馆邀请若干有英语基础的少儿读者或家庭来馆，共读原版英文童书绘本。例如：安徽省图书馆开展的"英文童书阅读会"活动，在活动现场由馆员或志愿者进行绘本讲解，结合轻松有趣的绘本故事，引起孩子们的外文阅读兴趣，给他们创设一个陪伴、成长和提升英语水平的空间和机会，营造英文学习的文化氛围，让孩子们爱上外文阅读、爱上图书馆。

1.5 创新服务类

创新服务类活动是指公共图书馆提供便捷、不受时空限制的新模式服务，读者在快捷服务体验的吸引下，激发阅读兴趣，选择喜爱的馆藏去阅读，从而达到阅读推广的目的。例如：上海图书馆利用上海"享借"小程序，将全新上架的外文图书使用"快递到家"预借服务的新模式，读者只需在移动设备上进行线上操作，图书馆便将读者所需要的外文图书由物流公司配送至读者手中，使读者和外文图书实现"双向奔赴"。

2 公共图书馆外文文献阅读推广存在的问题

部分公共图书馆开展多样的外文文献阅读推广活动，推动外文文献馆藏资源的普及和利用，取得较好的宣传推广效果，也在活动过程中积累了一定的实践经验，但仍然存在如下不足。

2.1 对外文文献阅读推广的重视不够

外文阅读的受众群体少，活动成本高且活动效果不明显，就目前而言，针对外文文献所开展的活动相比于中文文献普遍较少，公共图书馆没有充分意识到外文文献阅读推广的意义和价值，对相关阅读推广活动开发的重视程度不足。

2.2 活动形式创新欠缺，内容普适性较差

公共图书馆开展的活动多数以书目推介、书展、共读分享等传统风格为主，一些公共图书馆也尝试创新，但仍无法吸引读者长期坚持参与，使其保持阅读热情。在活动内容的选择上，所依托的外文文献的辐射群体仍是外文阅读爱好者，这部分群体在不参与活动的前提下，也很有可能来馆阅读这些外文文献。如何依托现有馆藏资源且以普遍适用的内容吸引不爱阅读甚至不会阅读外文文献的群体参与进来，其探索之路任重而道远。

2.3 重活动，轻阅读

公共图书馆的外文文献阅读推广应始终以馆藏资源为本位，通过组织策划活动来吸引更多的读者走进图书馆、翻阅外文文献，在活动中培养其外文阅读兴趣和习惯，进而爱上阅读、爱上外文阅读。但在实际工作中，出现一些为了组织活动而推广的情况，现场热闹非凡，外文文献实则并没有真正地被利用起来，偏离了阅读推广的实质，影响阅读推广效能的发挥。

2.4　评价反馈机制不明确

很多公共图书馆的外文文献阅读推广活动，是先设计方案再组织活动，然后对活动做简单总结，此类总结或许仅应用于馆内的新闻推送之中，对于文献资源是否被充分利用、阅读影响力大小、方式方法是否得当等，并未作出科学的专业化讨论，规范性评价机制不完善。且活动中主要以公共图书馆一侧的单向输出性讲解为主，缺乏读者一侧的反馈意见，读者的阅读倾向、态度和看法等无从得知，这也是外文文献阅读推广工作"持续动力不足"的制约因素。

3　公共图书馆外文文献阅读推广策略

3.1　以藏为本，加强外文文献资源建设

外文文献资源建设是公共图书馆工作的基础，其目的是满足读者多元化、多层次的需求。馆藏资源质量直接关系到阅读推广成效，阅读推广的目的之一就是为了提高馆藏资源利用率。因此在外文文献采选上，应严格遵守文献采访工作纲领和原则，考虑现实社会、经济、文化、教育等发展水平，结合图书馆现状和发展趋势，考虑已有的馆藏基础和特点，跟踪关注原版外文文献市场动态等[8]。同时根据读者实际需求和使用情况，有计划地对外文文献进行开发利用，做到知己知彼，有的放矢。另外，在各类外文文献比例选择上，要做到阅读消遣和学术研究兼顾，入藏外文文献资源的服务对象，既要面向成人读者，也要面向少年儿童读者。合理规划馆藏资源布局，为读者提供丰富、优质的外文文献资源，并做好导读工作，让读者在阅读中了解异国文化、提升外语能力、开拓国际视野，激发读者的外文学习热情和兴趣，使读者跨越语言带来的障碍，把潜在的阅读需求转化成实际的阅读行动。

3.2　读为核心，推动阅读推广工作长期开展

外文文献阅读推广的核心目标是，既要让外文阅读爱好者能接触到更多更有价值的馆藏资源，又要吸引更多的群体走进图书馆，让具备外文文献阅读能力但不爱阅读的群体爱上阅读，让外文文献阅读能力薄弱的群体跨越阻碍，尝试阅读。热闹非凡的活动形式无疑是吸引读者现场参与的一种手段，但阅读推广的初心不能忘记，要针对各个群体，采用不同的阅读策略，促进外文文献阅读推广长期稳定、高质量发展。首先，针对外文阅读爱好者群体，利用活动化的阅读推广服务推介优质的馆藏资源，创建阅读推广品牌，从而吸引其连续参与，鼓励养成坚持阅读的良好习惯。其次，针对具备外文文献阅读能力但不爱阅读的群体，公共图书馆可利用新媒体加大宣传引导力度，多采用共读的形式，培养其对外文文献的阅读兴趣，使这部分群体逐步接受外文文献，进而形成阅读意愿。再次，针对外文文献阅读能力薄弱的群体，多采用听读的形式，可通过外文文献分级阅读练习、一对一阅读指导等向其传授阅读技巧，帮助这部分群体增强阅读自信心、学会阅读，不断提升阅读能力。

3.3　多元运用，提升阅读推广服务效能

公共图书馆要重点关注外文文献阅读推广形式和内容的创新，吸引更多的读者参与到活动中来，通过阅读使每一种外文文献都能实现它的内容价值。可在以下几方面着力提升：一是开展外文馆藏资源集合性推广活动。在延续书刊荐读、外语角、书展等传统性活动的同时，外文书刊可与同一类目下的外文音像制品等其他外文资源整合在一起，开展主题展览、主题讲座等，调动读者的阅读兴趣和积极性，提升外文资源利用率。重视对活动效果的分析和活动经验的总结，在不断实践探索的过程中推陈出新，形成适合本馆资源建设发展的推广项目，并长期开展下去。二是充分利用新媒体实行外文文献精准推荐服务。通过新媒体宣传平台、读者评价意见、借阅统计等多个渠道，搜集读者阅读偏好，准确提取关联书目，提供优质书目导读和个性化阅读内容推送[9]，结合馆藏资源的优势和特点，扩充推

送内容和范围，使读者在书山书海中找到需要的外文文献，增强文献传播力。三是促进阅读推广的跨界合作。公共图书馆可联合出版社、馆配商、学校等机构，通过展览、读者选书、征集等方式宣传推广，让阅读推广服务的内容和形式更加多样化，目的在于满足读者需求，提升读者的外文阅读素养，同时也促进外文文献馆藏资源的利用。

3.4　以评促读，促进评价反馈机制构建

公共图书馆应加强与读者间的沟通和互动，与读者建立长期有效的沟通机制，针对读者反馈，评价其活动理念和流程是否规范、活动效果是否符合预期等，从而促进后续工作更好地开展。因此，建立评价反馈机制对于外文文献阅读推广来说是十分必要。可通过以下几种途径实现：一是在公共图书馆微信公众号、官方网站等新媒体平台上设置意见反馈或荐书服务入口，收集读者的意见和建议。二是采取合适的沟通方式，如座谈会、调查问卷、随机采访等，了解读者需求，把握读者特性。三是分析借阅统计等数据，了解各个书刊品种的利用情况和热门阅读趋势，为了解读者的阅读兴趣和阅读偏好提供数据支撑。四是从策划、活动前的预判、宣传、实施、活动后总结等多个环节做有效性评价，为后续活动的持续开展指明正确方向，结合读者的反馈意见，形成科学合理的评价机制，进一步提升外文文献阅读推广效果。

3.5　培育人才，组建阅读推广专业队伍

培育从事外文阅读推广的专门人员，建立一支稳定、专业化的阅读指导团队是外文文献阅读推广工作顺利开展的关键。首先，对于外文阅读推广馆员工作能力的要求是综合性的，他们需具备广博的学科知识、较高的外语能力，同时要善于收集馆藏资源信息，掌握与读者的互动技巧，对推广策略保持高敏感度，能高效协调馆内外各项事务，有很强的沟通、协调和组织能力，始终保持良好心态才能胜任此项工作。其次，阅读推广是一项实践性极强的技术活，阅读推广馆员不仅要做好活动，还要不断学习，潜心研究阅读推广理论，科学地从事外文文献阅读推广工作。公共图书馆

要重视阅读推广馆员科研能力的培养，以科研促工作，帮助其提升发现问题、思考问题、解决问题的能力，从而迸发出更大的能量，使外文文献阅读推广工作焕发勃勃生机[10]。再次，邀请专业教师、专家给予教学和培训指导，招募、培养具备外文专业素养的服务志愿者长期合作，这也是培育阅读推广专业队伍的方法之一。这样，馆员就能有更多的精力去做分析调研，把平时遇到的问题提炼成深层次的研究，促进外文文献阅读推广走深走实。

4　结语

外文文献为读者开启了一扇了解和认识世界的窗口，在经济全球化和国家倡导全民阅读的时代背景下，公共图书馆应不断丰富外文文献阅读推广服务的形式和内容，在实践中探索、改进、升华，提升外文文献阅读推广服务成效，以发挥外文文献的实用价值和影响，让更多的群体能通过阅读汲取智慧和精华，为阅读体验增值。公共图书馆外文文献阅读推广未来将有无限可能。

参考文献

［1］黄莲莲，雷静.公共图书馆英文阅读推广的实践和策略——以温州市少年儿童图书馆为例［M］//中国图书馆学会年会论文集（2020年卷）.北京：国家图书馆出版社，2020：262-267.

［2］范并思.论图书馆阅读推广的专业化建设［J］.中国图书馆学报，2022（3）：4-14.

［3］花香.建立外文图书馆员书评系统 推进外文阅读［M］//广西图书馆学会2014年年会暨第32次科学讨论会论文集.南宁：广西图书馆学会，2014：21-24.

［4］潘芳.公共图书馆英文绘本阅读推广活动初探——以温州市少年儿童图书馆"英为绘爱"英语阅读推广为例.图书馆研究与工作，2016（6）：37-39，45.

［5］陶丽珍.广州少年儿童图书馆外文图书利用与导读实证分析［J］.河南图书馆学刊，2016（10）：136-137.

［6］张亚菲.基于二语习得理论下的公共图书馆英语绘本阅读推广活动与校园英语课堂教学活动之比较——以广州少年儿童图书馆"中英文故事分享会"英语阅读推广为例［J］.图书馆界，2019（1）：66-60，74.

［7］李圣昭.公共图书馆外文图书阅读推广实践探析——以天津图书馆（天津市少年儿童图书馆）《外国文学撷珍》栏目为例［J］.图书馆工作与研究，2022（S1）：143-147.

［8］朱硕峰，宋仁霞.外文文献信息资源采访工作手册［M］.北京：国家图书馆出版社，2014：111.

［9］李欣.图书馆阅读推广活动中精准化推送服务的应用研究［J］.图书情报导刊，2019（2）：12-17.

［10］平安.图书馆文献资源采访实务教程［M］.北京：知识产权出版社，2022：172-173.

文旅融合

文旅融合背景下公共图书馆研学基地建设探究

——以首都图书馆为例

陈葆璟 [①]

摘　要： 文旅融合的大背景下，研学旅行成为近年来的热点话题。笔者调研了我国研学旅行的源起，分析了依托公共图书馆建设研学基地的依据。无论从职责要求、政策指导的角度，还是从节约成本、提高资源利用率的角度出发，以公共图书馆为依托建设研学基地，是新时代公共图书馆的使命所系、优势所在，亦是大势所趋。本文以首都图书馆为切入点，探讨了公共图书馆研学基地建设的实施策略，认为：图书馆研学应立足当下，深挖特色资源，打造独特的研学品牌；着眼未来，依托数字化资源，开展信息素养教育；知行合一，利用场地优势开展主题探究活动；不拘一隅，加强跨界合作，"引进来"与"走出去"相结合。文章还指出研学基地建设过程中应注意研学活动要务实、课程设计要合理、组织管理要到位、研学精神要贯彻等问题，以期推进公共图书馆更好地履行职能和践行使命。

关键词： 文旅融合；公共图书馆；研学

2018年3月，中共中央印发《深化党和国家机构改革方案》，对文化部、国家旅游局进行了职责整合，组建文化和旅游部。十三届全国人大一次会议第四次全体会议上，国务委员王勇表示，上述调整旨在"统筹文化事业、

---

① 陈葆璟，毕业于中国人民大学，硕士，初级职称，现就职于首都图书馆。

文化产业发展和旅游资源开发，提高国家文化软实力和中华文化影响力，推动文化事业、文化产业和旅游业融合发展"[1]。自此，文旅融合的新篇章正式开启，人们心中的"诗和远方"终于牵手携行。文化旅游近年来成为更受欢迎的旅行方式，因厚重的文化内涵以及丰富的文化体验感而受到游客青睐。研学旅行作为文化旅行的重要一环，热度也不断增长。而公共图书馆作为社会主义公共文化服务体系的重要组成部分，拥有推进文旅融合与研学旅行的天然优势，理应担负起传播优秀文化、承接学校教育的使命。基于此，本文以首都图书馆为例，对公共图书馆研学基地建设的必要性与可行性加以分析，旨在得出行之有效的策略，推进公共图书馆更好地履行职能和践行使命。

1　研学的源起

"读万卷书，行万里路"的理念在我国古已有之。"君子怀仁，小人怀土。"早在春秋时期，先贤孔子便曾带领弟子周游列国，一路讲学，于游历与实践中教导众弟子胸怀天下，增进学识，开创古代游学之先河。史学家吕思勉曾对游学的历史做过考察："'游学'二字见《史记·春申君列传》，曰：'游学博闻'，盖谓其因游学所以能博闻也"[2]。及至近代，教育家陶行知提倡"生活即教育""社会即学校"，主张学生"在做中学"[3]。本文所探讨的"研学旅行"一词最早出现于 2013 年的《国民旅游休闲纲要（2013—2020 年）》，该文件提出要"逐步推行中小学生研学旅行"[4]。此后，各部委陆续出台了一系列纲领性文件，国内各界对研学旅行的研究火热开展起来。

2016 年教育部等 11 部门联合发布的《关于推进中小学生研学旅行的意见》（以下简称《意见》），对中小学研学旅行的含义作出了科学界定，指出："中小学生研学旅行是由教育部门和学校有计划地组织安排，通过集体旅行、集中食宿方式开展的研究性学习和旅行体验相结合的校外教育活动"[5]。《意见》强调，各地教育、文化、旅游、共青团等部门、组织密切合作，根据研学旅行育人目标，依托自然和文化遗产资源，红色教育资源和综合实践基地等，建设一批安全适宜的中小学生研学旅行基地。由此可见，研学旅行是一种融教育、旅行、文化于一体的综合实践活动课程，是促进文旅融合、培育文化自信的重要举措。

2 公共图书馆研学基地建设的依据

随着文献的问世，文献典藏的历史也徐徐展开，图书馆自肇始之初就承担起存储人类知识、保存人类文化遗产的职责。从古代的藏书楼到现代化的图书馆，作为搜集、整理、收藏图书资料以供人查阅的机构，我国图书馆逐步走向平等、开放、共享，在保存文明的基础上，进一步肩负起传承文明、服务社会的使命。公共图书馆，不同于其他类型图书馆，以社会大众为服务对象，"是向社会公众免费开放，收集、整理、保存文献信息并提供查询、借阅及相关服务，开展社会教育的公共文化设施"[6]。公共图书馆具有社会教育的职能，这与研学旅行的目标有着内在的一致性。无论从职责要求、政策指导的角度，还是从节约成本、提高资源利用率的角度出发，以公共图书馆为依托建设研学基地，是新时代公共图书馆的使命所系、优势所在，亦是大势所趋。

2.1 使命所系

《公共图书馆宣言 2022》中明晰了公共图书馆的使命，指出公共图书馆服务的核心包括，"提供更广范围的不受审查的信息和思想，支持各种正式和非正式的教育及终身学习，使处于人生各个阶段的人都能够持续、自愿和自主地追求知识"[7]。研学旅行强调体验性学习与探究式学习，将学习的场所由学校延展至广阔的社会大课堂，旨在提高中小学生的自主学习能力、探索创新能力，以及全面提升其综合素养，与上述公共图书馆的职能与使命不谋而合。《中华人民共和国公共图书馆法》第三十四条指出："政府设立的公共图书馆应当设置少年儿童阅览区域，根据少年儿童的特点配备相应的专业人员，开展面向少年儿童的阅读指导和社会教育活动，并为学校开展有关课外活动提供支持"[6]。这从法律层面规定了公共图书馆对少年儿童的社会教育职责。在教育部办公厅公布的第一批"全国中小学生研学实践教育基地"名单中，上海交通大学钱学森图书馆位列其中[8]。2008年，包括首都图书馆在内的18家公共图书馆被列为北京市首批社会大课堂资源单位名单[9]。这在实践层面彰显出公共图书馆在我国研学旅行发展进程中的重要地位。

2.2 优势所在

以公共图书馆为依托建设研学基地，符合《意见》中指出的研学旅行教育性、实践性、安全性、公益性四原则。公共图书馆拥有丰富的文献资源、地方特色资源，是各地各类文明的聚集地，古往今来人类优秀思想的总宝库，在帮助青少年拓宽视野、丰富知识、了解一地风土人情方面有着得天独厚的资源优势。随着智慧图书馆理念的兴起，大数据、云计算等高新技术应用于图书馆服务领域，在公共图书馆，青少年可进行联机检索、自助借还、数字阅读等，参加科学性趣味性的实践活动，实现在"做"中学，丰富其研学体验。近年来随着阅读推广活动的发展，各地图书馆纷纷因地制宜，开展了丰富多样的主题讲座及阅读活动，如首都图书馆的"首图讲坛"、红领巾读书活动等，不仅积累了大量的专家资源，也为研学课程的设计奠定坚实基础。此外，公共图书馆往往地处交通便利的地段，占地面积广，会议室、食堂等服务功能齐全，有助于研学团体的集散与管理。公共图书馆对推进研学旅行发展有着诸多天然优势，其公益性和教育性的属性也与研学初衷相契合，依托公共图书馆建设研学基地，是盘活现有资源、高效达成研学目标的有力举措。

2.3 大势所趋

随着2016年《意见》的出台，以及2018年文化部、国家旅游局的深化重组，文旅融合背景下的研学旅行引发社会各界的广泛关注。笔者以"图书馆+研学"为主题词在中国知网进行检索，共检索出中文文献资料309

篇。以发表年度划分，2021年度至2023年6月共计199篇，占比64.40%。笔者进一步以"公共图书馆+研学"为主题词进行检索，共检索出中文文献资料221篇。2021年度至2023年6月共计149篇，占比67.42%。由此可见，图书馆学术圈近两年对研学旅行的研究呈现井喷式增长，图书馆研学，尤其是公共图书馆研学成为学界新热点。2018年国家图书馆举办了研学旅游专题研讨会，探索研学旅游新的模式和发展方向。各地公共图书馆也顺势而为，开展了丰富多样的研学活动。杭州少年儿童图书馆开展了"手工制作"系列、"走读人文古迹"系列等活动[10]。由长沙市图书馆发起、全国各地图书馆共同参与的"阅天下·邂逅图书馆之美"活动，以各地图书馆作为研学旅行路线图[11]。济宁市图书馆以儒家文化为基础，积极打造"礼敬先师、大学之道、手读《论语》"的优质产品，开创吟诵《论语》、游学曲阜等多种研学游模式[12]。在公共图书馆建设研学基地，顺应时代发展的趋势，对弘扬中华文化、培育新时代中国特色社会主义接班人大有裨益。

3　公共图书馆研学基地建设的策略

图书馆研学作为近年来的新兴热点，对于其概念的界定，学界尚无统一标准。有学者将其定义为：在教育部门和学校有计划地组织安排下，在图书馆开展的中小学生集体研究性学习和旅行体验相结合的教育活动，它由中小学校和教育部门组织安排，由图书馆提供活动场地和研学课程，是图书馆教育功能在新时期的延伸[13]。笔者沿用这一定义，以首都图书馆为例，探索公共图书馆研学基地建设的策略，以期为公共图书馆研学旅行的发展提供借鉴。

3.1　立足当下：深挖特色资源，打造独特研学品牌

公共图书馆拥有丰富的地方文献资源和良好的人文环境，是了解一地风土人情的绝佳场所，被誉为"城市文化名片"。《意见》指出，学校

要"根据学段特点与地域特色，逐步建立小学阶段以乡土乡情为主、初中阶段以县情市情为主、高中阶段以省情国情为主的研学旅行活动课程体系"[5]。公共图书馆开展研学活动，首先可从地域文化入手，深挖特色资源，借鉴原有品牌，打造独特的文化研学品牌。首图"乡土课堂"系列讲座向普通市民讲述老北京的文化历史、地理变迁、地方艺术、民间风俗等内容，成为北京最具特色的品牌讲座[14]。自2003年首讲至今，"乡土课堂"已形成了较完备的课程体系，积累了大量的专家资源，为以了解地域文化为核心的研学旅行提供支撑。邀请专家为研学基地学员开展"乡土北京"的通识讲座，是让中小学生快速了解北京人文风貌的一种方式，可助力打造北京文化研学品牌。"北京记忆"是首图建设的北京历史人文数字资源库，既提供包括方志、古今报刊在内的各类地方文献在线阅览，也有对古都文化、胡同文化等的系统性介绍，同时还开设有"口述历史""非遗传承"等版块，集科普性趣味性于一体，大有深挖空间。听口述人面对面讲述书中读不到的老北京市井史，在非遗传承人指导下画一面私人订制版"纸鸢"……以此为依托，设计丰富的浸入式体验课程，让中小学生在多样而又有趣的实践活动中体悟京味文化，可为研学旅行注入新的活力。

阅读推广是图书馆读者服务活动的重要组成部分。"红读"活动（即北京市红领巾读书活动）是首图影响力较大的未成年人阅读推广活动，至今已有38年的历史，形成了青少年经典导读等活动品牌。此外，自2008年首图成为北京市首批社会大课堂资源单位以来，便开始面向中小学开展"别样课堂在首图"活动，利用现有馆藏文献资源，依据学校特色和需求，有针对性地策划相应的阅读活动，如：由工作人员为中小学生讲"认知图书馆"、和相关单位合作举办"童心对话名家"集体阅读活动等[15]。图书馆可整合上述优势资源，系统梳理现有阅读推广活动品牌，形成特色研学课程体系，为不同年龄段的学生开展阅读分享活动，从而打造书香研学新品牌。

3.2　着眼未来：依托数字化资源，开展信息素养教育

随着信息技术的广泛应用，人类已进入现实世界与虚拟世界交融并存的信息化时代，这切实改变了人们生活和社会交往的方式。面对滚滚而来的信息洪流，信息素养的高低决定着人类生产生活的质量。未来社会，信息素养将成为人们安身立命的核心素养。而在"数字星球"，常驻网民逐渐呈现低龄化趋势，从小培育青少年信息素养刻不容缓。随着智慧图书馆理念的兴起，作为各类信息资源的集散地，公共图书馆具备开展青少年信息素养教育的条件。

第一，充分发挥现代化场馆优势，配备专员指导，向青少年实地展现新技术的应用。首图为市民提供现代化的阅读体验，无线网络全覆盖，并配有自助借还一体机、"掌上图书馆"等，可随时随地让青少年体验便捷的信息化服务。数字文化社区样板间中，阅读空间被分隔成老年学习区、数字资源区、高清交互电视体验区、少儿体验区等，提供各类数字化文化信息资源，青少年可在这里体验未来公共文化学习空间概貌，了解信息获取的技术和手段，提高信息意识。

第二，依托联机公共目录检索系统（OPAC）和北京市公共图书馆计算机信息服务网络开展文献检索与数字资源培训，并利用馆藏图书进行实操训练，提高青少年数据发现、获取、收集、整理的能力。目前，以首都图书馆为中心馆和数据处理中心的北京市公共图书馆计算机信息服务网实现了全市各级公共图书馆的联合检索、资源共享和图书"一卡通"服务，依托该网络和联机检索系统，读者可以在任意一家成员馆查询借阅文献资料，并在线浏览众多数字资源，这也是未来信息获取方式的一大发展方向。数字化时代，各种真假难辨、质量参差不齐的信息席卷而来，人们需要在繁杂的信息丛中提炼有用的信息，出色的信息检索能力将是未来优质生活的重要保障。公共图书馆结合自身优势面向青少年开展信息素养教育，可帮助青少年为更好地适应社会和接受终身教育做好准备，也为未来社会全民信息素养的提高奠定基础。

第三，开展数据库推介，为青少年提供获取信息的多样化选择，教会青少年通过正规渠道获取信息，树立正确的信息观。笔者在首图官网上共查询到各类数据库资源 108 个，涵盖学习类（如：新东方多媒体学习库）、寓教于乐类（如：多纳智慧魔方）、兴趣培养类（如：爱上简笔画）、娱乐休闲类（如：雅乐经典影院数据库）、时政新闻类（如：中国报纸资源全文数据库）等适合青少年的数据资源。向青少年介绍数据库知识与使用方法，可增进其对图书馆的了解，拓宽其信息获取渠道，降低其对互联网的依赖性，从而减少网络信息垃圾对青少年的不良影响。

3.3 知行合一：利用场地优势，开展主题探究活动

研学旅行强调"体验式教育"和"研究性学习"，陶行知"做中学，学中做"的著名教育理论也倡导学生在实践中自主运用多样的活动方式和方法来解决问题，获取新知。图书馆开展研学教育，应避免学员只"游"不"学"或只"读"不"游"，为其设计丰富多彩的沉浸式体验活动或合作探究式的研讨性活动，以实现知行合一。

以上述两点研学策略为例，在打造文化研学品牌与书香研学品牌的过程中，可借鉴杭州少年儿童图书馆"做中学""玩中学""赏中学"的研学服务理念，将讲座与多样化的探究活动相结合，探寻新的"讲座+"互动学习模式，避免说教化。如：开展基于老北京民俗文化讲座的现场手工制作活动；寓学于乐，开展基于图书馆知识科普讲座的知识竞答活动，或利用场地优势，开展融竞技、合作学习、问题探究为一体的阅读主题定向越野活动；盘活现有活动资源，根据各学段特点，开展经典著作阅读研讨会、古诗词唱诵比赛等。

在开展信息素养教育方面，亦可设计多样化的实践活动，山东省图书馆对此进行了多种尝试，值得借鉴。该馆利用寒暑假开展青少年社会实践（信息素养专题），着重培养青少年信息素养"四个能力"（信息意识能力、信息获取能力、信息处理能力、信息应用与交流能力），内容和流程包括：岗前信息能力培训、学员分组、分配信息课题任务、图书馆职业体验、馆内参观讲解、团队自由完成信息课题、课题成果汇报等。培训讲座的内容

以实操为主，避免学术化，如：了解关键词设置技巧，学习《中图法》基本使用技巧，了解图书内容、形式、体裁和用途等基础知识[16]。职业体验与组队完成信息课题是很好的图书馆研学方式，在职业体验过程中，青少年可活学活用培训中获取的知识，通过协助读者进行图书检索提高文献检索能力，通过对书刊整理更加熟悉中图分类法。分小组向青少年分配开放式信息课题任务，则有助于调动其探究学习的意愿，综合运用所学，进行信息的获取、甄别、加工整合和应用，并完成成果汇报。

3.4　不拘一隅：加强跨界合作，"引进来"与"走出去"相结合

公共图书馆为青少年提供了学习地域文化的场所，青少年能够足不出户享受到最丰盛最齐全的文化饕餮盛宴。然而，公共图书馆也有其空间上的局限性，对于某些特定的项目，固定于一处的研学活动始终无法与边游边学的实地考察相媲美。在文旅融合的大背景下，加强跨界合作是图书馆建设研学基地的必经之路。

与旅游机构合作，落实保障体系。在目前公共图书馆尚不具备旅游资质的情况下，公共图书馆可以借助旅行机构在组织人员、落实食宿行、团队移动操控、应急事件处理等方面的优势，合作开展研学旅行服务[17]。

与旅游景点合作，实地走访名胜古迹，现场感悟书本背后的文化内涵。如，在绍兴图书馆组织的"游古迹，诵经典"兰亭书法研修游学活动中，馆员带领孩子们参观鹅池，一起背诵古诗《鹅》，效仿古人行修禊之礼，体味当年曲水邀欢的乐趣[18]。"首图讲坛·乡土课堂"不乏关于北京文化地标的主题讲座：有厚重感十足的历史系列讲座（如：南海子历史文化讲座），也有关于琉璃厂文化街、大栅栏等网红打卡地的文化解说，以及"一线阅千年：从白云寺到南堂"这种自带研学游线路属性的讲座。可以此为依托开展研学活动，将讲解带至现场，并设计相关学习任务，变被动聆听为主动探寻，增强研学效果。

与文化企业合作，近距离体验传统工艺与地方民俗。北京是中华老字号与传统文化企业的聚集地，近年来伴随文旅融合新浪潮，也涌现出一批文化创意产业园区。如：北京内联升鞋业有限公司内联升千层底布鞋制作技艺、

荣宝斋古字画装裱修复技艺等位列国家级非物质文化遗产名录；顺义河北村民俗文化体验园、朝阳高碑店传统民俗文化园区等文化创意产业园区集民俗体验与休闲娱乐为一体。图书馆与文化企业联合开展研学活动，可让两者优势互补，既有强大的背景知识支撑，也能增强研学旅行的体验感。

4　公共图书馆研学基地建设应注意的问题

依托公共图书馆建设研学基地，仍是一个新鲜的尝试，尚无系统性的指导规范。笔者根据国家旅游局发布的《研学旅行服务规范》和中国旅行社协会发布的《研学旅行基地（营地）设施与服务规范》，思考出以下几点应注意的问题。

4.1　研学活动要务实

研学旅行不是简单意义上的游玩或学习，而是兼具体验性、跨学科性等特点的校外综合实践活动课程。研学活动主办方与承办方要科学合理安排研学进程，摒弃走马观花式一日游和枯燥单一的讲解活动。开发具有系统性、知识性、趣味性、实效性的精品活动包，让青少年真正参与其中，并学有所成。

为保障活动开展的质量，研学基地要建设一支专业化研学导师队伍。除对本馆员工进行相关培训外，还可积极吸纳社会资源或在校大学生资源，培养一批志愿者。形成本馆员工、志愿者与在校教师相结合的研学指导师团队，建立健全督学机制，确保研学活动科学而务实。

4.2　课程设计要合理

研学课程的设计要根据各年龄段学生的特点，设计不同的课程与活动形式，保证研学质量。根据《研学旅行服务规范》的建议，小学一至三年级参与研学旅行时，宜设计以知识科普型和文化康乐型资源为主的产品，并以乡土乡情研学为主；小学四至六年级参与研学旅行时，宜设计以知识科普型、自然观赏型和励志拓展型资源为主的产品，并以县情市情研学为主；初中年级参与研学旅行时，宜设计以知识科普型、体验考察型和励志拓展型资源为主的产品，并以县情市情省情研学为主；高中年级参与研学旅行时，宜设计以体验考察型和励志拓展型资源为主的产品，并以省情国情研学为主[19]。

研学课程的设计要突出自身优势资源，打造具有鲜明特色的精品课程，避免与其他研学基地同质化。公共图书馆研学可围绕弘扬民俗与历史文化、培养阅读兴趣与能力、普及图书馆线上线下资源的使用方法、培育信息素养来展开，形成核心竞争力。

研学课程的设计要系统化、具体化。制定短期和长期课程计划，提前撰写周密的课程设计方案、为学员编写好研学指导手册，让学员明确为何而来，应做何事，帮助学员紧跟研学课程节奏。将研学课程进行分类，大致可分为现场体验型、探究学习型和分享型。对于后两种类型，如阅读分享会，往往需要一定的准备，应提前告知师生注意事项与学前应做的准备，以便研学课程的顺利开展。

4.3 组织管理要到位

研学旅行活动不同以往的读者活动，是大规模的未成年人集体活动，研学基地要制定好安全管理工作方案，构建完善有效的安全防控机制。如：活动前做好接待能力评估，平衡好研学旅行团队与图书馆日常读者的关系。做好交通管理，提前与交通部门备案，设计好车辆临时停靠场所，以防交通拥堵。对馆内外具有安全隐患的场所进行摸底排查，研学时段暂停开放或设置警戒标志。基础救护设备应齐备完好，配备急救设备与人员或与周边医院有联动救治机制。在医疗救护、安全疏散通道、参观线路等重要地点和路段设置导览设施，活动全程开启摄像头监控，以防未成年人在陌生环境走失或其他意外发生。做好地震、火灾、治安事件等应急预案。及时进行行前安全教育及活动纪律教育，强化学生安全防范意识及纪律意识。

4.4　研学精神要贯彻

公共图书馆开展研学活动旨在充分发挥其社会教育职能，应想方设法维持研学效果，并以此为契机，让图书馆研学精神在社会持续发酵。为巩固研学成果，形成长效机制，公共图书馆在完成研学活动后应注意以下几个方面：第一，做好研学质量评估，以问卷调查的形式调研课程实施效果并得出改进方案，从而吸引更多研学旅行团体，并与已合作过的学校建立长期合作关系。第二，可以借助新媒体平台继续传播与研学课程密切相关的知识与思想，将图书馆研学精神由线下辐射至线上。第三，借此机会与本市乃至外省中小学建立常态化合作，拓展研学游以外的其他业务，如指导学校搭建图书室等，将图书馆研学精神彻底贯彻。

5　结语

文旅融合大背景下，公共图书馆与研学旅行有机结合，适时建设研学基地，有助于推动其履行职责、践行使命。公共图书馆应深刻领悟研学精神，既充分发挥自身优势，又积极谋求对外合作，打造出独特的图书馆研学品牌，开发出科学合理的精品课程，探索出一条适合自身的跨界融合发展之路。

参考文献

［1］2018 全国两会 | 文化部、国家旅游局合并为"文化和旅游部"［EB/OL］.［2018-03-13］. https://baijiahao.baidu.com/s?id=15947875994961173179&wfr=spider&for=pc.

［2］吕思勉 . 吕思勉读史札记：上［M］. 上海：上海古籍出版社，1982：681.

［3］胡晓风 . 陶行知教育文集［M］. 成都：四川教育出版社，2007：85.

［4］李军 . 近五年来国内研学旅行研究述评［J］. 北京教育学院学报，2017（6）：13-19.

［5］教育部等 11 部门关于推进中小学生研学旅行的意见（教基一〔2016〕8 号）［EB/OL］.［2016-12-02］. http://www.moe.gov.cn/srcsite/A06/s3325/201612/t20161219_292354.html .

［6］中华人民共和国公共图书馆法［EB/OL］.［2017-11-04］. http://www.npc.gov.cn/npc/c30834/201711/86402870d45a4b2388e6b5a86a187bb8.shtml.

［7］《中国图书馆学报》编辑部，吴建中. 国际图联／联合国教科文组织公共图书馆宣言 2022［J］. 中国图书馆学报，2022（6）：126-128.

［8］教育部办公厅关于公布第一批全国中小学生研学实践教育基地、营地名单的通知（教基厅函〔2017〕50 号）［EB/OL］.［2017-12-06］. http://www.moe.gov.cn/srcsite/A06/s3325/201712/t20171228_323273.html.

［9］北京市教育委员会. 关于印发北京市中小学生社会大课堂建设方案的通知（京教德〔2008〕8 号）［EB/OL］.［2008-08-26］. https://bjssc.bjedu.cn/zdwj/2015-03-25/984.html.

［10］吴仲平. 公共图书馆开展中小学生研学服务探索——以杭州少年儿童图书馆为例［J］. 图书馆研究与工作，2020（7）：53-57.

［11］李霞. 图书馆游学活动缘何渐成气候［N］. 新华书目报，2018-09-14（8）.

［12］刘霞. 文旅融合背景下公共图书馆研学游的探索与实践——以济宁市图书馆为例［J］. 河南图书馆学刊，2020（12）：30-32.

［13］芦晓红. 图书馆研学旅行现状和发展研究［J］. 图书馆工作与研究，2020（7）：20-28.

［14］王海茹. 讲座品牌的培育之道——"乡土课堂"品牌建设中的几点思考［J］. 图书馆建设，2009（8）：62-64.

［15］吴洪珺. 公共图书馆通过社会合作开展少儿活动的实践和思考——以首都图书馆少儿活动为例［J］. 公共图书馆，2017（2）：26-30.

［16］韩雷. 公共图书馆青少年信息素养教育路径探析——以山东省图书馆青少年社会实践为例［J］. 图书馆研究，2020（2）：123-128.

［17］朱海峰. 文旅融合背景下公共图书馆研学旅行服务的供给与创新［J］. 大学图书情报学刊，2021（1）：69-73.

［18］陈琦. 图书馆＋旅游：绍兴图书馆"走读人文绍兴"案例研究［J］. 图书馆研究与工作，2019（9）：13-15.

［19］研学旅行服务规范［EB/OL］.［2016-12-19］. https://whly.gd.gov.cn/gd_zww/upload/file/file/201706/14171411ynla.pdf.

图书馆在文旅融合时代的使命与创新

——海淀区图书馆的文旅融合实践

姜 威[①]

摘 要： 文旅融合是时代赋予图书馆的新任务，对加快构建现代化公共图书馆服务体系、拓宽图书馆现有服务阵地，推进全民阅读工作向纵深发展作用显著、意义重大。海淀区域内文化和旅游资源丰富，具备文旅融合的先天优势。海淀区图书馆依托丰厚的文旅资源，深耕文旅融合工作，通过跨界整合、深度挖掘，创新服务等方式，积极探索文旅融合的新路径和新模式，热点频出、实力出圈，取得了良好的工作成效。文章通过剖析和论证，提出海淀区图书馆乃至公共图书馆界文旅融合面临的难点和问题，并结合新时期文旅融合工作的总体要求和广大读者多样化的文化需求，对做好图书馆文旅融合工作进行了深入思考，以期为公共图书馆的文旅融合发展提供参考。

关键词： 图书馆；文旅融合；创新实践

2009 年，《文化部、国家旅游局关于促进文化与旅游结合发展的指导意见》正式出台，"文旅融合"从一句口号，升级成为国家层面的文化战略，为文旅融合的发展提供了顶层设计。2018 年，文化和旅游部组建成立，进一步彰显了党和国家推动文化事业、文化产业和旅游业融合发展，提升文

---

① 姜威，海淀区图书馆馆员。

化软实力和中华文化影响力的意志和决心。2022 年 10 月 16 日，习近平总书记在中国共产党第二十次全国代表大会上作题为"高举中国特色社会主义伟大旗帜 为全面建设社会主义现代化国家而团结奋斗"的报告，提出要"坚持以文塑旅、以旅彰文，推进文化和旅游深度融合发展"[1]。这既是对我国文旅融合发展经验的高度总结，也为新形势下文旅融合的快速发展提供了路径遵循。文旅融合意味着文化与旅游两大产业需要进行优势互补、繁荣共生，公共图书馆作为知识存储和文化传播的主要场所，应充分整合文化资源与旅游资源，以推动形成旅游承载文化、文化带动旅游发展的良好格局[2]。

相较于国内旅游景区比较成熟的文旅融合模式，图书馆界的文旅融合工作虽然起步较晚，但大有异军突起、迎头赶上之势。例如，"网红"图书馆天津滨海新区图书馆、"最孤独的图书馆"三联书店海边公益图书馆、"云中图书馆"万科翡翠书院，借助于馆舍的新颖设计，使得图书馆迅速成为读者和游客的"网红"打卡胜地。除此之外，有的图书馆还利用丰富的馆藏资源开展极具特色文旅融合服务，如国家图书馆开展的"海淀区研学旅游季系列活动"[3]，使得广大读者和游客进一步加深了对旅游目的地的了解，取得了良好的社会反响。图书馆界对文旅融合工作的有益尝试，为文旅融合提供了新的路径和参考，也为图书馆自身的建设发展注入了新的动力。

1　海淀区图书馆文旅融合的优势条件

海淀区拥有深厚的历史人文底蕴和优美的自然山水风光，具备文旅融合的先天优势和资源条件。特别是 2019 年海淀区文化和旅游局成立后，海淀区立足区情，不断优化文旅融合的外部环境，广泛探索文旅融合的全新模式，为图书馆的文旅融合工作创造了便利条件。

1.1 环境优势

2019 年，海淀区文化和旅游局组织实施"头雁行动"[4]，作为海淀文旅融合的试点项目，该行动包含三大工程内容。一是"绿色提升"行动，通过改扩建，完善设施设备等方式进一步提升景区硬环境，提高旅游景区的舒适度、提高游客服务质量；二是"一步书香"行动，以创新式的服务在宾馆、景区为广大游客提供具有海淀区域特色的纸质资源和电子资源，让阅读随处可见、随手可得，深入"构建书香伴旅程、文化一路行"的软环境。三是"海燕飞舞"行动，以文艺轻骑兵小精尖的形式，向景区提供文艺演出和主题文化活动，让游客在旅途小憩的过程中可以欣赏高品质文艺演出。海淀区通过"头雁行动"的积极宣传和广泛开展，不仅让到区游客切实享受到了文旅融合带来的便民实惠，也为后续图书馆的文旅融合工作提供了宝贵的经验借鉴。

1.2 资源优势

海淀区拥有 A 级以上景区 17 处，各类不可移动文物 328 处。其中，自然资源以山水形胜的风水宝地和上风上水的生态环境为代表；历史文化资源以皇家园林、红色圣地、宗教寺庙为代表；科教旅游资源以中关村科技园区、中关村科学城、中国科学院以及清华大学、北京大学等高等学府为代表，围绕着这三大重点领域而打造的香山革命圣地红色游、"三山五园"历史文化游、中关村科教研学游、西山生态观光游、稻香湖度假休闲游等五大特色品牌，已经成为海淀旅游的金字招牌，海淀区已成为全国最具吸引力的旅游目的地之一。在文化建设方面，海淀区形成了"海"字和"中关村"系列七大区级文化品牌，实现了高质量、常态化、不间断的文化产品供给，满足了不同层次、不同人群的文化需求。特别是，2018 年海淀区完成了国家公共文化服务体系示范区的创建工作[5]，成功构建公共文化服务的"海淀模式"，为文旅融合工作打下了更为坚实的基础。

1.3 技术优势

海淀区不仅是文化大区、旅游大区，还是科技大区。《海淀区"十四五"时期宣传思想文化旅游发展规划和二〇三五年远景目标纲要》中明确提出："推动数字经济格局下的旅游业与科技、文化、体育、教育、农业等领域的深度融合，促进旅游服务设施和旅游服务水平提质升级，建设高品位旅游体验标杆区。"[6]为了实现科技赋能文旅融合工作，海淀区文化和旅游局开发了海淀文旅公共服务数字平台，平台开通有"书香海淀""畅游海淀""文化遗产""活动预约"等栏目，权威发布海淀区第一手的文化和旅游资讯，实现了文化、旅游、科技三方融合，打通了线上和线下资源。通过数字平台，读者和游客可以随时浏览和查阅海淀区图书馆的电子文献资源，预订各类演出的门票，预约公共文化场馆设施，实时了解景区、景点资讯。可以说，借助海淀文旅公共服务数字平台，海淀区有效整合了全区的文化和旅游资源，打破了文化和旅游资源之间的藩篱。目前，海淀文旅公共服务数字平台注册人数达 26 万人，已经成为在全市乃至全国具有较高影响力的文旅数字资源终端。特别是疫情防控期间，海淀文旅公共服务数字平台迅速成为实体图书馆和各类阅读空间的有益补充，持续发挥"线上"图书馆的作用，为市民提供了高品质的文化资源供给。

2 海淀区图书馆文旅融合的创新实践

近年来，在全区文旅融合顶层设计的指导下，海淀区图书馆立足馆藏文献资源，结合区内多种类型的旅游资源，通过跨界整合、深度挖掘、创新服务等方式，积极开展文旅融合的创新实践和探索，取得了良好的工作成效。

2.1 文旅融合的沉浸式体验

2020 年，海淀区"三山五园"入选我国首批 6 个国家文物保护利用示范区创建名单[7]。为了加深广大市民和到区游客对"三山五园"历史沿革、皇家造园艺术的了解，深度挖掘"三山五园"厚重的历史文脉，全面展示"三山五园"文物保护利用成果。2020年11月，海淀区图书馆利用北京有轨电车西郊线成功打造了"三山五园"号历史文化主题列车阅读空间。通过车厢内主题氛围的营造令广大读者和游客仿若穿行在时空隧道，虽身处现实，却徜徉于历史。车厢内还有海淀区图书馆的二维码，读者通过扫码即可阅读与"三山五园"有关的电子文献。一趟列车，不仅串联起了景区景点，更让蕴藏在其中文化内涵"活"了起来[8]。列车开通以来，超过300万次游客乘坐打卡体验，既赏风景、又品文化，使西郊线迅速成为海淀旅游网红线路。

2023年3月，在"三山五园"号历史文化主题列车阅读空间获得成功之后，海淀区图书馆还推出了"开往新中国的列车"文化主题系列活动，以西郊线为载体，将香山双清别墅、樱桃沟一二·九纪念亭、颐和园益寿堂等在中国共产党历史上具有重要时间节点意义的场景列入列车的"经停点位"[9]，既寓意着对红色"赶考"精神的传承，也向广大读者和游客充分展示了海淀区历久弥新的红色历史文化资源，取得了良好的社会反响。

2.2 文旅融合的研学式体验

为持续发挥海淀文旅资源的优势，海淀区图书馆创新性地在文旅融合工作中引入了绿色骑行概念，成功打造了"品海淀书香 赏文化魅力"主题研学活动。这一活动包含有："三山五园"历史文化骑行、新海淀绿色走廊骑行、赏海淀文化遗迹骑行等主题系列[10]。活动让参与者不仅能身临其境参观各个景点，还通过细致的讲解，详细了解每个景点的来龙去脉及其承载的历史文化价值。

馆藏资源是图书馆的立馆之本，对其中的文化资源进行开发利用，并结合旅游资源进行文化解读，是文旅融合的一种展现形式[11]。为进一步发掘和整合海淀北部地区的文化和旅游资源，海淀区图书馆（北馆）集中优势资源全力打造了"走读海北"系列文旅活动品牌，活动整合图书、资料、档案、讲座、展览、音视频等资源，以视频、访谈、讲座等形式开展网络直播，带领读者和游客全方位探寻和了解海淀北部地区的自然山水景观和历史文物古迹。目前，"走读红色海淀"（带领读者和游客重温红色历史印记），"走读橙色海淀"（带领读者和游客了解山后地区历史名人遗迹）和"走读皇色海淀"（带领读者和游客体验皇家文化）等系列活动已经开展了150余场，5万余人次参与其中。这一活动为海淀区的文旅融合工作提供了强大的助力。

2.3　文旅融合的便捷式体验

为了加强海淀区图书馆与区内酒店、景区等的联动，依托"一步书香"工程[12]，海淀区图书馆率先在区内的4家酒店以及香山公园、阳台山风景区、凤凰岭景区等地投放了11台电子资源触控大屏，电子资源涵盖与海淀旅游以及景区、景点相关联的电子书、电子期刊和听书电子资源，让游客可以在旅途小憩之时，通过扫取二维码获取电子资源，实时了解海淀的历史文化以及相关景区、景点的资料。同时，为了能够让游客享受文旅融合带来的惠民福利，海淀区图书馆还计划与区内酒店合作为住宿游客提供电子资源阅览服务。游客可通过置于酒店床头的电子资源彩页，直接扫描二维码以获取图书馆精心准备的电子资源，为广大游客深入了解和"阅读"海淀提供了便捷途径。

3　海淀区图书馆文旅融合存在的问题

海淀区图书馆文旅融合的创新实践在较短的时间内得到了社会各界的关注和点赞，读者和游客也都不同程度地感受到了文旅融合带来的获得感、幸福感。但是，受传统观念、产业链条和专业人才等客观因素的制约，海淀区图书馆在文旅融合方面的服务效能还没能够被完全地激发，文旅融合工作的具体开展还存在一些问题和不足。

3.1 文旅融合的程度不够深

从纵向上来讲，海淀区图书馆的文旅融合工作还停留在图书馆唱"独角戏"的阶段。首先，在景区、景点提供临时的阅读空间和电子资源触控大屏，虽然能吸引一部分游客的关注，但图书馆所提供的文献和电子资源有时缺乏对景区、景点历史文化和人文内涵的深度解读，很难为景区的游客服务工作锦上添花。其次，公共图书馆跨界合作还处于探索阶段，对合作成员的参与机制、考核机制、激励机制等都较为缺乏[13]。对于一些大的景区、景点而言：一方面，其行政级别大多高于公共图书馆；另一方面，公共文化服务多为公益性质，无法为景区带来直接经济效益。因此，许多景区、景点对于公共图书馆文旅融合的合作意愿往往置之不理，合作很难深入。

3.2 文旅融合的范围不够广

从构成旅游的"吃、住、行、游、购，娱"六要素来分析，旅游是一项涉及多种行为的社会活动。在旅游过程中游客的行为具有交叉性并且其目的难以辨识，"游"只是旅游过程中的一个方面。从横向上来看，海淀区图书馆的文旅融合工作还处于以"游"为主的"单打"局面。面向未来有各种可能性，公共图书馆要进入新领域，有诸多可以发展的主题和开展的业务[14]。因此，公共图书馆如果将文旅融合工作的重点只放在"游"上，而没有相互联系地考虑旅游过程中的其他要素和其他行为，文旅融合工作则很难落实到位。

3.3 文旅融合的品牌不够精

近几年，随着文旅融合观念在图书馆界的传播，许多公共图书馆转变现有的活动组织形式，打造新的阅读推广品牌[15]。从文旅融合的实际效果来分析，海淀区图书馆文旅融合工作的品牌影响力还十分有限，对受众缺乏足够的"粘度"。一方面，文旅融合工作的品牌建设还处于摸着石头过河的初创阶段，对品牌建设的切入点把握得还不够准确，品牌的差异性还不够明显，与地域结合的特色不够突出。另一方面，受公共图书馆和旅游行业复合型人才匮乏的制约，对品牌的发展还缺少一个系统性的规划，品牌的内容资源建设还不够精深，品牌的推广方式还不够灵活。

4　海淀区图书馆文旅融合的思考

文化和旅游融合发展有着非常现实的必要性，没有文化内涵的旅游只能是浅层次的观光游览，达不到精神熏陶的目的。而没有旅游业来传播的地域文化也难于形成广泛的影响力，失去了文化应有的作用。只有两者深度融合、有机结合，才可能形成互动促进、持续发展的局面，推动两者高质量发展[16]。公共图书馆是链接文化资源和旅游资源最有力的纽带，其丰富的馆藏文献和优质的电子资源为文旅融合工作提供了强大的资源支撑。因此，如何发挥图书馆在文旅融合中的积极作用，以及更好地开展图书馆自身的文旅融合工作，还需要图书馆人进行更加深入的思考。

4.1　完善顶层设计、加大融合力度

加快推进图书馆的文旅融合工作，首先需要从制度层面入手。健全文化和旅游融合发展的体制机制，为文化和旅游深度融合、创新发展提供制度保障[17]。对公共图书馆来说，需要由主管部门建立协作协调机制，畅通图书馆和景区、景点的对接渠道，推动图书馆与景区、景点形成共建、共享的强大合力，实现文化与旅游的无缝衔接，使之相互促进、和谐共赢。其次，文化宣传推广，尤其是对地方文化的继承和宣传，是公共图书馆的重要任务之一[18]。公共图书馆自身要加大对本区域旅游资源的研究和挖掘力度，对景区、景点的历史文化和人文内涵能够正本清源并进行权威的文化解读，提升景区、景点的文化魅力，吸引更多的读者和游客驻足其间。

4.2　串联各个环节、加大整合力度

对公共图书馆而言，旅游各要素与文旅深度融合都有不同程度的联

系[19]。因此，公共图书馆要发挥自身的资源优势和技术优势，深入探寻旅游六要素背后蕴含着的文化内涵，并予以多维度和多渠道的呈现，真正用文化赋能旅游。将读者和游客单纯身体上的旅游升级为"精神"上的旅游，进而实现文旅的全链条融合。同时，还可以考虑建立馆内网红"小品"阅读场景，吸引读者和游客前来打卡；将馆内读者参考咨询的功能进行拓展，将参考咨询中心升级打造为综合性的文旅咨询中心，为读者和游客提供权威的文旅咨询和导引服务。

4.3 提升品牌影响、加大建设力度

具有品牌效应的阅读推广活动可以充分发挥其所拥有的文化价值魅力，逐步扩大对读者的影响力，提升读者文化信息素养。同时，活动品牌的建立可以进一步提升公共图书馆的知名度，扩大公共图书馆的社会影响力[20]。海淀区图书馆文旅融合工作的品牌打造，可以在借鉴已有阅读活动品牌的基础上，结合海淀丰富的文化旅游资源，进一步细分读者和游客人群，通过精准的品牌定位和差异化的营销策略，提供有品质、有文化，有内涵的文旅融合特色服务。同时，公共图书馆还需要转变工作思路，通过内部培训和委培的方式，加强对现有图书馆工作人员旅游行业相关理论、业务知识的培训，重点培养一批视野宽、思路广，熟悉本地文化的文旅融合复合型人才；加大对文旅融合策划、营销人才的引进力度，进一步提升图书馆文旅融合工作的品牌影响力。

5 结语

《中共中央关于制定国民经济和社会发展第十四个五年规划和2035年远景目标纲要》明确提出要"推动文化和旅游融合发展，建设一批富有文化底蕴的世界级旅游景区和度假区，打造一批文化特色鲜明的国家级旅游休闲城市和街区，发展红色旅游和乡村旅游"[21]。在文旅融合的大好机遇期，海淀区图书馆和其他致力于文旅融合工作的公共图书馆，应该积极发挥公

共图书馆的资源优势、区位优势和技术优势，抓住时机、乘势而为，积极推动文旅融合事业的蓬勃发展。

参考文献

［1］习近平.高举中国特色社会主义伟大旗帜 为全面建设社会主义现代化国家而团结奋斗——在中国共产党第二十次全国代表大会上的报告［EB/OL］.［2023-07-05］. https://www.gov.cn/xinwen/2022-10/25/content_5721685.htm.

［2］储节旺，夏莉.图书馆文旅融合现状、问题及对策研究［J］.国家图书馆学刊，2020（5）：40-50.

［3］国图启动首届海淀区研学旅游季系列活动［EB/OL］.［2023-07-05］. https://www.beijing.gov.cn/renwen/sy/whkb/201808/t20180806_1864168.html.

［4］海淀区文化和旅游局发布"头雁行动"三大工程［EB/OL］.［2023-07-05］.https://baijiahao.baidu.com/s?id=1644290268996007199&wfr=spider&for=pc.

［5］第三批国家公共文化服务体系示范区名单［EB/OL］.［2023-07-05］. https://www.gov.cn/fuwu/2019-03/13/content_5373332.htm.

［6］图解海淀区"十四五"时期宣传思想文化旅游发展规划和二〇三五年远景目标纲要［EB/OL］.［2023-07-05］.https://zyk.bjhd.gov.cn/zwdt/szgb/zcjd/202201/t20220114_4511596_hd.shtml.

［7］国家文物局公布第一批国家文物保护利用示范区创建名单［EB/OL］.［2023-07-05］.https://baijiahao.baidu.com/s?id=1678801145435119341&wfr=spider&for=pc.

［8］北京海淀：历史文物正在"活"起来［EB/OL］.［2023-07-05］.https://baijiahao.baidu.com/s?id=1684225843151243317&wfr=spider&for=pc.

［9］"开往新中国的列车"主题活动在京启动［EB/OL］.［2023-07-05］. https://m.gmw.cn/baijia/2021-03/26/34718752.html.

［10］"品海淀书香 赏文化魅力"骑行活动举办［EB/OL］.［2023-07-05］. https://baijiahao.baidu.com/s?id=1765288270105451295&wfr=spider&for=pc.

［11］魏雯，王天泥.文旅融合背景下图书馆文化服务的典型模式与发展对策［J］.图书馆学刊，2023（5）：30-33.

［12］海淀区发起"一步书香"行动 向100个景区和宾馆配置5万册图书［EB/OL］.［2023-07-05］.https://baijiahao.baidu.com/s?id=1644280826433991521&wfr=spider&for=pc.

［13］李健，任竞，张怡宁，等.我国公共图书馆跨界合作的现状与问题［J］.国家图书馆学刊，2021（3）：3-12.

［14］柯平.图书馆未来2035与"十四五"规划编制［J］.图书馆杂志，2020（10）：13-17.

［15］王娜.文旅融合环境下公共图书馆阅读推广品牌建设研究［J］.大学图书情报学刊，2022（3）：48-51.

［16］刘治彦.文旅融合发展：理论、实践与未来方向.学术前沿［J］，2019（16）：92-97.

［17］雒树刚.推动文化和旅游融合发展［EB/OL］.［2023-07-05］.https://epaper.gmw.cn/gmrb/html/2020-12/14/nw.D110000gmrb_20201214_1-06.htm.

［18］周红雁.公共图书馆文旅融合路径探析［J］.图书馆工作与研究，2020（6）：23-27，41.

［19］王世伟.关于公共图书馆文旅深度融合的思考［J］.图书馆，2019（2）：1-6.

［20］赵惟.公共图书馆品牌化活动现"蝴蝶效应"引全民阅读风暴———天津图书馆"数字图书馆深度游活动"经验分享［J］.图书馆工作与研究，2018（S1）：145-147，159.

［21］中共中央关于制定国民经济和社会发展第十四个五年规划和2035年远景目标的建议［EB/OL］.［2023-07-05］.http://www.gov.cn/zhengce/2020-11/03/content_5556991.htm.

业务思考

海外中国文化中心图书馆发展之思考

——以莫斯科中国文化中心图书馆为例

赵春雨 [1]

摘　要： 中国经济的不断发展促使中国走向世界的同时，世界各国也希望更多地了解中国文化，实现互通、互鉴。为顺应时代需要，中国政府主导成立了海外中国文化中心以推动中国与世界各国文化上的交流、互鉴。海外中国文化中心图书馆是海外中国文化中心对外服务的重要窗口，承担着为驻外各国民众提供信息服务、传播中国文化的特殊功能。本文结合海外中国文化中心图书馆工作实践，对其服务功能的延伸与拓展进行了深入分析和探讨，据此提出进一步完善海外中国文化中心图书馆未来发展模式的建议。

关键词： 图书馆发展；文化交流；海外中国文化中心

0　引言

按经济总量计算，自 2010 年中国已成为世界第二大经济体。中国强大的经济实力为中国文化"走出去"奠定了坚实的经济基础。然而仅仅有经济基础是不够的，2015 年 11 月 3 日，习近平会见第二届"读懂中国"国际会议外方代表时强调：中国有坚定的道路自信、理论自信、制度自信，其

---

[1] 赵春雨，首都图书馆采编中心副主任，馆员。研究方向：文献资源建设、海外图书馆发展。

本质是建立在 5000 多年文明传承基础上的文化自信。有别于西方文明，中华文明智慧、中庸、包容不排他、生生不息。中国文化"走出去"将极大促进世界文化多元共生。

2001 年中国倡导成立的上海合作组织至今已成立 22 年，2013 年中国提出的"一带一路"倡议至今也已有 10 历史。这些国际合作都包含着文化合作的内容，反映出中国不但希望同世界各国共享经济发展成果，同时希望将中国几千年的文化精华与世界各国分享。"我们了解外国较多，他们对我们的了解却较少；他们了解我们历史的东西多，了解当今中国社会变迁的少；文化交流项目政府推动多、市场自发少；舞台艺术多、其他文化载体少；浅层内容多、深层内容少。"[1] 正是在以上背景下，中国主导成立的海外中国文化中心从无到有，肩负着让中国优秀文化"走出去"的使命，逐渐发展壮大。

"在实际工作中，海外中国文化中心根据驻在国民众崇权威、喜正宗、趋便利、文化需求多样性的特性，坚持'以人为本'，根据当地实际情况和居民需要，积极开展汉语教学培训，举办各种文化活动，提供中国文化信息服务。"[1]199 总之，中国希望海外中国文化中心从文化角度讲好中国故事，为构建人类命运共同体贡献出中国的精神财富。

目前中国海外文化中心职能涵盖思想对话、文化交流、教学培训、信息服务。根据文化和旅游部发布的《2022 年文化和旅游发展统计公报》，截至 2022 年末，我国已在全球设有 45 家海外中国文化中心[2]。各海外中国文化中心的运作正逐渐走向成熟，形成许多特色、品牌活动：如"欢乐春节""发现中国""中国文化周"等，建立了自主策划、部省合作、部直合作等机制。如今，每个海外中国文化中心年均举办艺术展演、讲座、电影、学术对话、中国文化技能培训等各类活动 100 余起。"海外中国文化中心为传播中国文化、塑造国家形象、促进中国和各国民心相通发挥着重要作用。"[3]

其中，各海外中国文化中心的图书馆并没有经常出现在海外中国文化中心的各类活动新闻报道中，但是它的重要性却不容忽视。图书馆的工作不像各类文艺演出那样生动和吸引人眼球，但是它却能让驻在国民众在阅读中一点一滴地了解中国文化，感受方块文字与字母文字的巨大不同，润物细无声。中华文化博大精深、源远流长，如何准确推荐书籍，代表了推荐者的水平和价值取向；各国国情不同，如何在交流中相互了解和认同，求同存异；图书馆工作人员是否有足够的专业性，是否深入了解中华优秀传统文化，是否有正确的价值观。关注和思考这些问题，也关系着海外中国文化中心图书馆建设质量，进而影响着海外中国文化中心信息传播功能的有效实现。

笔者曾在莫斯科中国文化中心工作 3 年，亲身参与了文化中心图书馆的建立、日常管理和读者服务，以及与信息服务有关的文化活动。现结合自己的工作实践，对海外中国文化中心图书馆发展建设做一些思考，希望对它的不断发展和完善有所裨益。

1 海外文化中心图书馆概况

1.1 海外文化中心图书馆现状

1.1.1 海外文化中心图书馆整体情况

海外中国文化中心图书馆是海外中国文化中心信息服务职能主要承担者。目前已建成的海外中国文化中心，都设有实体图书馆，具备基本的馆藏、借阅、检索等功能。

笔者对贝宁中国文化中心等 9 个文化中心图书馆的情况进行调研。这 9 家图书馆开放时间一般为一周五天，其中有 4 家图书馆 18 点以后仍开放。这些图书馆的馆藏文献基本超过万种，其中巴黎、开罗的文化中心图书馆馆藏近 3 万册。海外文化中心图书馆采用统一配置的北京清大新洋图书馆自动化系统，具备文献的编目、检索、典藏、流通、统计等功能。

1.1.2 数字图书馆建设情况

2016 年 12 月 29 日，"中国文化中心数字图书馆"正式上线，由文化部外联局和国家图书馆联合建设而成。此后，各海外中国文化中心数字图书馆服务陆续上线。首批提供的资源包括 200 种古籍、1220 种现当代图书、20 种最新期刊、300 幅图片、1000 余种音视频、62 个网络资源、10 个精品展览等[4]。中国文化中心数字图书馆的上线成为海外中心图书馆内容提供的必要补充。在新冠疫情期间，各海外中国文化中心更是加强了数字图书馆建设，通过互联网、数字化的方式，文化中心图书馆提供内容丰富、类型多样的图书和全文数据库。当地民众可通过海外中国文化网站访问中国文化中心数字图书馆，注册登录后便可检索、查阅丰富的在线数字文化资源。

1.1.3　读者服务情况

各文化中心图书馆除了提供基本的图书馆服务外，还努力结合文化中心的一些活动来为读者提供服务，形式和种类也在不断地丰富。如巴黎中国文化中心举办的系列"文学沙龙"——讲《诗经》《楚辞》等中国名著活动；贝宁中国文化中心的《汉语时光》节目；莫斯科中国文化中心的读书周活动；开罗中国文化中心组织的中国作协代表团与埃及中文翻译家、汉学家对话会等。

1.2　莫斯科中国文化中心图书馆建设情况

1.2.1　图书馆服务建设

莫斯科中国文化中心图书馆地处莫斯科核心地段，面向俄罗斯所有公众开放，读者凭护照办理读者卡后，即可借阅图书、期刊、视听资料。读者卡由文化中心自行设计与定制。综合借阅室内书刊开架借阅，文献分 7 个区域存放，分别为中文图书区、经典图书区（著名奖项获奖图书、名家名著、国学经典、重大影响的图书）、工具书区［四库全书相关丛书、百科全书、字词（辞典）、传记资料、年鉴、书目索引］、英俄文图书区、少年儿童阅览区、中文报纸期刊区、新书推荐区。电子阅览室的 14 台计算机提供馆藏目录检索、多媒体资料浏览、互联网络导航和数字资源服务。读者可以通过到馆、电话、网络等方式获取中心的信息服务。

1.2.2　文献资源建设

目前莫斯科中国文化中心图书馆的馆藏中文图书分别由国家图书馆选取 5000 册、国家新闻出版总署选赠 1200 册，主要存放在综合借阅室内供读者借阅。基藏书库用于典藏研究性文献及地方文献，包括湖南新闻出版广电总局赠送的大型丛书《湖湘文库》、山东出版集团设立的《尼山书屋》，以及广东省文化厅、湖北省图书馆、辽宁省图书馆、贵州省图书馆、上海图书馆赠送的地方特色文化、历史、风土人情类图书，图书馆总藏量达到万余册；期刊、报纸、视听资料到达百余种。

文化中心图书馆注重数字资源建设。向俄罗斯读者推出的"中华数字书苑"数字图书馆系统，这一系统是面向海外图书馆提供的一种信息资源，包含 2 万册电子图书、100 种中国国情综合年鉴、200 多种工具书和 20 种报纸，是研究和了解中国的高端资料库。读者可以在文化中心图书馆或通过个人账户远程登录系统进行在线阅读、全文检索、离线借阅、移动阅读、复制、下载等。数字图书馆是现代化高新技术和文献知识信息以及传统历史文化完美结合的体现，它是传统图书馆静态书本式文献服务的有力补充。该项服务一经推出，就受到了文化中心图书馆读者的好评，吸引到更多读者前来图书馆体验和使用。与此同时，俄罗斯科学院远东研究所、东方学研究所以及高等学校的汉学家们也对该服务产生了浓厚的兴趣。此外，文化中心图书馆推出"上海之窗"项目，提供万余种电子图书、30 种数字报纸，阅读界面支持俄语，能为俄罗斯读者提供更完善的阅读服务。

1.2.3 图书馆制度建设

为使莫斯科中国文化中心图书馆的服务更加规范化、制度化，文化中心图书馆制定了《莫斯科中国文化中心图书馆发展规划》《莫斯科中国文化中心图书馆服务指南》《莫斯科中国文化中心读者卡申请表》《莫斯科中国文化中心图书馆复印服务声明》等制度性文件。

1.2.4 对外合作建设

与国内多家文化单位建立合作关系。文化中心图书馆与全国图书馆联合编目中心签订协议，成为其成员馆，可共享全国图书馆联合编目中心的编目数据；与山东友谊出版社签订协议，共建"尼山书屋"，并以此为基础每年举行各类文化活动；与首都图书馆签订了《馆际互借与文献传递服务合作协议》，依托其丰富的馆藏文献、网络资源及数据库，为读者提供多层次的参考咨询服务；与上海图书馆签订了《友好合作交流备忘录》，就"上海之窗"赠书等项目展开合作与交流；与湖北省图书馆、辽宁省图书馆、贵州省图书馆、广东省文化厅、湖南新闻出版总局等多家单位合作，在文化中心图书馆内建立了地方文献专类书架。

2　海外中国文化中心图书馆服务功能的延伸与拓展

海外中国文化中心图书馆除具有基本的文献收藏、文献借阅、数字文献资源远程服务、信息传递等信息服务功能外，在引导阅读方向、文化教育等方面，亦可为驻在国民众提供更多的服务，其工作大有可为。笔者结合莫斯科中国文化中心图书馆的实践工作，将其所具备的延伸、拓展功能归纳为以下几点：

2.1　阅读推广功能

海外中国文化中心图书馆根据读者的需求和结合中心的文化活动，组织宣传推荐书目、组织书评、举办图书发布会等活动，引导阅读方向。例如，2014 年莫斯科中国文化中心举办了"李莎教授回忆录（俄文版）发布会"。北京外国语大学俄语教授李莎是中国共产党早期领导人、无产阶级革命家李立三的夫人，她坎坷传奇的一生通过此次图书发布会让读者有了深入的了解。一本书，一场发布会，吸引了更多对中俄友好感兴趣的读者。

海外中国文化中心图书馆实施品牌战略，打造服务精品，更能充分发挥阅读推广功能。例如，莫斯科中国文化中心每年 5 月的最后一周会举行与图书相关的系列活动。"品读中国"读书周是莫斯科中国文化中心在充分考虑俄罗斯民情并结合俄罗斯当地汉学研究资源的基础上创立的自主品牌，旨在通过图书这一人类知识的载体和传播媒介，为热爱阅读的俄罗斯朋友们开启了解中国文化的窗口[5]。馆藏图书展示、新书发布会、读者有奖征文、专题讲座、论坛等均在这一品牌活动框架内。中国经典唐宋诗词鉴赏讲座、当代优秀文学作品俄文版图书推介会等系列推广活动，受到广大读者的欢迎。

2.2 信息咨询服务功能

以馆藏文献、数字资源为基础，读者通过到馆、电话、网络等方式，获取多层次的信息咨询服务。随着海外中国文化中心图书馆与国内图书馆合作的扩大和深入，在有限的馆舍空间内，提供更多优质的信息服务，与国内图书馆的文献传递和馆际互借尤为重要。海外中国文化中心图书馆还可提供各种信息领域的文献代检代查、提供专题咨询，以支持驻在国学者、汉学家针对特定问题开展专题研究。

2.3 文化教育功能

海外中国文化图书馆工作与文化中心的教学培训、文化活动相结合，发挥教育功能。支持教学，为课程配备相应的阅读计划及辅导教材，各式学习活动规划和学习指南，补充教育资源。可在图书馆内设置汉语学习专架、文化专题专架，方便中心学员借阅。配合文化教育活动，推出专题教育资源服务。搜集各种专题文献资源，以网上资源导航和多媒体方式进行展示。

2.4 文化休闲功能

海外中国文化中心图书馆既要满足读者增长知识、学术研究的需求，还要为读者提供适宜的休闲阅读资料、电影欣赏、音乐等，满足读者的文化需求，放松心情，陶冶情操。莫斯科中国文化中心图书馆与中央电视台俄语频道达成合作共识，为读者播放多部制作精美的、有俄语配音的有关中国文化、历史、地理、民俗的汉语教学纪录片。这样，读者在休闲娱乐中就学习了有关中国的知识，对中国加深了了解和认同。此外，还与国内著名电子书提供商合作，为读者提供更多阅读载体选择，让中国文化产品通过更多途径走出去。

3 关于海外中国文化中心图书馆未来发展的思考

3.1 加强图书馆的文献信息资源建设

文献信息资源是图书馆服务的基础，资源建设是图书馆的一项核心功能与关键能力。目前已成立的海外中国文化中心图书馆都建立了开放灵活的藏、借、阅、查一体的新型服务模式，藏书全部向读者开放。海外中国文化中心图书馆以现代化信息技术为基础，融合数字图书馆与传统图书馆功能，使之成为当地民众增长中国文化知识，获取信息的重要场所。为更好地利用海外中国文化中心图书馆的平台，传播中国文化和信息，图书馆的文献资源建设和数字资源建设仍需继续完善和加强。

对莫斯科中国文化中心图书馆外借流通量进行统计，结果显示：文学类、语言类、艺术类、历史类、哲学类图书占据借阅分类的前五名，借阅数量明显高于其他类别。各海外中国文化中心图书馆在补充新文献时，可依据读者借阅类别的统计数据的高低，有选择性地选取图书。笔者认为可重点选择以下几类图书：年度畅销书，获奖图书，文史哲类图书，政治、经济类图书。

要从制度上保障国内文化、出版等机构向海外中国文化中心图书馆定期推选优秀的图书和多媒体数字资源，避免馆藏文献资源补充的无计划性、无目的性，以便在海外中国文化中心图书馆的有限空间内提高馆藏图书质量，保证实用性。以莫斯科中国文化中心图书馆为例，馆藏文献的主要补充来源是国家新闻出版广电总局、国内相关省级图书馆、出版社申请。馆藏图书以中文图书为主，由于部分俄罗斯读者虽对中国文化很感兴趣，但又不懂汉语，所以还要选取一定量的俄文、英文图书以提供借阅服务。为更好满足各类读者的需求，各海外中国文化中心可考虑设置专项购书经费，以便从当地采购与中国有关的俄文图书。在俄罗斯，比如中国古典长篇小说四大名著、《论语》、《孙子兵法》、《庄子》、《道德经》，以及鲁迅、郭沫若、莫言等现当代作家的作品，均已被翻译成俄文并在当地出版。

3.2 提升图书馆工作人员的专业水平与能力

目前海外中国文化中心图书馆的建设，基本上是在考虑满足当地读者的借阅需求基础上，在中心的指导下和图书馆员自身摸索下进行的。因此，建议定期举行海外中国文化中心图书馆馆员的业务培训与交流。制定统一的海外中心图书馆发展规范及工作条例，加强专业性指导。

海外中国文化中心图书馆工作人员队伍不稳定，图书馆专业出身的工作人员较少。同时，海外中国文化中心图书馆工作人员与中心其他工作人员一样，由于"活动频繁，导致各海外中国文化中心工作人员缺乏，许多工作无法正常开展，一遇到多项工作同时进行时，便分身乏术"[1]202。因此对海外中国文化中心图书馆工作人员的选募，应更注重专业性，选派、储备一些专业的、熟知图书馆业务、有一定文史哲功底、"三观"正确的文化工作者充实到各海外中国文化中心图书馆。

图书馆工作人员要不断学习，深入掌握驻在国的文化和中国文化的精髓。中国文化能否被驻在国民众接受，这对图书馆工作人员也是一个考验。驻在国的民众会依据自己的价值观和文化背景来理解中国文化、阅读中国书籍，例如，中国传统美德故事"孔融让梨"体现的是谦让待人的美德，而有些国外受众的理解反而是孔融不诚实。不同的文化背景产生了巨大的观念差异。"只强调不同文化之间的相异性，就很难达到理解和沟通的目的，但如若不强调相异性，则又会发生混同融合等情形。差异建立在对自身充分了解、充分认识并足够理解对方的基础上，它需要一个共同的前提：即平和的心态、双方想要相互了解的渴望。"[6]因此，充分了解自己和对方的文化背景也是一个重要的前提，这方面只有通过不断学习和接触来完善。

3.3 创新图书馆的服务方式

（1）目前各海外中国文化中心的服务时间一般仅限于工作日，休息日和晚上由于工作人员有限也常常闭馆，限制了图书馆服务。因此要适当增加图书馆工作人员，以延长图书馆的工作时间，使图书馆的资源可以更方便地为驻在国民众便利使用。

（2）海外中国文化中心图书馆也要将服务延伸出去，走进华侨，走进华文教育。各海外中国文化中心在本馆范围内提供信息服务的同时，更要加强馆外服务的力度。华侨华人在海外分布极广，再加上我国近年驻外企业、机构的人员及其家属，构成了一个庞大的对华语教育有一定需求的群体。一些当地接受教育的华人后代，"已经无法从祖辈处把中国传统文化继承下来，这也是当前海外华人社会面临的'新的认同困境'"[7]。事实上，各海外中国文化中心一直在积极尝试与当地教育机构合作，如新西兰中国文化中心与惠灵顿中文学校合作，不仅向中文学校的学生提供乐器培训等服务，也在学习中国经典著作方面开展合作。海外中国文化中心图书馆逐步走入华人社区、华人团体、华语学校，向他们推荐合适的书籍，使海外华人成为承载、宣传中国文化重要力量。

（3）图书馆服务与教育培训相结合。海外中国文化中心图书馆可设置中文学习专架、提供汉语水平考试资料等服务，扩大读者范围，提高图书馆资源的使用率。当前我国凭借其不断增长的经济实力，在国际上影响逐渐加大。以俄罗斯为例，2019年起俄罗斯将中文纳入国家统一考试外语科目，很多俄罗斯父母从小就培养孩子学习中文。这些学习中文的俄罗斯人也将成为中俄交流的桥梁。随着学员数量的增加和其中文水平的提高，海外中国文化中心图书馆的教育功能将得到充分发挥。

3.4 探索图书馆与文化机构的互动合作

各海外中国文化中心图书馆能更方便地了解所在国读者的兴趣和关注点，可由中心图书馆将读者需求反映给国内翻译界，以便有针对性地翻译一些书籍，将这些书籍更好地介绍到国外。中国翻译协会副会长黄友义在2017年访问古巴时，古巴全国人民政权代表大会副主席就提出请中方赠送一批介绍中国政治、经济和文化的西班牙文版图书，英文版也可以，透露出了解中国的迫切心情[8]。可以看出，世界各国对于了解中国的愿望很迫切，海外中国文化中心图书馆对于了解和传递这种愿望独具优势，可积极加强与国内外相关机构的合作。

海外中国文化中心在驻在国影响力是很有限的，应尝试与驻在国的有关文化机构的合作，以便利用驻在国的文化网络和资源，扩大服务覆盖范围。很多海外文化中心图书馆在这方面做了很多有益的尝试。毛里求斯中国文化中心与毛里求斯国家图书馆合作，设立了中国图书角，已经成为毛里求斯民众了解中国的窗口之一。莫斯科中国文化中心与当地文化部门合作，参与"图书馆之夜"活动。2022 年，开罗中国文化中心图书馆向埃及亚历山大图书馆捐赠图书及音像制品，包括阿文版及英文版《习近平谈治国理政》第一卷至第四卷、中文版《习近平谈治国理政》第四卷、《中国辞典》（英文版）以及《世界遗产在中国》、《美丽中国》等系列纪录片。

4 结语

莫斯科中国文化中心图书馆经历了从无到有、从小到大、从默默无闻到拥有一大批忠实读者的变化过程。尽管工作中还存在许多问题，但是通过不断的积极探索和开拓思路，莫斯科中国文化中心图书馆的各项工作得到了推进，图书馆的功能得到很好的发挥。

未来，相信在文化和旅游部的领导下和各海外中国文化中心工作人员的积极努力下，各海外中国文化中心的图书馆在中外文化交流中将发挥更大的作用，不断推动中国文化"走出去"，为实现中华文明与世界其他文明不断地交流、互鉴与融和作出贡献。

参考文献

［1］杨利英. 中国文化"走出去"战略研究［M］. 郑州：郑州大学出版社，2017.

［2］文化和旅游部 2022 年文化和旅游发展统计公报［EB / OL］.［2023-07-13］. https://zwgk.mct.gov.cn/zfxxgkml/tjxx/202307/t20230713_945922.html.

［3］刘晓琳. 全球联动 2018 年"中国文创产品展示周"拉开帷幕［J］. 中外文化交流，2018（4）：11-13.

［4］屈菡.中国文化中心数字图书馆上线［N］.中国文化报，2016-12-30（2）.

［5］宋振佳.莫斯科中国文化中心：助文旅融合 促民心相通［J］.中外文化交流，2022（9）：31-35.

［6］于丹.促进文明互鉴语境下中国文化元素的有效传播［N］.中国文化报，2018-06-15（3）.

［7］张西平，管永前.中国文化"走出去"研究总论［M］.北京：北京大学出版社，2016：37.

［8］黄友义.服务改革开放 40 年，翻译实践与翻译教育迎来转型发展的新时代［J］.中国翻译，2018（3）：5-8.

公共图书馆开展智库服务的思考

——以首都图书馆的实践为例

周　莉①

摘　要： 本文通过调研当前公共图书馆的智库服务，结合首都图书馆的该项工作现状，提出对公共图书馆开展智库服务的思考与建议。建议公共图书馆以智库服务为契机提高图书馆决策咨询服务能力，促进图书馆决策咨询服务深化升级和创新发展。

关键词： 公共图书馆；智库服务；决策咨询；首都图书馆

0　引言

近年来，智库在各国社会经济发展和国际事务的处理中发挥越来越重要的作用。党的十八大以来，以习近平同志为核心的党中央对智库建设高度重视，中国特色新型智库建设随之迎来了重大的战略机遇期。文化和旅游部于 2017 年印发的《省级（副省级）图书馆等级必备条件和评估标准》，首次将智库服务纳入图书馆效能评估指标；2021 年颁布的《"十四五"公共文化服务体系建设规划》中也要求"推进公共图书馆功能转型升级，围绕当地经济社会发展战略任务，积极配合各级党委政府中心工作和社会领域发展重点，充分发挥文献保障和智库作用，建设区域创新文献支持中

---

①　周莉，首都图书馆馆员，信息咨询中心副主任。研究方向：参考咨询、决策咨询。

心"[1]。由此可见，发挥公共图书馆的智库作用已成为公共图书馆业务深化升级和创新发展的必然要求。

1 公共图书馆开展智库服务的相关研究综述

智库（Think Tank）的概念源自美国，最早出现在《纽约时报》1967年6月刊载的一组介绍兰德公司等机构的文章中[2]，是指由各领域专家组成的，为决策者出谋划策，提供最佳理论、策略、方法、思想等的公共研究机构。回顾国外智库的历史发展，很多享有盛名的智库如美国国会图书馆下设的国会研究部、胡佛研究所（前身为胡佛战争图书馆）、国际图联的议会图书馆与研究服务委员会（Library and Research Services for Parliaments）等都和图书馆有着密不可分的关系[3]。在国内也有高校图书馆研究者较早提出智库是图书馆发展的新机遇，指出"图书馆拥有丰富的文献信息资源及多学科专家力量，并兼具调研课题的成功经验及稳定的经费来源，有条件建立智库"[4]。

随着中国特色新型智库建设成为一项重要的国家战略[5]，图书馆开展智库服务的相关研究日益增多，优化资源建设，提升咨询服务深度、水平，积极参与智库建设逐渐成为图书馆对于未来发展的共识。如初景利等指出，图书馆与智库具有紧密的关系，也应该在智库建设中有所作为。图书馆要循序渐进地参与智库的研究、建设与服务，将图书馆的传统服务能力提升到智库服务能力[6]。王世伟则提出，国家图书馆和各省市公共图书馆作为公共图书馆决策咨询工作的主体，应当以公共图书馆事业和文化事业发展的战略问题以及公共服务与管理政策为主要研究对象，以公共图书馆事业和文化事业的政策研究咨询为主攻方向，以新时代的新作为融入中国特色新型智库体系之中[7]。

关于图书馆如何开展智库服务工作，学者们从多角度展开论述。从服务对象看，图书馆的智库服务体现于为智库、政府，即决策的"外脑""内脑"提供信息服务。2011年王世伟就提出，情报机构要充分发挥在智库中的前端作用，发挥智库之智库的功能，为智库提供信息和智力的支撑[8]。丁祖峰提出，公共图书馆应抓住新机遇，着力强化决策服务功能，进一步在智库服务中体现自身的价值，主动担负起为政府决策提供文献信息资源的职能，为政府"内脑"提供信息和智力支持[9]。从资源建设和服务提升角度，张燕认为图书情报部门的智库服务要围绕智库研究需要来建设资源，围绕智库作用发挥创新服务来开展[10]。

落实到具体服务，黄如花等认为，作为知识存储和中介机构，图书情报机构能够在直接提供智库服务、知识咨询服务、情报技术支持、信息计量服务、智库成果复用等多方面服务新型智库建设[11]。初景利认为，图书馆支撑智库建设的路径包括开展智库基础研究、提升智库支撑服务、开展智库专题服务、图书馆自身智库研究；当前图书馆在这方面的任务是循序渐进地参与智库的研究、建设与服务，将图书馆的传统服务能力提升到智库服务能力[6]。

关于智库服务理念对参考咨询、决策咨询工作的新要求，初景利教授指出，如果图书馆把参考咨询发展为知识咨询，进而再发展为政策咨询，那么与智库的功能就具有密切的关系，或本身就发挥了智库的作用[6]。王世伟也指出，中国特色公共图书馆新型智库建设的未来发展在面向未来的深化决策咨询服务中，公共图书馆智库建设需要在服务国家和地方政府文化决策和政策咨询中进一步提升智库建设的能级，努力实现公共图书馆智库的创新转型与发展蝶变[12]。国家图书馆李春明等提出，各级公共图书馆应开拓创新、利用资源优势、协同业内合作，为政府提供优质的信息和咨询服务，向智库建设转型[13]。可见，现阶段根据图书馆自身情况，以智库建设理念为引领，以智库建设标准为目标，提升公共图书馆决策咨询服务深度和水平，逐渐实现向智库服务的转型已成为学界和业界的共识。

综上所述，笔者认为现阶段公共图书馆发挥智库作用主要体现在两个方面。一方面，以图书馆丰富的资源为基础，以图书馆学、情报学的专业方法为指导，辅助决策机构检索、挖掘、整合、利用相关文献信息，深度揭示众多信息、研究成果的发展脉络与内在联系，并在此基础上形成研究报告、要报提案、快讯简报、内参等一系列类型的情报产品，为某项政策性问题提出观点和意见[14]。另一方面，积极参与某些工作领域的智库建设，即公共图书馆可以根据其工作性质加入文旅行业的智库建设，或者立足自身资源优势与服务经验、服务特色进行情报研究，逐步构建某学科、领域智库。2021 年 8 月，国家图书馆被文化和旅游部列为首批文化和旅游行业智库建设试点单位，从事决策咨询研究、海外中国问题研究、智慧图书馆研究等[15]。上海图书馆作为首批上海重点智库之一、国家文化和旅游研究基地，在其制定的十四五规划中提出要"聚焦科技前沿、新兴产业和国际大都市三大方向，有效支撑政府决策和企业创新，建成国内领先的公共科技智库"[16]。

由于篇幅所限，下文主要从公共图书馆如何提高决策咨询服务水平、发挥智库服务功能的问题出发，结合首都图书馆相关工作实践进行介绍、探讨。

2　首都图书馆决策咨询服务实践

首都图书馆信息咨询中心自 2005 年开始为北京市各级党政领导机关提供决策咨询服务，服务对象包括市委、市人大、市文旅局等多家机构。中心的服务方式多为通过与市党政领导机关文献信息服务保障机构如信息室、秘书机构、研究室、图书馆等机构进行合作，间接为相关机构的决策层提供文献信息服务。具体服务内容介绍如下：

2.1　通过信息产品建设，提供多种形式的决策信息服务

2.1.1　围绕北京城市建设发展，提供专题文献汇编

自 2018 年起，首都图书馆每月为北京市委信息综合室提供北京市重点工作相关文献汇编——《北京城市建设与发展》。汇编内容围绕北京市委、市政府当年工作重点、要点，结合北京城市发展定位、中长期规划，检索、整理近期发表的期刊论文、皮书报告等中文文献。汇编的常设主题有北京城市建设管理、大都市发展研究、京津冀协同发展等，也根据政府部门阶

段性工作要求，增设短期主题。《北京城市建设与发展》为决策机构及时了解北京城市建设发展研究动态、国际城市相关经验做法等内容提供了参考与借鉴。

2.1.2 跟踪智库成果，提供智库观点摘编

应北京市委相关部门需求，自 2022 年首都图书馆创办信息摘编产品《智库观点要览》。《智库观点要览》立足于深刻把握和全面理解"国之大者"治国理念和工作方法的要求，对全国各类知名智库、著名专家学者近期公开发表的国际国内形势研判、时事热点分析、措施与政策建议等内容进行筛选和摘编，提供资政参考。智库作为独立、专业、权威的研究机构，其观点不仅能够提供有价值的信息和建议，对于促进政策的科学化、透明化、独立性和公众参与方面也具有极为重要的意义。跟踪高端智库、重点智库的重要研究成果发布，全面及时了解权威专家学者的观点建议，是政府决策过程中不可忽视的环节。提供智库研究成果的相关文献服务，也彰显了图书馆的智库服务价值。

2.1.3 聚焦国际大都市发展经验，为北京城市建设提供参考借鉴

北京作为首善之区、超大型城市，规划引领高质量发展，破解城市治理难题，是北京市政府管理者面临的艰巨挑战。对标国际一流，提供国际城市的经验做法，能够为北京城市建设提供宝贵的样本和经验借鉴。《国际都市观察》创办于 2022 年，跟踪国际大都市社会经济、产业发展、政策发布、规划实施、治理经验等多方面内容，由外文资料直接编译整理，以短篇呈现。《国际都市观察》对照建设国际一流和谐宜居之都的战略目标，坚持国际视野，在创办不久就有多篇报告被服务用户录用并获得市领导批示。

2.1.4 图书推荐服务，为科学决策提供精神动力和智力支持

习近平总书记多次强调领导干部要善读书，做到阅读与思考的统一；并指出读书学习是领导干部加强党性修养、坚定理想信念、提升精神境界的一个重要途径。首都图书馆以编辑《图书推荐》的服务形式，定期为北京市委相关部门提供专题书目、热点书目、新书推荐，助其修身养志、提升思维、增强执政能力。《图书推荐》书目选题小组在提前与服务用户沟通用书需求的基础上，广泛关注各类书目推荐榜单、公众号推送、网站荐购

等信息渠道，综合考虑机关工作者日常工作、政治学习、视野开阔、素养技能提升等多方面用书需要，精选权威作者、权威机构、权威专家推荐书籍进行推送。推荐内容包含图书基本信息、内容介绍、作者介绍等。《图书推荐》在帮助机关工作者节省精力、精选好书的同时，满足了用户多样化、个性化的用书需求，深受机关用户欢迎。

2.2　开展专题信息服务，辅助日常决策工作需要

近年来，首都图书馆决策咨询服务紧跟北京市委、市政府工作计划实施、调查研究需要，为相关服务单位提供了大量的专题信息服务，涉及政治、经济、科技、民生多个领域。咨询馆员在事先学习了解相关专题内涵、梳理研究脉络、沟通确定文献取用标准后，凭借图书馆多样化的信息获取渠道以及检索专长，在短时间内尽可能全面准确地为用户单位提供高质量的专题信息。专题信息服务为政府部门快速了解相关主题学术研究成果，参考多方意见建议，科学部署工作提供了文献保障与决策支撑。

2.3　开展舆情报送工作

为党政机关报送舆情信息，建立舆情汇集与分析机制，是图书馆开展决策咨询服务的重要方式。科学决策根源于对社情民意全面真实的掌握。2017—2018 年期间，首都图书馆每日为委托单位报送境外媒体对北京市及 2022 年北京冬奥会的各类报道。这一工作的顺利开展有利于帮助相关部门及时发现问题，快速响应，优先把握问题处置的主动权。

2.4　参加图书馆智库联盟与工作合作

2015 年，首都图书馆参加了国家图书馆发起的立法决策服务平台的建设，负责北京地区相关资料模块搭建。2019 年在国家图书馆的牵头下，首都图书馆参与了国家图书馆组织的《京津冀科技协同创新分析报告》的内容撰写。

2023 年，首都图书馆联合河北省图书馆、天津图书馆建设成立了"京津冀图书馆联盟智库建设工作委员会"，以此加强京津冀三地公共图书馆智

库建设与服务的交流与合作，提升三地公共图书馆立法服务、决策服务的质量与水平。

3 首都图书馆开展智库服务的困难与问题

对于图书馆开展智库服务的不足与困境，王世伟认为，公共图书馆新型智库还缺乏更多特色鲜明和长期关注的决策咨询研究领域及其研究成果，尚未形成健全的治理结构及组织章程，既无有保障和可持续的资金来源，也无为智库服务的功能完备的信息采集分析系统，还缺乏"顶天立地"的前瞻性、针对性和储备性的研究[12]。吴建中指出，图书情报工作者的不足主要体现在缺乏学科背景或专业经验上。因此，图书情报工作者在开展决策咨询服务的时候，更需要注重证据和数据的收集和分析，并在此基础上加强与用户之间的沟通。引入循证实践，提升决策咨询服务的精准度[15]。一项面向23家省级公共图书馆的调查显示，公共图书馆当下开展智库服务普遍面临缺乏顶层设计、高端人才不足、经费不足、缺乏专业代表性人物等困难，多数图书馆在服务开展中感到经费不足、参考源不足、也没有形成有效的智库联盟。许多公共图书馆还未形成特色化服务战略，缺乏成果转化的渠道和与用户的有效交流[17]。

结合工作现状，首都图书馆决策咨询服务的困境与问题主要体现为以下两点：

3.1 服务深度亟须从浅层次的决策咨询服务向高水平的智库服务提升

由于资源、能力、经验等限制，首都图书馆目前对党政领导机关的智库服务，多数还处在浅层决策咨询服务阶段，以提供文献信息为主，未能深度参与政府的决策过程。信息产品对知识的加工提炼、分析深度不够，工具运用较少，综合分析和研究能力均有不足，因而难于形成高水平的研究成果。

3.2 智库服务定位还不明确，智库建设意识不足

对于如何提高智库服务定位还不明确，路径还不清晰。缺少专业智库高水平人才引领，缺乏相关理论经验指导。在智库建设中虽有设想，但行动力不足。虽进行了不少选题调研工作，但相关研究进展缓慢。

4 公共图书馆开展智库服务的建议

4.1 完善顶层设计，做好资源建设、人才培养

明确做好智库服务、做好特色智库建设两项任务目标，制定相关工作规划、计划。加强对公共图书馆开展智库服务的理论方法研究，通过课题科研立项调研国内外智库服务运作机制、经费保障、人员设置等相关管理问题。通过文献研究、实践交流等方式，丰富完善开展智库具体工作的理论和经验方法。

面向图书馆智库建设要求，公共图书馆要加强资源、人员倾斜力度。在资源采购、建设上充分考虑智库服务的需求，围绕智库需求组织资源，提高资源的全面性和专业性。图书馆员要重视网络信息源的发现、收集和整理工作，针对问题方向建立智库信息源清单。

在人才建设上，公共图书馆要优化学科人才配置，充分挖掘单位内部的人才潜力。根据工作需要适当引进具有相关学科背景、工作经验的高学历专业人才。在政策允许的范围内给予从事智库服务工作的馆员以相应激励，提高馆员积极性。

4.2 围绕本地区决策需求，明确智库服务意识、强化主动服务意识

公共图书馆提供精准服务的基础是对政府部门工作内容的充分了解。做好决策咨询服务，要求图书馆员通过各种渠道主动了解政府相关工作动

态，把握政府日常工作的"需求点""关键点"，找准图书馆服务的"切入点""发力点"，辅助解决决策过程中的"痛点""难点"。建议图书馆员定期开展用户走访交流，积极参与政府工作调研。提高与用户沟通、进行服务推介的主动性，重视意见反馈，及时改进工作方法，调整服务方案，以便提供最佳结果。

首都图书馆开展智库服务建设，要深刻把握习近平总书记对北京系列指示批示精神，立足北京市首都功能定位，围绕"四个中心"功能建设、"五子"联动相关要求、京津冀协同发展的战略规划，打造首都特色的智库服务体系。在实践工作中加大深层次的研究型信息产品的开发，细化需求内容方向，丰富信息产品种类，更加主动地进行产品推送。

4.3 拓宽信息获取渠道，丰富智库服务的手段方法

建议公共图书馆决策咨询服务馆员在工作中要提高情报的检索收集能力，拓宽检索渠道，优化检索技巧，提升信息挖掘深度，提高决策咨询服务的前瞻性、时效性和准确性。加强对文献分析研究工具及方法的学习和运用，突出服务的"智"字。

面临海量、无序、即时的数据，公共图书馆需通过向专门大数据处理服务公司购买相关软件，以满足舆情监测分析、专利分析、文献分析等需求。面对大数据技术、物联网技术和人工智能等新兴信息技术，公共图书馆智库服务要与时俱进，加以重视并合理利用，使其成为推动智库服务发展的动能。

同时，为及时有效跟踪相关研究进展，获得一手研究资料，建议公共图书馆加强与高校、科研院所的联系，加强与其他智库的战略合作，促进其有决策参考价值的研究成果及时获得关注。公共图书馆也可以成为政府与研究机构之间的桥梁，向智库研究机构转达相关研究需求，促进双方深入合作。

4.4 加强面向智库服务的平台搭建和数据库建设

建议搭建公共图书馆网上智库服务平台，汇集重点资讯、信息检索、

参考咨询、自建专题数据库、信息产品展示、资源网站导航等内容。智库服务平台搭建，有利于公共图书馆推广决策咨询服务及产品，方便用户查阅和利用图书馆资源，也是政府部门与公共图书馆沟通交流的平台。除了网页搭建，公共图书馆还可充分利用微博、公众号等平台作为自身智库服务宣传推广的渠道，发布相关成果，提供研究动态资讯。

此外，建议公共图书馆结合日常智库服务工作成果，建立区域性、专题性的研究成果数据库，并提供分类索引和信息检索功能。

4.5 加强地区合作、业界联合

为更好实现公共图书馆各项资源的共享、共建，我国许多区域内的公共图书馆组成了区域图书馆联盟。公共图书馆智库联盟也成为实现图书馆合力开展决策咨询服务、智库服务的必然选择。例如，2019年成立的"长三角智库服务联盟"就是区域性智库联盟的代表；湖南图书馆加入了由湖南省人民政府参事室等10家单位于2014年发起成立的湖南智库联盟；苏州工业园区图书馆于2019年联合来自政府、高校、社会、企业等27家单位组建了金鸡湖智库联盟，等等。

在京津冀协同发展的大背景下，京津冀三地公共图书馆之间也加强了合作的力度，大力推动资源共享、经验交流、项目合作。2023年，首都图书馆联合河北省图书馆、天津图书馆建设成立了"京津冀图书馆联盟智库建设工作委员会"，这是京津冀区域合作的良好开端。下一步要学习外省市地区智库联盟的工作经验，加强相关方面研究，在实践中摸索适合本区域发展的联合路径。

5 结语

公共图书馆开展智库服务现期还面临着定位不明确、路径不清晰、能力不足等问题，还需要开展大量的研究工作以便将理念落地为实践指导。在这一过程中，公共图书馆亟须各领域智库专家、业界同仁出谋划策，共同商讨对策方案。不容置疑的是，面向智库工作需要，提高决策咨询服务能力为公共图书馆未来发展指明了方向，公共图书馆应以此作为深化升级、创新发展的契机，勇于探索实践，提升服务水平，联合各领域力量，共同进步。

参考文献

［1］"十四五"公共文化服务体系建设规划［EB/OL］.（2021-06-10）［2022-06-01］.http://www.gov.cn/zhengce/zhengceku/2021-06/23/5620456/files/d8b05fe78e7442b8b5ee94133417b984.pdf.

［2］吴寄南.浅析智库在日本外交决策中的作用［J］.日本学刊，2008（3）：16-28，157.

［3］吴育良.从胡佛研究所的转型谈地方社科院图书馆在智库中的新定位［J］.新世纪图书馆，2012（11）：83-85.

［4］张燕蕾.智库：图书馆发展的新机遇［J］.图书馆学研究，2009（11）：5-7.

［5］中共中央办公厅、国务院办公厅印发《关于加强中国特色新型智库建设的意见》［EB/OL］.［2023-06-01］.https://www.gov.cn/xinwen/2015-01/20/content_2807126.htm.

［6］初景利，唐果媛.图书馆与智库［J］.图书情报工作，2018（1）：46-53.

［7］王世伟.公共图书馆决策咨询工作面临的三大挑战与发展定位［J］.图书馆杂志，2018（6）：4-10.

［8］王世伟.试析情报工作在智库中的前端作用——以上海社会科学院信息研究所为例［J］.情报资料工作，2011（2）：92-96.

［9］丁祖峰.公共图书馆为政府新型智库建设提供决策信息服务的思考［J］.新世纪图书馆，2016（12）：17-20.

［10］张燕.图书情报机构服务智库建设研究［J］.中国信息化，2023（6）：106-108.

［11］黄如花，李白杨，饶雪瑜.面向新型智库建设的知识服务：图书情报机构的新机遇［J］.图书馆，2015（5）：6-9.

［12］王世伟.论中国特色公共图书馆新型智库建设的定位与发展［J］.情报资料工作，2020（5）：14-22.

［13］李春明，杜照熙，薛雪，等.公共图书馆为国家立法和决策服务的模式与路径研究——以国家图书馆为例［J］.图书馆，2022（11）：92-97.

［14］魏秀玲.党校图书馆服务智库建设策略研究［J］.智库理论与实践，2021（6）：95-101.

［15］吴建中.图书馆决策咨询服务的课题与对策——从国际图联议会图书馆与研究服务专业组的热门话题谈起［J］.国家图书馆学刊，2021（6）：3-8.

［16］陈超，马春.上海图书馆（上海科学技术情报研究所）"十四五"发展规划纲要［J］.数字图书馆论坛，2021（5）：37-44.

［17］陈茜，刘煦赞.公共图书馆准智库建设及其特色服务研究［J］.图书馆，2022（12）：15-21.

政府在购买图书馆公共服务过程中的风险防控

陈　硕　付唯莉 ①

摘　要： 由政府、社会组织、社会公众及公共图书馆等多元主体共同参与的政府购买图书馆公共服务是一项复杂的系统工程。通过分析购买服务的行动者、市场、购买模式中所存在的一些风险因素，提出采取全过程规范化操作、引入市场竞争机制、形式多样化、提高购买服务的专业化水平、建立科学合理的绩效评估机制、明确各方职责、厘清职能边界、出台图书馆专业标准及细则来进行风险防范的观点。

关键词： 政府购买服务；公共图书馆；公共服务；风险防控；过程控制

0　引言

　　我国目前所开展的政府购买图书馆公共服务的内涵实际上就是政府使用公共财政资金，从社会组织那里购买公共图书馆服务，然后提供给社会公众的过程。这其中，政府是购买服务的主体，营利性或非营利性社会组织是图书馆服务的提供商，而公共图书馆是与之有关联的利益相关者，社会公众则是图书馆服务的受益者[1]。从系统学的角度来看，这个由多元主体参与的政府购买图书馆公共服务的过程是一个不断循环、持续改进的过程，而这些多元主体又是政府购买图书馆公共服务过程中至关重要的节点，它对于保障最终绩效目标的实现具有重要的作用。

　　政府购买图书馆公共服务的势头在我国发展迅速，与其相关的研究主

---

① 陈硕，首都图书馆馆员；付唯莉，首都图书馆馆员。

要包括了政府购买图书馆公共服务模式[2-3]、具体购买案例分析[4-5]、管理与评价[6]、绩效考核[7]以及政府购买公共文化服务对于当今图书馆的影响[8]等方面。对于政府公共图书馆服务购买过程中所产生的多重风险点，以及如何进行规范化的操作以规避风险的研究则相对较少，这说明这些问题还未引起业界的足够重视。本文分析了政府购买图书馆服务中存在的风险因素，同时提出了风险防控的手段，旨在引起业界同仁的关注。

1 政府购买图书馆公共服务风险因素分析

1.1 政府购买图书馆公共服务过程解析

由多元主体参与政府购买图书馆公共服务的过程是相对复杂的，其中包括了政府（图书馆服务购买方）、社会组织（图书馆服务提供方）、公共图书馆（图书馆服务利益相关者）、社会公众（图书馆服务消费者）等相关方。

1.2 政府购买图书馆公共服务风险因素分析

事实证明，政府购买服务所涉及的行动者、市场、购买模式以及公共图书馆等多元主体均隐含着风险。

1.2.1 涉及行动者的风险

首先是服务购买方，即政府人员。在购买过程中，政府人员必须对购买内容明确地划定边界，但这并非易事。传统的公共服务，如物业、安保、图书采购、文献扫描等有形服务，相对更容易界定，而有些服务就比较难以界定；其次，在公共图书馆服务具体价格上、质量要求上也难以准确地界定。此外一些政府直接资助的项目，如果没有事先较好的顶层设计以及严格的操作规范，实施起来则要更加困难。政府在购买图书馆公共服务的决策过程中，容易受到时间、注意力、价值观、认知、规则等方面的限制。由于政府人员在认识上具有局限性，同时公共图书馆又是一个具有专业性质的机构，这就使得他们在购买服务时，在获取相关有效信息方面存在着障碍，这样的结果就会使政府人员难以准确判断各个服务商的资质、信誉、服务能力等，最终导致作出错误的判断。

其次是服务提供方，即社会组织。在政府购买图书馆公共服务的框架下，在"政府—政府官员—服务提供商—社会公众"的多重关系中，对于社会公众需求和政府官员的要求，服务提供商都得要尽力满足，因此，他们会尽力地去满足政府官员的购买目标及要求。尽管社会公众是公共图书馆服务的最终消费者，但其需求并不是具体的、集中的、有形的，因此他们的需求往往会被服务提供商给忽视掉。

第三是服务消费方，即社会公众。作为图书馆公共服务的最终消费者，社会公众在整个过程中处于基本缺席的状态，从而导致了政府所购买的服务常常难以满足社会公众的需求，服务质量很难得到保证。

1.2.2 涉及市场的风险

公共图书馆服务的市场容量是十分有限的。在这个市场中，还面临着技术、政策等多重因素的影响，极易被服务供应商垄断，导致政府要去支付更多的费用来购买服务。因为在市场匮乏、"供小于求"的状态下，服务供应商之间会倾向于结成价格联盟，以实现自身利益的最大化。同时也使得政府购买图书馆服务的最终绩效目标大打折扣。与通常的产品相比，"图书馆服务"这个产品的特性是"若非政府需要，市场根本不会生产"。当前，我国图书馆公共服务的市场虽然有所发展，但其数量、质量都还不能满足市场的需求。从某种角度来看，政府所需的图书馆服务市场其实并不存在，即便有也存在着服务价格无法精确确定、服务提供商的运行机制不够完善、参与市场竞标的服务商数量少、招标过程中存在不规范现象等问题。

1.2.3 涉及购买模式的风险

在多元主体参与购买的背景之下，在服务提供商中出现了委托—代理关系的复杂局面。同时这种委托—代理关系极易导致信息不对等、利益纠纷等问题，从而导致了政府购买服务的监管机制失灵，还可能出现当政府部门购买某个图书馆项目时，权力、资本、社会资源的高度集中，极易出现"形象工程""面子工程"等问题，甚至滋生严重的腐败现象。

1.2.4 涉及公共图书馆方面的风险

政府购买图书馆公共服务彻底改变了原来由公共图书馆原来垄断独自提供公共服务的局面，更多依赖于市场和社会力量。政府从市场上购买的服务，一类是在维持现有图书馆职能与工作内容的基础上，通过增加资金的投入，从市场上购买更多类型与内容的增量服务；另一类是将公共图书馆中的部分职能、部分工作内容切割下来，向市场上的服务商购买。这样做的结果是，图书馆的工作内容、职能、业务等都可能被拆分得很零乱，从而影响了图书馆不同业务之间的有效衔接，同时还要面临市场竞争的巨大挑战。因此，前一类购买服务与图书馆的业务工作形成了合作共赢的关系，而后一类购买服务则与图书馆的业务工作形成了明显的竞争关系，在一定程度上可能会造成图书馆内部的凝聚力涣散、专业人才流失、员工的学习与创新能力削弱的问题[9]。

2 政府购买图书馆公共服务的风险防控

2.1 购买全过程规范化操作

首先要确定所购买服务的内容项目、数量、质量等，同时制定相关标准。由政府人员、社会公众以及相关领域的专家共同来完成采购方案。同时，政府部门要对即将购买的服务作出科学统筹的规划，包括项目执行时间、资金预算、具体项目、服务提供商的资质、社会评价、建立准入制度、选择服务商、损害赔偿、资金来源、支付方式、业务监督、审计监督、绩效评价等。此外，政府部门要在事前、事中、事后，全程向社会公开所有信息内容。政府应采用公开招标的方式，向社会组织公布招标方式、参与者数量、参与者资质、招标的结果。在具体的购买过程中要遵循公平竞争、综合评价的原则，同时建立必要的监督机制，从内部监督、纪检、监察、审计等角度来审查购买服务的预算、服务商资质、合同执行、项目验收、结算方式等。

2.2　引入市场竞争机制

在购买过程中，要清晰地划分政府与服务市场、政府与公共图书馆、政府与服务提供商、公共图书馆与服务提供商之间的权利界限。将提供公共服务的部分权利实实在在地下放给市场，以减少政府部门的行政干预，充分发挥市场竞争的机制[10]。同时，还要鼓励社会服务提供商积极参与图书馆服务领域的市场竞争。此外，政府还要下大力培育图书馆服务提供商，增强其为图书馆提供服务的专业能力，为承接服务做好准备。

2.3　购买形式力求多样化

政府可依据服务的内容、数量、对象、服务性质和服务需求等因素采用多样化的方式购买，包括独立竞争购买、非独立竞争购买等合同外包方式，还包括针对特定用户所提供的付费的增值性服务的方式。此外，还有政府采用优惠政策，以补贴的形式，吸引服务商提供公共图书馆服务。政府为特定用户提供的个性化服务。政府批准服务商以特许经营的方式为社会残障人士提供信息服务。政府采用图书集中采选配送的方式建设农村图书馆（室）等。

2.4　提高购买服务的专业化水平

公共图书馆的组织与管理具有专门的理论和专门的工作方法。因此，在购买服务过程中，政府部门应针对公共图书馆服务制定专门的政策和法规，同时细化操作规范。政府部门人员要熟知有关图书馆服务的理论和方法，以提高购买服务的专业化水平。同时还要鼓励和扶持服务商在承包服务工作的基础上，学习有关的法规政策，健全社会组织的内部结构，加强图书馆方面的专业化培训。此外，政府部门和图书馆方面要对服务商的专业服务能力方面提供指导、监督和培训，并对服务人员的职业能力、职业素养进行专业化的等级认证。

2.5 建立科学合理的绩效评估机制

政府要切实从图书馆的职能、服务宗旨、服务对象等方面出发，制定切实可行的绩效评估规范。绩效评估指标可分为政府投入、服务提供商投入和读者满意度调查等指标。指标必须量化，用以检验购买服务的最终效果。

在购买服务中，政府制约服务提供商的依据除了相关法律法规外，还要以服务合同为导向，检验服务商的履约情况，包括提供服务的项目、数量质量指标、执行标准等。同时，还要把服务商的组织管理、资金使用、信誉道德、成本效益和法律风险等内容纳入评估指标，以使评估内容全面化。

借鉴 ISO 9000 有关全程控制的理念，绩效评估应始终贯穿于政府购买图书馆服务的前期调研和实施的整个过程中。评估内容应包括：购买服务计划的科学性、合理性，实施过程中的可操作性，招、投标中的正当性，选择服务提供商的公平性，购买方式的适合性，服务提供商对合同的践约情况、最终服务目标的完成情况等。

绩效评估的最终结果不仅为政府购买新的图书馆服务项目提供政策支持，而且也是政府依据合同兑现服务商服务费用的标准。评估结果必须对社会公开，同时建立激励机制和责任追究机制。对践约情况好的服务商予以奖励；对于部分服务内容未践约的服务商要求其立刻改正；对于评估未达标的服务提供商，应拒绝支付相应费用，并视具体情况终止合同，或追究其民事、刑事责任。对于不按合同履职的服务提供商，政府应将其列入"黑名单"，取消其今后的投标资格。

政府购买图书馆服务中的项目论证、价格确定、成本核算、质量标准设置、绩效、审计等都具有很强的专业性，它不是政府、图书馆这样的组织所能完成的[11]。政府部门或公共图书馆要引入独立的监督机构以确保评估的公平、公正。购买方应组成项目监督管理小组，成员不仅有政府部门的人，还要有图书馆管理专家、学者，社会知名人士，即第三方人员。在我国，第三方主要指律师事务所、会计师事务所、审计事务所、专业调查机构等。第三方监督机制对政府购买图书馆服务的监管十分必要。因为，

2.6　明确各方职责，厘清职能边界

政府部门要从全局的高度来制定购买图书馆服务的政策。各地要在中央的政策精神指导下，科学合理地制定本地区的政策，同时要积极落实具体工作。各部门应在各自的职能范围内明确负责的工作内容。例如，财政部门负责政府购买服务的资金落实、项目论证、经费拨付、绩效评估；民政部门负责对服务商的资质进行审核；监察、审计等部门侧重于对政府购买服务的监管；政府相关部门负责购买服务的实施与跟踪。

2.7　制定科学详细的图书馆业务指标，理顺业务流程

在购买过程中，政府部门可委托图书馆专业人士制定公共图书馆相关业务标准和具体指标，同时理顺各个业务流程之间的关系。公共图书馆业务指标包括数量指标、质量指标、服务效能、读者评价、社会公众评价等。图书馆工作的专业性决定了购买图书馆服务业务指标体系制定及监管的难度，因此，要想使其科学、系统、实用，借鉴历届公共图书馆评估定级的专业指标，以及图书馆各业务岗位标准、细则等作为参考，未尝不是一种可行的办法，而最终制定出台的指标体系必须是科学细化的、系统完整的。对于所购买的服务内容，政府可委派公共图书馆、专业性的监督机构及社会公众代表等进行常态化的监督，以保证其专业性、客观性。

3　结语

政府购买图书馆公共服务是个多元主体参与的复杂工程。如何有效地对其进行监管，是政府部门的主要责任和制度安排。在我国现阶段，政府购买图书馆公共服务的过程中，肯定有许多问题亟待解决。基于此，深入分析和有效研判其中的一些问题，特别是充分挖掘其风险因素进行有效防

控，对于今后政府购买图书馆服务的持续、健康发展起着积极的推动作用。

　　撰写本文的目的是希望业界同仁在长期的实践探索中找出普遍规律可循，从而不断循环改进，致使政府购买图书馆公共服务的各项监督措施能够常态化和规范化，进而提升公共文化服务效能及政府资金的效率，让优质的社会力量充分参与到政府购买图书馆公共服务中来。

参考文献

　　［1］易斌，郭华，易艳．政府购买公共图书馆运营服务的内涵、模式及其发展趋向［J］.图书馆，2016（1）：19-24.

　　［2］刘晓婷，赵胜，赵宇鹏，等.政府购买图书馆公共服务模式研究［J］.图书情报工作，2016（15）：53-58.

　　［3］齐玲阁.从政府包揽到社会供给—实现公共图书馆服务的新型模式［J］.学术论坛，2016（4）：5-9.

　　［4］黄小娟.政府购买公共图书馆服务实践研究——以广东省十所公共图书馆为例［J］.四川图书馆学报，2023（1）：39-44.

　　［5］刘艳.政府购公共图书馆服务案例研究——以首都图书馆大兴机场分馆为例［J］.河南图书馆学刊，2022（6）：4-6.

　　［6］林岫.论政府购买图书馆公共服务的管理与评价［J］.河南图书馆学刊，2018（11）：127-140.

　　［7］麦笃彪.政府购买图书馆公共服务目标管理与绩效考核指标体系探究［J］.晋图学刊，2017（3）：1-5.

　　［8］傅文奇，郭佳蓉.政府购买公共文化服务对图书馆影响研究综述［J］.国家图书馆学刊，2023（1）：97-106.

　　［9］马晓军.政府购买图书馆服务的风险及其防范［J］.图书馆学研究，2016（5）：26-30.

　　［10］陈红.政府购买公共图书馆服务的障碍与未来方向［J］.学术论坛，2015（10）：4-8.

　　［11］郭新萍.政府购买图书馆服务绩效评估初探［J］.图书馆学刊，2015（8）：21-23.

公共图书馆主导的家藏图书共享服务创新模式探索

石　慧　焦凯琳①

摘　要： 在共享阅读理念指导下，公共图书馆将家庭阅读资源纳入公共阅读领域是其在资源建设模式和阅读推广形式上的创新，带来了公共文化服务供给端的革命。本文在梳理分析现有图书共享模式的基础上，提出依托移动互联数据处理技术，在城市范围内构建共享云平台与智能书柜相结合的分布式图书共享机制，为大数据环境下家庭藏书资源的流通与共享提供了可供借鉴的前瞻性技术路线和管理理念。

关键字： 大数据；公共图书馆；图书共享；智能书柜

0　引言

公共图书馆借"力"发展已成为一种趋势。目前公共图书馆通过总分馆制、馆际联盟、区域间合作等不同形式将阅读资源进行整合，在一定程度上缓解了传统借阅服务的资源局限和供需匹配难题。然而，数量庞大的家庭藏书资源一直"游离"于公共阅读服务体系的边缘，如何充分激活民间闲置图书资源，实现社会阅读资源一体化的可持续发展，成为有待解决的问题。

---

① 石慧,济南市图书馆馆员,研究方向:公共图书馆阅读推广,图书馆智慧化建设;焦凯琳,烟台大学图书馆馆员,研究方向:图书馆信息服务。

近几年，诸多独立于公共图书馆的机构与个人在家藏图书共享方面进行了一些尝试，然而却普遍面临运作机制不成熟、盈利模式低效、消费体量有限、用户黏性低等可持续发展的难题。公共图书馆作为图书共享服务的供给主体，在大数据、移动互联等新技术的加持下，应结合自身优势，创新服务模式，以区域间协作为基础，借助"共享云平台＋智能书柜"的形式，搭建线上图书共享平台，提供线下自助借阅服务，构建城市范围内分布式、智能化、立体化的图书共享空间，打造一种全新的公共文化服务业态，满足新时代读者的阅读需要。

1 公共图书馆主导图书共享服务的必要性及意义

1.1 家庭藏书资源有待开发

共享经济的物质基础在于有闲置的物质资源[1]。当前我国家庭藏书资源数量庞大，以广东为例，2019 年获评"书香家庭"的大多数家庭藏书达 3000 册以上，最多达 45000 册；2021 年佛山市家庭平均藏书为 115 册，其中还包括一些家谱、地方文献等稀缺的文化资源[2]。2020 年中国图书市场研究报告显示，2020 年购买图书数量在 8 本以上的线上用户较 2019 年增长 5.1%，买书金额在 500 元以上的用户较 2019 年增长 6.1%，人均购书支出较 2018 年增长 3.3%，读者为知识付费的意愿进一步提升[3]。

家庭藏书资源具有购买主体众多、个性化明显、阅读非循环性的特点[4]，尤其是绘本、儿童文学、科普读物、热门小说等书籍，主要用以满足读者阶段性的阅读需求，它们在使用后被束之高阁的现象较为普遍，造成书籍价值的沉没，且堆积如山的闲置图书也为家庭藏书的管理带来困扰。如果能以共享的方式将这些种类丰富、暂时沉睡的书籍重新唤醒，将有效避免此类资源浪费，助力绿色环保阅读，发挥书籍的最大价值。

1.2 民间图书共享平台的发展面临困境

民间力量发起的图书共享最初主要是线下图书漂流的形式。自2005年起，图书漂流网、漂书网、豆瓣图书漂流等线上图书漂流网站相继建立。作为新生事物，当时社会对图书漂流活动认知程度较低，加上缺乏宣传、漂流站点分布不均衡、图书分类不科学等原因[5]，这些网站最终都未能实现有序发展。

随着信息技术的发展，物联网、大数据、云计算、人工智能、空间定位等技术的普及应用催生了协同式消费，也为图书共享带来新的机遇。图书资源整合与共享类平台不断涌现，它们向用户提供图书交换、交易、捐赠、租赁等服务，详见表1。然而民间图书共享平台普遍面临着可持续发展的难题。有些平台由于缺乏成熟的运作机制，在实际运营中步履维艰；有些平台以营利为目的，但由于用户数量不多，没有形成一定的规模效应，导致入不敷出，最终停滞。读者对民间图书共享平台的体验也不尽如人意：图书种类及数量难以满足阅读需要，且服务单一，导致用户黏性不高；部分平台收取服务费、押金、物流费等，高昂的成本和门槛让读者望而却步；创办主体多是私营机构或个人，公众对民间图书共享平台的持续性、可靠性存在顾虑等。

表 1 社会力量主导的民间图书共享典型模式

共享图书平台	运行载体	运行方式	存在问题
鸟巢图书馆	小木箱小书屋	以书易书、贡献与索取对等	漂流图书质量无法保障；管理不智能；缺乏奖惩机制，存在"搭便车"现象；公众参与意愿不足。
蓝丝带共享图书馆			
在高处图书馆	实体图书馆	持书入驻会员、线上投漂、线下放漂	运营成本高，承担异地借书的物流成本、场地租金和人工成本。
和＋共享图书馆			

共享图书平台	运行载体	运行方式	存在问题
123 图书馆	网络平台	网上下单、快递送书	用户组织松散；图书的押金、服务费、物流费导致用户参与热情不足。借书存在时空延迟，影响阅读体验。
借书人			
摆摆书架			
摩布借书	智能书柜	线下借书	投入成本高、用户阅读成本高。

1.3 公共图书馆主导图书共享服务的政策依据

《中华人民共和国公共图书馆法》中第三十六条明确指出："公共图书馆应当通过开展阅读指导、读书交流、演讲诵读、图书互换共享等活动，推广全民阅读。"[6]党的十九届五中全会精神明确了在"十四五"时期，各领域和全过程必须坚定不移贯彻创新、协调、绿色、开放、共享的新发展理念[7]。《"十四五"公共文化服务体系建设规划》也提出"落实开放共享理念，统筹各领域资源，找准关键节点，推动融合创新，进一步优化公共文化服务发展生态"[8]。可见公共图书馆作为公益文化机构有责任和义务推动家庭藏书资源的社会化利用，创设条件将私人乐意分享的资源纳入图书馆阅读循环体系中，顺应共享社会建设理念。

1.4 公共图书馆主导图书共享服务的意义

家藏图书资源进入公共阅读领域有利于打破公私阅读资源间的壁垒，优化资源的配置和流通，这既能加强读者间协作互助，满足读者个性化的阅读需求，又能弥补公共图书馆服务资源有限的短板，促进公共图书馆从资源提供者向资源统筹者转变。同时也是国家发展社会力量参与公共文化供给的重要举措和有效途径，让公众从公共文化服务的享受者转变为提供者、创造者和受益者，兼具服务对象与服务主体的双重身份[9]，形成公共文化资源共建共享的局面。

2 公共图书馆主导的图书共享服务现状

2.1 已有实践

与民间图书共享平台相比，公共图书馆在资源、服务、专业性、公信力等方面具有天然的优势，许多图书馆通过开展图书漂流、"换书大集"、图书捐赠、图书众筹、图书寄存等形式盘活民间藏书资源，丰富了公共图书馆的资源建设模式。

2.1.1 线下图书共享服务

温州市图书馆的"温图书市"以闲置图书为对象定期开展图书交换、交易活动，还设置一个长期的"漂流书架"，随时接收读者捐赠的闲置图书[10]。上海市虹口区打造"洄游书屋"项目，遵循"以书换书，等册交换"的原则，充分挖掘图书交换的社会价值[11]。海南省图书馆推出24小时开放的"共享书箱"项目，突破时间和空间限制，为读者换书活动提供了便利[12]。广东省立中山图书馆与《南方都市报》合作成立广东省捐赠换书中心，全面开展换书活动，同时向社会筹措书籍，募集善款改善欠发达地区和外来工聚集地区阅读资源和阅读活动匮乏的状况[13]。杭州图书馆向社会众筹环保、文学、旅游、自然的书籍以及杂志期刊，市民可通过环保宣传站、快递和"清洁直运便民服务进社区"活动等多重形式将书籍归集到环保图书馆，获取了社会积极反响与广大市民的全力支持[14]。

2.1.2 线上图书共享服务

除线下图书交换、图书捐赠活动以外，济南市图书馆首创了公共图书馆领域的线上图书漂流平台——"书来书往"。该平台由济南市图书馆主导，联合济南出版社和爱城市网共同建设。用户通过实名注册后，可以预约免费线上捐书或线下站点捐书。图书通过核验后，平台依据图书品质发放相应积分，用户通过消耗积分免费兑换"书来书往"平台中其他用户分享的书籍，相关配送的物流费用需要用户自行承担。"书来书往"平台解决了传统线下图书漂流身份不明、时空受限、信用机制缺失、信息失衡等难题，有效提升了公共图书馆的服务水平和社会形象。

佛山市图书馆的"邻里图书馆"项目充分发动家庭参与，建成覆盖全市五区的"图书馆＋家庭"阅读推广服务体系。2021年佛山市图书馆主导研发的"易本书"家藏图书共享平台上线，它是集图书交换、图书借阅于一体的公益性、综合性平台，用户在平台绑定读者证后，可将上传的图书进行外借、漂流、赠送或仅展示和进行自家藏书管理[15]。图书借还可采用快递和面对面交接两种方式，新用户可在平台领取免费运费券。该平台采用区块链等技术将家藏图书纳入统一的智慧化管理和服务平台，最终实现家藏图书与公共图书馆藏书的同平台管理、流通和共享[16]。

2.2 发展难题

首先，目前公共图书馆开展的家庭藏书共享活动多是线下形式。线下活动受时间、地点的限制，在一定程度上会影响人们参与的积极性。"书市""换书大集"等图书交换活动往往是当作一场阅读推广活动开展，图书的来源和去向没有记录，缺乏常态化和持续性的长效机制。线下图书漂流主要依靠漂友自身的社会公德和共享意识，缺乏对漂友的身份认证、信用管理、行为监督和激励机制，导致入漂图书质量低、回漂率低、图书损坏、参与人数少、漂友间信任危机加剧等现象，整个漂流生态链较为脆弱且易形成恶性循环。

其次，线上图书漂流平台虽能有效解决部分上述问题，但受技术、资金和理念等束缚，公共图书馆主导构建的线上图书共享平台数量较少，目前所知仅有济南图书馆"书来书往"和佛山市图书馆"易本书"两个平台。作为公共图书馆领域的创新尝试，这两个平台的服务功能还存在有待完善的地方，例如平台只具有交换、捐赠功能，无法展示图书的漂流轨迹和动态，无法实现读者阅读社交的功能[17]。图书的线下传递借助于快递或面对面交接，部分读者出于安全性的考虑可能会有所顾虑。

最后，公共图书馆提供的家庭藏书共享服务缺乏馆际间的合作，图书漂流范围仅在馆内各自的用户群和服务半径内，服务站点分配不均衡，要实现真正意义上的城市图书共享微循环尚有很多困难。

3 公共图书馆主导的图书共享服务创新模式

《"十四五"公共文化服务体系建设规划》中提出，要推动建立公共文化产品与服务平台，实现公共文化服务数字化、网络化、智能化建设。笔者认为，在大数据、移动互联等新技术的加持下，公共图书馆在家藏图书共享方面的服务模式可以有所突破。即以区域协作为基础，借助"共享云平台＋智能书柜"的形式搭建线上图书共享平台，布局线下分布式藏书体系，利用移动互联技术对所有图书实行数字化实时管理，使用户可以就近、自助体验图书共享服务，建构人人可用、就近服务、信息对称、过程可追溯、评价积分、线上线下相统一的城市分布式图书共享系统，实现公共服务的便利化和资源利用的最大化，同时减少因人员接触产生的风险，创新后疫情时代的服务模式。

3.1 体系架构

城市分布式图书共享系统主要由图书共享云平台和智能书柜组成，如图 1 所示。

图书共享云平台包括中心数据库、用户应用端和管理端。中心数据库主要用于存储图书和读者的相关信息，并支持信息的实时更新；用户应用端是整个系统与读者的交互接口，接收和响应用户的应用请求；管理端主要有用户、图书、规则等管理功能以及视频管理组件，视频管理组件采用 Hadoop 中的分布式文件系统（HDFS），用于存储和管理由"智能书柜"摄像头产生的海量视频数据，满足阅读行为有序、图书分享内容与过程可控、信息可追溯等需要[18]。

智能书柜类似"快递柜"的结构。每个智能书柜及其储物格都具有唯一标识，用于存放和标识图书。后台中心数据库将实时记录每本图书所在的位置，以便用户可根据自身需求就近分享图书或借阅图书。同时智能书柜配备监控摄像头，对读者行为进行视频记录，还配备一个二维码扫描器，用于识别客户端产生的二维码。智能书柜的布局设计要兼顾均衡与侧重，主要布置在人流量大、交通便捷的公园、广场、居民小区、写字楼等。

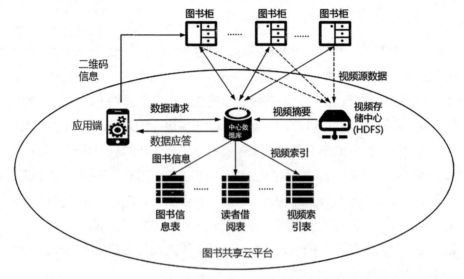

图 1　城市分布式图书共享系统架构

3.2　基本功能

利用海量数据存储、查询和分析技术，该系统可实现图书分享、图书漂流、图书借还、预约定位、图书召回、用户互动等功能，如图 2 所示。

（1）注册及分享图书。用户在平台按照"后台实名，前台自愿"的原则注册，或绑定已有读者证号，以降低图书共享过程中的道德风险。注册成功后，用户通过扫描图书背后的商品条形码，就可以上传个人分享图书的信息。借鉴"易本书"平台的已有经验，用户对上传的图书可以选择多种流通模式，包括可借阅（用户不让渡图书所有权）、可漂流（用户让渡图书所有权）、仅展示（用于自家藏书管理）。

用户上传分享的图书在后台通过审核后，可就近选择智能书柜存放图书，中心数据库将记录书籍信息及所在位置，并在应用端实时更新，方便被其他用户搜索或浏览。分享用户将获得相应的积分奖励。

（2）图书检索。用户可通过搜索书名、著者、ISBN 号等信息检索图书。在该分布式共享系统中，每本书由唯一的"智能书柜"的"储物格"存放，图书的位置数据存储于中心数据库。当读者检索时，数据库将快速读取该图书所在的位置信息，并在应用端显示。现实中，同一书名的图书往往有多本，用户查询该书名时，数据库会将所有图书的位置返回给应用端，应用端会读取用户当前的位置信息，利用大数据、云计算等技术按照"就近共享"原则，对返回结果按距离由近及远排序。

（3）图书预订。现实中往往存在这样的问题，用户 A 查询到某图书所在的位置后，可能会在一段时间内取书。而在这段时间中，恰好有用户 B 借阅该书并取走，使得用户 A 无法借阅该图书。为此系统引入图书预订机制，即读者查询到图书之后，选择该图书所在的某个智能书柜进行预订，预订有效期为 24 小时，预订有效期内图书将被锁定，从而避免不同用户之间的借阅冲突。

（4）图书借阅及漂流。当用户确定借阅或交换某本共享图书时，系统会将图书信息和所在具体位置生成一个二维码发送至手机 App。当用户到达所在智能书柜后扫描二维码，存放该图书的"储物格"将自动打开，读者取走图书后关闭书柜，借阅完成，系统将同时记录该次借阅行为。

（5）图书归还。当用户归还图书时，首先在客户端扫描图书的条形码，提交该图书的归还请求，分布式图书共享系统将根据用户位置返回距离最近的智能书柜位置和一个二维码。当读者将收到的二维码在指定书柜的二维码扫描器扫描时，相应的储物格将打开。用户在客户端再次扫描要归还图书的条形码，将该图书放入储物格后关闭该储物格，还书行为完成。

（6）图书召回。为保障图书所有者的基本权益，提高分享人的参与积极性，用户在一定时效内可更改共享图书的使用权限。系统设置图书召回功能，当用户不再想让渡资源的所有权或使用权时，可以申请召回正在漂流的图书，一旦启动此功能，系统将会向正在借阅此书的用户发送还书通知，同时在客户端下架此书。

（7）阅读社群。虚拟社区的"黏性"理论将社区黏性分为技术黏性和社会黏性，其中技术黏性来自基础设施、信息内容、网站设计等因素，而社会黏性来自社区氛围和社交感知，社会黏性比技术黏性更显著影响个体的参与行为[19]。因此，为提高图书共享平台的用户黏性，阅读社交功能不可或缺。共享平台支持用户发表个人书评、阅读感悟、好书推荐等内容，用户间可互相关注、点赞、转发，促进思想交流。

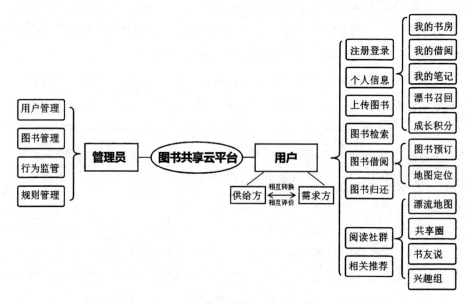

图2　图书共享云平台功能模块设计

3.3　系统优势

（1）低成本可扩展。目前单个智能书柜的成本约不到2万元，除新建以外，也可对已有资源进行充分利用，在已建成的自助图书借阅设备或快递柜接入智能软件系统，将其改造为智能书柜以降低设备投入、运营和维护成本。在后续系统升级后，除用于民间藏书资源共享外，智能书柜还可兼容公共图书馆馆藏资源的自助借还功能，节约图书管理成本。

（2）安全性能高。管理端对注册用户和用户发布的信息进行严格把控，确保信息的真实有效，利用视频管理组件实现对图书共享行为的规范、监督。此外，图书通过智能书柜交接，打破接触限制，避免了用户面对面交接可能产生的潜在风险。

（3）激励机制完善。为最大限度地激励用户参与图书共享，系统设置交易积分制和交易评价机制，将个体的参与行为和成长关联起来。积分体现了个体贡献和社区身份地位。贡献越多、参与越多则积分越高，能享受到的权利也越多[20]。

（4）阅读社交功能。利用大数据等技术，该系统可实现以下社群功能：为每本共享书籍绘制漂流地图，发现阅读兴趣相同的漂友；组建不同爱好组的读书社群，帮助用户找到适合自己的阅读圈，提升阅读效果；以智能书柜为坐标，成立不同社区的"图书共享小组"，将处于相同"共享圈"的用户集合在一起，方便同区域内漂友的交流共享，从而形成稳定的社群关系。

4 结语

本文提出公共图书馆主导的家藏图书共享服务创新模式，即基于移动互联数据处理技术，建设城市分布式图书共享系统，并给出了具体的解决方案。该模式将实体与虚拟有机结合，推动传统借阅服务向数字化借阅服务转变，同时将线下图书收藏空间打散，有助于形成从点到面、网络化的服务格局，减少公共文化服务覆盖的"盲区"和"空心区"，实现家藏阅读资源在物理空间、数字空间和社会空间的融合，打造公私阅读资源开放共享的新型阅读形态。

参考文献

［1］刘艳.微菌空间：共享经济下的城市图书空间［J］.图书馆，2017（12）：72-77，92.

［2］韩业庭.易本书：唤醒沉睡的家庭藏书［N］.光明日报，2022-04-25（9）.

［3］艾瑞咨询.2020年中国图书市场研究报告［EB/OL］.［2022-04-04］.https://www.iresearch.com.cn/Detail/report?id=3758&isfree=0.

［4］李国朋.社会阅读资源一体化共享模式研究［J］.图书馆理论与实践，2015

（7）：17-19，66.

［5］周文琦，李赞梅，胡德华.我国图书漂流网站的调查分析［J］.图书情报工作，2011（5）：90-94.

［6］中华人民共和国公共图书馆法［EB/OL］.［2022-04-30］.http://www.npc.gov.cn/npc/c30834/201711/86402870d45a4b2388e6b5a86a187bb8.shtml.

［7］李方舟.坚定不移贯彻创新协调绿色开放共享的新发展理念——学习贯彻党的十九届五中全会精神访谈［N］.光明日报，2020-11-02（5）.

［8］文化和旅游部.文化和旅游部关于印发《"十四五"公共文化服务体系建设规划的通知》［EB/OL］.［2022-04-30］.http://zwgk.mct.gov.cn/zfxxgkml/ggfw/202106/t20210623_925879.html.

［9］谭志红.邻里图书馆：激发全社会文化创造活力［N］.中国文化报，2021-08-20（3）.

［10］黄海彬."温图书市"——图书交换新形式［J］.河南图书馆学刊，2014（12）：37-39.

［11］吴添意.上海市虹口区图书馆洄游书屋：打造共享阅读品牌［M］//全国中小型公共图书馆联合会.2017年全国中小型公共图书馆联合会研讨会论文集.北京：中国知网，2017：121-123.

［12］许火珠，李彤，王小会.文旅融合背景下海南共享图书岛建设［J］.图书馆学研究，2021（7）：17-21.

［13］黄小华.广东省捐赠换书中心述略［J］.图书馆论坛，2017（4）：122-128.

［14］张烨.杭州图书馆众筹实践及启示［J］.图书馆研究与工作，2017（7）：72-74.

［15］王方亚.佛山市"易本书"家藏图书共享平台上线，扫码可激活私人藏书资源！［EB/OL］.［2022-04-15］.http://www.foshannews.net/fstt/202104/t20210425_401019.html.

［16］黄百川.公共图书馆阅读推广品牌建设创新与思考——以佛山市图书馆邻里图书馆项目为例［J］.图书馆，2021（5）：92-95，118.

［17］姜淑华.图书馆线上图书漂流服务的实践与思考——以济南市图书馆"书

来书往"平台为例［J］.图书情报工作，2020（18）：49–55.

［18］查贵庭，胡以涛，罗国富，等."移动互联网＋图书分享"平台的研究与实践［J］.图书馆理论与实践，2018（12）：96–99.

［19］巴晶，胡丽娜.虚拟社区粘性对网民参与行为的影响：实证研究［J］.现代管理科学，2012（5）：109–111.

［20］魏黎，田力，刘姝君，等.基于虚拟社区的大学"图书漂流"可持续共享机制研究［J］.图书馆理论与实践，2019（4）：39–44.

数字资源

公共图书馆外购数字资源采购策略

顾梦陶　李雅莲①

摘　要： 在面对日益增长的数字资源服务需求，如何更为合理、科学、系统的购置外购数据库是广大图书馆工作者需要进一步思考的问题。本文以首都图书馆 2019—2021 年采购情况分析为入手点，从建立评价指标、把控资源分布情况、趋势等方面，为公共图书馆购置数据库提出采购依据和分析方向的建议。公共图书馆在采购外购数据库资源时，应加强考虑馆内自身建设方向、历年资源使用比例、所在省、区图书馆购买情况，综合考虑后合理采购所需数据库。

关键词： 数据库；资源采购

0　引言

《中华人民共和国国民经济和社会发展第十四个五年规划和二〇三五年远景目标纲要》明确提出要提升公共文化服务水平，推进公共图书馆、文化馆、美术馆、博物馆等公共文化场馆免费开放和数字化发展[1]。《"十四五"文化和旅游发展规划》中指出要加快公共数字文化建设，丰富公共数字文化资源，大力发展云展览、云阅读、云视听，推动公共文化服务走上"云端"、进入"指尖"[2]。图书馆行业要把握新发展阶段、贯彻

---

①　顾梦陶,馆员,首都图书馆数字资源中心副主任;李雅莲,助理馆员,首都图书馆数字资源中心员工。

新发展理念、构建新发展格局，以改革创新为根本动力，以满足人民日益增长的美好生活需要为根本目的，加快发展文化事业，提升文化服务，增加文化数字赋能，推进实体文化服务与数字文化服务融合，实施创新发展，力争把"十四五"规划中所涉及的各项目标和任务落到实处，不断推动图书馆服务迈上新台阶，提高国家文化软实力，为建设社会主义文化强国作出积极贡献。

根据中国新闻出版研究院组织实施的第十九次全国国民阅读调查结果显示，2021 年数字化阅读方式（网络在线阅读、手机阅读、电子阅读器阅读等）的接触率为 79.6%，较 2020 年的 79.4% 增长了 0.2 个百分点；人均电子书阅读量为 3.30 本，高于 2020 年的 3.29 本[3]。2021 年我国数字阅读用户规模已突破 5 亿[4]，数字阅读形式已成为大众阅读的重要选择之一。数字资源服务已成为公共图书馆在资源采购、建设、推广时的重要建设对象。

笔者调查国家图书馆、上海图书馆、南京图书馆、广东省立中山图书馆外购数据库情况。截至 2023 年 4 月，国家图书馆外购数字资源约 120 种，上海图书馆外购数字资源约 147 种，广东省中山图书馆约 58 种，首都图书馆 89 种。外购数据库是图书馆文献资源建设的重要组成部分，也是公共图书馆对读者提供数字资源服务的主要渠道。外购数据库无建设周期、采购后可立即投入使用、资源类型丰富、界面设计友善，成为各大图书馆提供数字资源服务的重要手段。

数据库采购的基本流程主要包括购前评估、选择采购模式、资源组织试用、资源试用情况评估、每种采购模式特有的流程、确定订购、续订或退订等几个步骤[5]。目前公共图书馆多由采购人员先将数据库开通试用，或调研各大图书馆查看订阅情况，之后再综合考虑用户反馈、资源缺口等多种因素决定是否订购、续订。本文以首都图书馆为例，通过分析首都图书馆外购数字资源现状为公共图书馆开展外购数据库采购时提供选择依据和思考方向。

1　现阶段研究情况

笔者使用中国知网及 NoteExpress 分析工具，在中国知网中以"数据库采购"与"图书馆"为检索条件，筛选出"图书情报与图书馆学科"所涉猎中文文献 92 条，其中明确带有"高校图书馆"关键词的研究占有 25 篇，而模糊搜索后可高达 50 余篇，相较之下聚焦公共图书馆数据库采购策略研究较少。该主题论文的发文量总体趋势如图 1 所示。

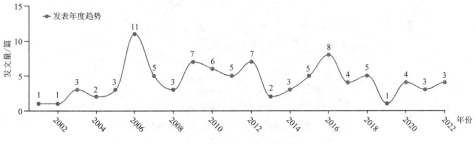

图 1　论文发文量总体趋势

由图 1 所知，相关研究的高峰值出现在 2006 年和 2016 年，以采购模式政策研究为主。针对图书馆外购数字资源采购模式，如赵莉以武汉大学图书馆的数据库采购方式为例，提出成立采购小组，建立数据库评价及试用等工作模式以此增大数据库采购的规范性和科学性[6]。向林芳阐述高校图书馆联合采购、单馆采购的形式，围绕二者的优缺点提出学院之间关于特定资源的联合采购模式[7]。李朵以四川大学图书馆为例，探讨不同类型电子资源如参考数据库、全文数据库及电子图书类数据库的采购原则和策略[8]。颜务林、李艳君等人在调研宁波大学园区图书馆数据库单一来源采购实践操作的基础上，分析图书馆在数据库单一采购流程中监管工作中存在的不足，并针对当前监管体系提出可行性建议[9]。陈良从数据库知识内容生产传递的过程入手，分析了数据库商与图书馆用户、图书馆用户与图书馆两对关系中的权力作用关系，并借用向量的计算方法，量化表达了数据库商与图书馆间的关系，提出了改善图书馆数据库贸易被动地位的对策[10]。

使用关键词词频统计分析，NoteExpress 分析结果显示，规范同类关键词后筛选出排在前 40 位的高频词云图如图 2 所示。其中与采购策略相关的关键词汇出现频次较高的有"集团采购"8 次、"外文数据库"5 次、"联合采购"3 次、"文献传递"3 次、"单一来源采购"2 次、"图书馆联盟"2 次、"开放获取"2 次。

图 2　图书馆数据库采购相关论文词频云图

根据可统计的发文机构显示，经笔者圈定的检索词检索可知，除国家图书馆、浙江省温州市图书馆外，在该领域有一定研究成果的多为高校图书馆。

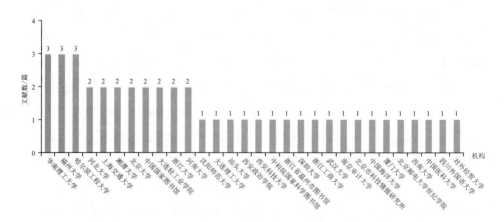

图 3　按机构统计发文数量

蓝羽通过实践总结对资源进行分类，通过案例调研判断价格影响因素，从而对资源续订价值作出相应决策，把握订购主动权，优化资源建设[11]。于琳阐述了商购数据库特点、定价模式等资源建设理论，并以推广工程商购数据库建设为实例，列举推广工程资源采购的原则及现状，分析现阶段资源建设存在的问题，为推广工程商购资源的建设提供帮助[12]。鲁方平阐述了数字资源的成本—收益分析理论，提出了各类数字资源的采购策略，以保障图书馆的数字文献服务于广大读者[13]。

2 现存数据库采购的问题

2.1 采购缺乏统一的科学依据

图书馆数字资源在图书馆馆藏中的比例正逐步加大，但在数字资源采购过程中，缺乏明确、统一的科学依据。图书馆数字资源领域标准的内容多为各类型数字资源建设与组织，较少涉及图书馆数字资源采访与管理的标准化[14]。据不完全统计，2020年全国数字资源厂商已近千家[15]。单纯依靠厂商推荐、采购人员经验、参照他馆采购内容等方式甄选，容易造成采购后数据库内容杂乱、重复率高、使用率高低偏差大等情况。

数字资源采购是根据图书馆的性质、任务、特点、读者需求、资源内容和价值等选择订购的一个不断循环的过程。在采购过程中需要按照馆内情况分析并制订符合馆情发展的数据库采购方案。

2.2 对数据库的跟踪与管理缺乏评价系统

公共图书馆在逐年的数字资源采购中，资源体系日渐庞大，进而需要在原有工作流程上进行改进，采用更为精准、科学的管理流程。图书馆工作人员应该充分认识数据库评价的重要性，努力构建科学的数据库评价指标体系，对图书馆的整体数据库资源状况、功能、价值、作用进行全方位的有效评估[16]。图书馆应逐步提升外购数据库采购质量，建设可操作性强的外购数据库评价指标体系，为审视使用效益和来年采购提供参考依据。

3 公共图书馆外购数据库采购策略

3.1 统计近年数据库采购情况，综合衡量上涨下降比例

公共图书馆在采购数据库前，应掌握本馆近几年数据库的使用情况，从资金投入、资源使用量、服务模式、受众对象等因素多维度分析比对，在满足资源内容多样化的同时，通过实际数据比对观察是否需要调整来年资金续投方向、扩大或缩小服务对象比例，分析并梳理出侧重类资源等，优化结构，合理布局，规划采购方案。

笔者通过资源类型、服务对象、服务模式等维度分析首都图书馆 2019—2021 年的数据库采购、使用情况，归纳总结出基于读者需求的采购依据。经过数据比对，对以公共服务为主要定位的首都图书馆而言，电子期刊、多媒体、电子图书类数据库使用率最高；大众阅读需求突出，政府决策需求较低；非镜像资源需求远高于镜像资源需求。

3.1.1 资源类型分析

公共图书馆在为读者提供数字资源服务时，应充分考虑读者自身差异性，结合读者需求，采购种类丰富的数字资源。现以首都图书馆为例，分析 3 年内的数字资源类型调整情况：

表 1 2019—2021 年首都图书馆外购数据库类型分析

内容	电子图书	电子报纸	电子期刊	数值事实	多媒体	其他
2019 年资金占比	26.1%	3.4%	21.0%	9.8%	39.8%	1.5%
2019 年资源数量占比	23.3%	5.0%	20.0%	20.0%	31.7%	1.7%

内容	电子图书	电子报纸	电子期刊	数值事实	多媒体	其他
2019 年使用量占比	9.6%	6.6%	53.0%	7.4%	27.4%	2.1%
2020 年资金占比	25.6%	7.5%	34.7%	8.7%	23.7%	2.7%
2020 年资源数量占比	23.5%	11.8%	26.5%	20.6%	17.6%	2.9%
2020 年使用量占比	23.1%	10.9%	43.3%	4.3%	24.1%	4.7%
2021 年资金占比	30.2%	7.6%	25.4%	9.9%	27.1%	6.0%
2021 年资源数量占比	30.6%	11.1%	16.7%	19.4%	22.2%	8.3%
2021 年使用量占比	22.3%	7.2%	49.1%	5.8%	16.0%	6.1%

注：部分数据库资源类型包含两种或两种以上，因此合计会超出 100%，例如，中少快乐阅读平台包含期刊和报纸；比例数据保留百分数小数点后一位，四舍五入。

如表 1 所示，2019—2021 年电子图书数字资源的重点购置内容，资金占比及数量占比居于前位，但经统计发现电子图书的使用率却低于电子期刊，在部分年份甚至低于多媒体资源。首都图书馆现行的电子图书数据库采购模式主要有选书、包库两种。包库式采购模式更受读者欢迎，比如掌阅、QQ 阅读等移动端阅读资源。图书的内容、阅读形式上更符合当下读者阅读习惯，但电子图书的版权问题限制了与纸书的同步率，导致热门图书、新书、获奖图书的数字化严重滞后，一般滞后 1 至 2 年。但电子期刊的同步率则较高。多媒体类资源在资金比例、数量比例、使用比例三方面都位居前列，多媒体类资源内容涵盖广泛，形式多样，配合线上线下开展活动灵活度高，是受众最广泛的一种资源。数值事实类资源是指最原始的客观事实、统计数字、音像图谱等可以直接利用的信息资源，此类资源主要面向特定人群服务，以满足政策咨询、立法决策方面的需求为主，故其使用率一直不高。电子报纸类资源则因近年各网络平台发布新闻越来越具有时效性及便捷性，传统报业备受冲击，间接导致部分握有核心报纸版权的出版单位不愿出售版权，提供集成性质的报纸数据商所具备的报纸版权越来越少，导致电子报纸类资源的采购比重、使用率一般；其他类资源指无法单独以图书、报刊、多媒体等形式划分的主题突出的综合性数字资源，如党政学习类，首都图书馆注重党建工作和业务工作两加强、两促进、两发展，近三年逐渐加大了党建资源投入比例，促进公共文化服务水平不断提升。

通过分析历年数据可知，首都图书馆数据库采购建设的几个特点：① 电子图书在外购数据库中仍是最重要的建设内容，但应适当控制资金占比，与馆内纸质图书资源相结合，加强查重率检查，优先购买定制化书单。② 结合采购经费预算与电子书报价的客观实际，灵活运用单馆大额交易、馆际联合采购、用户驱动的循证采购等方式打包采购数字资源，借助机构知识库出版、特色馆藏出版等策略提升资源建设边际效益[17]。③多媒体类资源是资源中最受读者欢迎的资源类型，在采购中应丰富其种类并保证其资金充足，加强采购 5G、全景阅读、VR/AR 等新型多媒体类阅读资源。④电子报纸类资源需控制投入，应结合馆内实际需求与固定出版单位合作采购指定报纸。

3.1.2 服务对象分析

公共图书馆在采购前应全面了解本馆数字资源的服务对象。根据馆内服务对象定位，针对不同时期服务对象的侧重，调整数据库采购内容和采购策略。首都图书馆内设的少年儿童图书馆有专属少儿网站、少儿数字资源。首都图书馆以推动、引导、服务全民阅读作为重要任务，为国家机关制定法律法规提供文献信息和相关咨询的服务能力。现以首都图书馆为例，将服务对象分为少儿、大众、研究人员、政府职能人员，展开分析：

表 2　2019—2021 年首都图书馆外购数据库服务对象分析

项目	儿童阅读	大众阅读	科研生产	政府决策
2019 年资金占比	21.6%	61.2%	23.8%	7.2%
2019 年服务对象占比	23.3%	58.3%	20.0%	15.0%
2019 年使用量占比	16.9%	45.1%	35.2%	7.2%
2020 年资金占比	16.0%	63.8%	29.6%	7.9%
2020 年服务对象占比	17.6%	64.7%	23.5%	14.7%
2020 年使用量占比	14.3%	59.8%	23.7%	3.9%
2021 年资金占比	14.2%	57.3%	39.7%	8.0%
2021 年服务对象占比	13.9%	5.0%	36.1%	13.9%
2021 年使用量占比	9.0%	51.4%	40.2%	5.3%

注：部分数据库资源类型包含两种或两种以上，因此合计会超出 100%。

由表 2 可知，大众与研究人员为主要服务对象，此结果与首都图书馆功能定位相符，以大众阅读与科研生产为主要业务对象。图书馆在做采购计划前，可对比服务对象与图书馆功能定位、发展方向等调整采购比例。

3.1.3　服务模式分析

镜像与非镜像服务是现阶段各大图书馆在采购数据库时必须考虑的问题，其优缺点明显。镜像存储维护成本高、维护效率低、访问区域受限，但便于资源整合、可为纸电结合提供资源支撑，目前普遍认同的财务判定是镜像类数字资源纳入资产核算，而包库类资源不纳入[18]，固亦可作为馆藏资源的扩充。非镜像服务内容更新及时、维护成本低，但易因网络稳定性而影响使用，且受供应商的影响较大。

表 3　2019—2021 年首都图书馆外购数据库服务模式分析

项目	镜像	非镜像
2019 年资金占比	42.2%	67.3%
2019 年服务模式占比	35.0%	68.3%
2019 年使用量占比	59.3%	79.5%
2020 年资金占比	38.3%	79.2%
2020 年服务模式占比	29.4%	76.5%
2020 年使用量占比	48.2%	82.5%
2021 年资金占比	35.0%	80.2%
2021 年服务模式占比	36.1%	69.4%
2021 年使用量占比	41.2%	87.7%

注：部分数据库资源类型包含两种或两种以上，因此合计会超出 100%。

从表 3 可知，首都图书馆在逐年降低对镜像资源的采购，现有镜像资源主要以古籍类、地方文献类、论文期刊类为主。结合两种服务模式的优缺点，在资源采购中，图书馆应按资源类型、资源学术价值、资源利用率等合理选择服务模式。学术价值含量高、具备连续收藏价值的数字资源可优先考虑镜像类服务模式，作为丰富馆藏的重要途径之一。多媒体、电子报纸、数值事实等时效性高、更新频率快的资源应以非镜像服务为主。需要特别指出的是，大数据时代的到来，图书馆数字资源的结构特点、组织方式和服务模式发生了巨大的变化。如何将数字资源库中不同的元数据描述统一组织起来形成资源的统一检索，以及如何通过对元数据层数据标准的统一，来实现图书馆内部数字资源知识的关联、融合和二次增值是图书馆所面临的挑战[19]。镜像类数据库因个体数据存储在本地，更容易对资源进行加工、组合、再开发，从而实现二次增值，所以镜像数据库的适度采购依然必不可少。

以首都图书馆为例，为满足移动端电子书需求，提升多种阅读形式，可增加移动端听书类资源，如"懒人听书""京东阅读"；为满足纸电一体及特殊定制化服务，可增加书单选书类资源，如"畅想之星"；新型互动类视频资源如"书童AR/VR""知识世界"3D模型交互等；为协调镜像资源占比，应分批次、分阶段、分类型逐步采购部分收藏价值高的资源内容，如"中国近代图库""大美晚报""中华古籍书目库""中华经典古籍库"等。

3.2 调研区域内资源建设情况

公共图书馆在采购数字资源前，亦可了解所在省、市图书馆外购数据库的采购情况。如果是地市级的图书馆，还需要承担相关资源建设统筹及整合的功能，同时与区域内其它类型图书馆进行协调采购，以完善区域内资源结构[20]。调研时，应尽可能统计数据库采购重复率等问题，谨慎选择与核心数据库的合作方式，根据馆内实际发展方向和资源需求，择优选择必须购买的数据库，避免重复购买、资源浪费等情况。

首都图书馆数字资源中心于2022年完成北京市公共图书馆数字资源建设现状调研。以北京地区1个省级公共图书馆（首都图书馆）和18个区公共图书馆为调查对象，采用调查问卷和网络调查两种方法，分发电子调查问卷逐个登录其官方网站主页、微信公众号、App等平台访问数字资源。

北京市公共图书馆数字资源建设情况统计结果显示，数字资源存在一定比例的重复购建情况。具体表现为：①很多成立较早、有实力的数字资源厂商采用将内容进行分割出售的模式，重复资源可高达5～12家不等。例如超星、方正、中国知网，按不同种类分售不同区县图书馆。②小而专的数字资源厂商采用提供不同终端的使用方式进行出售，重复资源可高达5～7家不等。

北京市公共图书馆计算机信息服务网络是北京市文化局承办的北京市政府2002年在直接关系群众生活方面拟办的重要实事之一。首都图书馆于2002年开通网站服务，该网站以首都图书馆为中心馆和数据处理中心、以各区图书馆为分中心、以街道乡镇图书馆、社区（村）图书馆（室）为远程用户的图书馆四级联合服务网络。它实现了全市各级公共图书馆的联合检索、馆际互借、资源共享和图书"一卡通"服务。各成员馆可以共享数字资源。在这一前提下，北京地区数字资源建设依然出现重合率高、各馆独自购买的情况。就目前而言，仍然需要采取一些有效的策略对其进行改进，使其向更全面的方向发展。在制定区域内采购规划的时候，公共图书馆联盟应对成员馆的读者阅读需求调查结果进行汇总，明确成员馆的订购内容，进行统一采购，避免资源重复建设[21]。

数据商会以自身利益优先为前提，提供数字资源销售模式供图书馆选择，若想短时间内建立区域性质的联盟采购，势必需要跨行业的政策、资金支持。目前，公共图书馆可以适当开展区域性调研，结合馆内实情需求，择重避轻，将经费利用最大化，降低采购成本，实现资源购置优化。

3.3 充分结合本馆发展定位，为数据库采购提供选择依据

公共图书馆在购置外购数据库时，要充分考虑本馆未来的发展定位，紧贴本馆的发展任务，定位不同的服务会影响服务受众组成。

结合首都图书馆十四五规划提出的首都城市战略定位及 2023 年北京城市图书馆开馆需求，未来在采购数字资源时应加强三方面考虑。第一，要准确把握首都城市战略定位，对标全国文化中心建设要求，助力全国文化中心建设，建设知识、信息和学习中心。在内容选择上，稳步增加专题性数值事实类、外文类、工具书类、智库和立法决策类数据库，如"中国法律应用数字网络服务平台、有章阅读、Lexis 全球法律数据库标准数据库、EIU 城市分析系列、ASC 学术性期刊"等，提升图书馆提供政府决策、信息咨询服务的能力。第二，为满足北京城市图书馆开放需求，从服务形式、范围上，优先一馆两址、多分馆形式对外服务的数字资源采购，保证本馆、新馆、分馆同步提供同等质量、内容的数字资源。第三，推进智慧型图书馆，以技术驱动创新智慧服务。截至 2022 年北京市智慧图书馆体系建设项目已完成 4 个基础数字资源项目建设及 6 万条知识资源细颗粒度建设和标签标引。当下知识图谱、细颗粒度建设、跨库检索、裸数据采购及馆藏数字化等数字资源服务模式兴起，打通数据库、整合资源、优化展示形式将是未来首都图书馆数字资源建设的发力点，首都图书馆将着重考虑外购数字资源中数据接口、裸数据服务、平台建设、细颗粒度加工能力的体现。

3.4 成立相关组织机构，提升采购流程合理性

成立相关文献建设的组织机构，可以在一定程度上规范数字资源采购流程，让数字资源的采购工作更加公开透明，使数字资源的引进更具针对性、专业性。首都图书馆历年数据库采购由数字资源中心执行，数字资源中心结合读者调查、数据库使用量、馆内建设方向等多维指标综合考量，制定出当年数据库采购原则和采购建议，递交首都图书馆文献资源建设委员会审议。文献资源建设委员会成员一般由图书馆领导、具备副高以上职称且工作涉及资源建设的图书馆核心工作人员组成，委员会共同审议当年的数字资源采购方案并提出修改意见。

4 结语

公共图书馆外购数据库采购是馆内资源建设的重要内容，图书馆工作人员应充分结合采购前调研工作的数据，对数字资源开展多维度的分析和评价，结合馆情和实际工作需求制定采购方案，以规范化的流程实现采购工作，实现"调研—采购—使用—评价"的完整工作流程。优化数据库购置方案，提高数字资源服务效能，充分展现公共图书馆数字化服务成果，推进智慧化图书馆进程。

参考文献

［1］中华人民共和国国民经济和社会发展第十四个五年规划和 2035 年远景目标纲要［EB/OL］.［2021-03-23］.https://www.ndrc.gov.cn/fggz/fzzlgh/gjfzgh/202103/t20210323_1270102. html?code=&state=123.

［2］文化和旅游部印发《"十四五"文化和旅游发展规划》［EB/OL］.［2021-04-29］.https://www.gov.cn/zhengce/zhengceku/2021-06/03/content_5615106.htm

［3］张贺. 第十九次全国国民阅读调查结果公布——2021 年我国成年国民综合

阅读率为 81.6%［N］.人民日报，2022-04-25（1）.

［4］国家互联网信息办公室发布《数字中国发展报告》（2021 年）［EB/OL］.［2022-10-02］.http://www.cac.gov.cn/2022-08/02/c_1661066515613920.htm.

［5］全丽娟，吴劼，周芬.高校图书馆数字资源采购流程的规范化研究——以中南大学图书馆为例［J］.图书馆界，2021（3）：15

［6］赵莉.高校图书馆数据库采购新模式［J］.现代情报，2006（6）：118-119，122.

［7］向林芳.高校图书馆数据库的采购［J］.图书馆学研究，2006（3）：63-65.

［8］李朵.不同类型电子资源引进原则及策略——以四川大学图书馆为例［J］.四川图书馆学报，2006（3）：53-56.

［9］颜务林，李艳君，杨晶晶，等.高校图书馆数据库单一来源采购项目运行监管体系研究［J］.图书馆研究与工作，2016（1）：32-35.

［10］陈良.主体关系视角下图书馆陷入数据库贸易被动地位的成因分析［J］.图书馆工作与研究，2016（12）：125-128.

［11］蓝羽.商业数据库续订采购实践中的"知己"与"知彼"［J］.四川图书馆学报，2020（6）：38-41.

［12］于琳.商购数据库建设理论与实践——以数字图书馆推广工程为例［J］.农业图书情报学刊，2018（6）：35-39.

［13］鲁方平.基于成本—收益分析的数字资源采购策略［J］.科技情报开发与经济，2015（8）：85-87.

［14］王学琴，何菊香.图书馆数字资源标准化采购系统功能设计［J］.图书情报工作，2020（8）：49-56.

［15］杨伟华，陈婧偲.高校图书馆数字资源采购规范与管理［J］.科学咨询（科技·管理），2022（4）：26-28.

［16］刘威，刘笑冬.高校图书馆数据库评价的价值诉求［J］.吉林师范大学学报（人文社会科学版），2012（3）：122-124.

［17］徐进.数字出版背景下公共图书馆与电子书出版商合作共赢路径研究——

以信息生态链为视角［J］.图书馆工作与研究，2022（8）：82-88，122.

［18］张蓉莉.财务视角下公共图书馆数字资源管理路径及对策［J］.会计师，2022（6）：26-28.

［19］陈臣.基于大数据的图书馆数字资源重构与融合研究［J］.现代情报，2016（8）：10-13，20.

［20］高庆华.地市级公共图书馆数字资源建设的原则［J］.图书馆研究与工作，2012（1）：61-62.

［21］徐晓濛.公共图书馆联盟馆藏资源建设共享的实践创新——以郑州图书馆公共图书馆联盟为例［J］.河南图书馆学刊，2019（8）：7-8，21.

公共图书馆馆藏数字资源统计工作的实践与研究

——以首都图书馆为例

王菲菲 [①]

摘　要： 数字资源作为公共图书馆资源服务的重要组成部分，其统计工作对于图书馆的发展和服务质量的提升具有重要意义。本文总结了首都图书馆馆藏数字资源统计工作的实践，探讨了数字资源统计工作的意义、方法和实践经验，并提出了数字资源统计工作的思考和建议。

关键词： 数字资源；图书馆；统计工作

　　公共图书馆数字资源服务是数字阅读时代公共图书馆创新服务的发展方向和工作重心，海量数字资源为读者提供了更加便捷、快速、全面的信息服务。但随着馆藏数字资源的数量和种类不断增加，如何对数字资源进行统计和管理，如何科学合理地对读者使用情况进行分析和评价，成为图书馆统计工作中的重要问题。本文以首都图书馆为例，通过其馆藏数字资源统计工作的实践，探讨了数字资源统计工作的意义、方法和实践经验，并提出了公共图书馆数字资源统计工作的发展方向和建议。

---

　　① 　王菲菲，首都图书馆副研究馆员，参与多个国家级、北京市级公共数字文化工程建设项目，长期从事公共图书馆数字资源建设。

1 公共图书馆馆藏数字资源统计工作的意义

1.1 了解馆藏数字资源的情况

统计馆藏数字资源的种类、数量、来源、使用情况等信息，可以帮助图书馆掌握馆藏数字资源覆盖范围和深度，以及数字资源的使用情况，为图书馆的馆藏数字资源合理配置和规划提供科学依据。

1.2 优化馆藏数字资源的管理

通过统计数字资源的使用情况，图书馆可以了解读者对数字资源的需求和偏好，进而优化数字资源的采购、整理、分类、存储和服务等方面的管理，节省资源采购成本，提供更加清晰和方便的检索路径以及更加个性化的数字资源服务。

1.3 评估馆藏数字资源的价值

通过统计数字资源的使用情况和用户反馈，图书馆可以评估数字资源的价值和质量，为数字资源的采购和更新提供依据，确保数字资源的质量和实用性，同时保障馆藏数字资源入藏工作的可持续性。

1.4 为数字资源的推广和宣传提供依据

通过统计分析数字资源的使用情况和读者反馈，图书馆可以了解数字资源的受众群体和使用情况，为数字资源的推广和宣传提供依据，在采购和推广资源时更具针对性，进而提升馆藏数字资源的使用率。

1.5 为数字资源的合作和共享提供依据

统计数字资源的种类、数量、来源等信息可以为公共图书馆馆际间数字资源的合作和共享提供依据，促进数字资源的互联互通和共享利用，共同拓展数字资源的覆盖范围和质量，提高数字资源的使用效益。

1.6 为图书馆的发展和建设提供参考

通过横向比较各公共图书馆数字资源统计数据，图书馆可以了解区域范围内公共图书馆所拥有的数字资源的覆盖范围和丰富程度，以此了解图书馆行业内数字资源建设水平和发展方向，为图书馆的发展和建设提供参考和支持。

2 公共图书馆数字资源统计工作标准

2.1 国家标准

1991 年我国颁布了首个图书馆统计标准 GB/T 13191—1991《情报和文献工作机构统计标准》，该标准由全国信息与文献标准化技术委员会第八分会起草。为更好地适应我国图书馆的转型和发展，2009 年该标准修订为现行的 GB/T 13191—2009《信息与文献 图书馆统计》，首次以国家标准的形式定义了对所有数字资源服务及利用的统计。在此基础上，还推出 GB/T 29182—2012《信息与文献 图书馆绩效指标》。这两个国家标准之间具有内在的关联性，二者相辅相成，GB/T 13191—2009 是对数字资源数量进行统计和评估，GB/T 29182—2012 则是对图书馆数字资源获取、利用、效率、潜力和发展等 4 个方面评估图书馆所提供服务和开展活动的质量与效果。

2.2 行业标准

《图书馆数字资源统计规范》（WH/T 47—2012）是中国图书馆学会于 2012 年发布的行业标准，旨在规范图书馆数字资源统计工作，提高统计数据的准确性和可比性。该规范主要包括图书馆数字资源的范围和定义、统计指标和分类、数据采集和整合、数据报告和发布、数据分析和利用等内容。该标准适用于各类图书馆的数字资源统计工作，帮助图书馆规范自己的数字资源统计工作，提高统计数据的准确性和可比性，为数字资源的管理和决策提供科学依据。

2.3 文化和旅游部公共图书馆评估定级标准

文化和旅游部通过"全国县级以上公共图书馆评估定级工作"评估标准对公共图书馆的服务质量、资源利用效率和管理水平进行客观、全面地评估，促进公共图书馆事业高质量发展。公共图书馆评估标准是对公共图书馆进行绩效评估和质量评估的指标体系，其中涉及数字资源利用率、资源更新速度等指标。《县级公共图书馆等级必备条件和评估标准》[①]中规定"1.3.3 年数字资源服务量"用于考量年馆藏数字资源浏览量（万次）、年馆藏数字资源下载量（篇次／册次），"2.2 数字化建设"考量数字资源建设及使用情况等。

3 首都图书馆数字资源统计工作实践

3.1 数字资源统计工作目标

首都图书馆重视馆藏资源纸电结合发展，其制定的《首都图书馆馆藏发展政策》中明确指出馆藏发展建设目标是"要促进实体文献资源与虚拟文献资源协调发展与整合"。截至 2021 年底，首都图书馆馆藏总量 941.7 万余册（件），共有数据库 111 个，其中自建数字资源 22 个，对外服务的数字资源总量 609.06TB。数字资源统计工作为图书馆实现实体文献资源与虚拟文献资源的协调发展与整合提供了数据支持和决策依据。

3.2 数字资源统计工作实践

数字资源统计工作可以帮助图书馆了解用户对不同类型资源的需求和

---

① 见《文化和旅游部办公厅关于开展第七次全国县级以上公共图书馆评估定级工作的通知》（办公共发〔2002〕90号）附件。

使用情况，发现热门资源和用户群体特征，从而调整资源采购策略，增加热门资源的订购数量，优化资源配置。同时，通过分析数据，图书馆还可以探索用户行为模式、信息需求等方面的规律，为图书馆的服务创新提供参考和支持。

3.2.1 数字资源数据统计

首都图书馆自建数字资源每月按照资源建设、发布、保存相关环节产生的数据信息，通过对月增量、年增量、总量的分层统计，多维度、多角度地统计自建数字资源的数量和总量。

外购数字资源存在各个数据库商在应用服务器和底层数据库结构的异构，不同数据库商提供的数字资源利用统计数据标准不一、指标不一、格式不一，导致不同数字资源之间不能进行比对，给图书馆的数字资源统计工作造成困扰。首都图书馆根据自身工作经验，制定统计维度，统一数据统计方式。定义数字阅读量、线上服务人次、点击量、登录量、浏览量、检索量、在线全文阅读量、全文下载量阅读时长等维度，统一进行解读，方便工作人进行填报，具体如下。

数字阅读量：指用户在馆内或远程下载、浏览的图书馆自建、自购数据库文献或资料（仅含全文，不含摘要）的篇（册）次。

线上服务人次：指利用本馆数字资源服务读者的人次。

点击量 PV（pageview）：即页面浏览量或点击量，用户每次刷新页面即被计算一次。

登录量：指成功的对在线服务的请求次数。一次登录是用户行为的一个循环，一般从用户建立与服务或数据库的连接开始，到终止行为发生时结束。终止行为可以是显式的（通过退出或注销离开服务）或隐式的（由于用户不反应而导致的超时）。

浏览量：指浏览文献或资料详细信息页面、检索结果页面次数。

检索量：指特定的求知性查询次数，通常是指对数据库或者联机目录的服务器提交检索式次数。

在线全文阅读量：指在线浏览文献或资料（仅含全文，不含摘要）次数以及播放音视频资源次数。

全文下载量：指通过下载、电子邮件、保存或打印的全文文献数量。

阅读时长：指在线浏览文献或资料、收听收看音视频资源的时长。

3.2.2 数字资源统计报表

首都图书馆以每月、每半年、全年为周期对数字资源的使用情况进行统计，数字资源中心负责数据收集和报表填报，统计数据覆盖了自建、外购、试用等几类数字资源内容表（见表 1）、数字资源使用情况表（见表 2）以及各使用渠道的使用情况数据统计表（见表 3），是数字资源统计体系中的原始数据。

自建数字、外购、试用数字资源统一按照资源类型、服务模式、总容量、新增容量、发布量、电子文本图片文献资源总量、音视频资源总量、电子图书新增量、电子书总量、数据量等多维度进行统计，可根据报表统计月增量、年增量等。

表 1　数字资源内容表

序号	数字资源名称	资源类型	服务模式	总容量/GB	新增容量/GB	发布量/GB	电子文本、图片文献资源总量/GB	音视频资源总量/千小时	电子图书新增/册	电子图书总量/册	数据量
1											
2											
3											
...											

数字资源使用情况按照数字阅读量、线上服务量、点击量、使用量、阅读时长等进行统计，可根据报表统计不同资源类型、服务模式的数据库使用情况。

表 2　数字资源使用情况表

序号	数字资源名称	数字阅读量/篇（册）次		线上服务人次/人		点击量（PV）		使用量										阅读时长/分钟	
								登录量		浏览量		检索量		在线全文阅读量		全文下载量			
		总量	移动端	总量	移动端	总量	移动端	总量	移动端	总量	移动端	总量	移动端	总量	移动端	总量	移动端	总量	移动端
1																			
2																			
3																			
…																			

各使用渠道包括网站、App、微信公众号等，统计的内容包括关注或注册人数、浏览量、推文篇数、单篇群发阅读次数、资源推荐次数、资源推荐册次及明细等。

表 3　各使用渠道的使用情况数据统计表

序号	名称	关注或注册人数	浏览次数	推文篇数	单篇群发阅读次数	资源推荐次数	资源推荐册次	资源推荐明细					
								电子图书	电子报刊	音频	视频	少儿	其他
1													
2													
3													
…													

3.2.3 年度数字资源统计报告

图书馆年度数字资源统计报告可以为图书馆提供数字资源使用情况的全面概览，帮助图书馆了解数字资源的使用趋势和用户需求，为图书馆的数字资源管理和服务提供决策依据。首都图书馆通过对数字资源统计原始数据进行分析，按年度形成数字资源建设、发布与使用情况统计报告。统计报告汇总统计了全年全馆数字资源建设、发布的总量和数量，报告分为内部使用和媒体端发布两个版本。

内部使用的统计报告按照资源总量、资源使用、使用效益等对数字资源统计原始数据进行分析，分析的内容如下：

（1）数字资源总体情况。包括数字资源的总量、种类、覆盖范围等信息，以及数字资源的增长情况和变化趋势。

（2）数字资源使用情况。包括数字资源的访问量、下载量、订阅量等使用指标，以及不同类型、学科领域、使用方式等方面的使用情况。

（3）用户群体分析。包括数字资源使用的用户群体分布情况，如不同学科、年级、职称等用户的使用情况，以及用户对数字资源的评价和需求。

（4）数据质量和安全。包括数字资源数据的质量控制和安全保障措施，如数据采集的准确性、数据存储和传输的安全性等方面的情况。

（5）数据分析和利用。包括对数字资源使用情况的数据分析和利用，如使用趋势分析、用户行为分析、资源评价等方面的内容。

（6）建议和改进措施。根据数字资源统计结果，提出对数字资源管理和服务的建议和改进措施，以提高数字资源的利用效果和用户满意度。

通过分析数据，图书馆可以了解资源的使用情况和效果，评估资源的价值和质量，为资源采购提供依据。同时，通过分析数据，图书馆还可以评估服务的效果和满意度，发现问题和改进空间，提高服务质量。

与内部统计报表不同，媒体端数字资源统计报告将部分数据、图表、使用情况融为一体，针对每位读者形成个性化的年度总结，更为形象生动且集中系统地反映了读者到馆使用图书馆数字资源的情况。

4 数字资源统计工作的几点思考

4.1 数据采集与整合

数字资源统计工作需要收集和整合各类数据，包括资源使用数据、用户行为数据、服务评估数据等。图书馆可以通过科学手段更加全面、准确地采集数据，并整合不同来源的数据，确保数据的质量和可靠性。

4.2 数据分析与挖掘

数字资源统计工作不仅仅是收集和整理数据，更重要的是对数据进行分析和挖掘，发现其中的规律和价值。随着智慧图书馆时代的到来，图书馆可以运用数据分析工具和技术，建立有效的数据模型和算法，可将数据分析的结果转化为实际的决策和行动。

4.3 数据可视化与传播

数字资源统计工作的结果需要向相关人员和机构传达和展示，因此要将数据可视化，以图表、图形等形式展示数据，使其更加直观和易于理解，并与其他图书馆和机构合作共享数字资源统计的经验和数据。

4.4 数据隐私与安全

数字资源统计工作涉及大量的用户数据和机构数据，因此要建立健全数据管理和保护机制，在遵守相关的法律和规定的前提下，确保数据的安全存储和传输，保护数据的隐私和安全，保护用户和机构的合法权益。

4.5 数据驱动的决策与创新

数字资源统计工作的最终目的是为图书馆的决策和创新提供支持。图书馆应将数据与决策和创新紧密结合，建立数据驱动的决策和创新机制，同时培养和提升相关人员的数据分析和应用能力，以应对这一目标。

5 结论

公共图书馆馆藏数字资源统计工作是一个不断发展和完善的过程，对于图书馆的发展和服务质量的提升具有重要意义。在实践中，各图书馆需要根据自身的情况和需求，确定适合的统计指标和方法，确保统计结果的准确性和可比性。同时，图书馆还需要不断关注和研究国内外的最新统计标准和方法，及时更新和改进自己的统计工作，并将数字资源统计工作需要与数字资源建设和管理相结合，与数字资源的采购、整理、推广等环节相结合，形成一个闭环的管理体系，实现数字资源的有效利用和管理。同时也更要注重用户需求和反馈，提高数字资源统计工作的准确性和可用性，为图书馆的数字资源服务提供更好的支持和保障。

参考文献：

［1］赵保颖，范雪.国内外数字资源统计标准比较分析［J］.图书与情报，2010（6）：39-43.

［2］虞俊杰.图书馆业务统计数据管理对策研究［J］.图书馆工作与研究，2019（5）：89-95.

［3］张琳.图书馆数字资源统计工作研究与实践［J］.图书情报导刊，2020（8）：1-7.

［4］崔宏强，艾致.数字资源的使用统计及标准化研究［J］.河南图书馆学刊，2013（10）：99-101.

特藏建设

首都图书馆名人赠书专藏建设的探索

——以"四合书屋"为例

郭　炜[①]

摘　要： 名人赠书是图书馆馆藏建设的重要组成部分之一，也是图书馆发挥社会职能的重要体现。本文以首都图书馆接收"四合书屋"藏书为例，从文献入藏、开放服务等方面，对图书馆接收名人赠书的方式方法等进行探讨，以期名人赠书在图书馆内得以妥善保管并发挥其文献价值。

关键词： 名人赠书；四合书屋；专题馆藏

捐赠文献是公共图书馆文献资源建设的重要组成部分，尤其是名人捐赠。"名人效应"在推动公共文化建设、引领社会捐赠事业、推广全民阅读等方面发挥着重要作用。在我国公共图书馆中，许多名人专藏已成为其馆藏特色，有的还建设成为特色阅览空间，如：广州图书馆的广州人文馆名人专藏，包含了可居室藏书（王贵忱藏书）、欧初专藏、"南粤风华一家"专藏等本地文化名人的藏书；宁波图书馆"乔石书房"和泗阳县图书馆的"寸草书屋"等，则是在图书馆内建立特色专藏空间，带给读者"身临其境"的阅读体验。此外，名人藏书中的诸多珍贵文献也丰富了图书馆的馆藏资源，有些甚至成为图书馆的重要馆藏，如无锡市图书馆的"荣氏文库"藏书中即包括该馆"镇馆之宝"，奠定了该馆古籍在同等规模公共图书馆中

---

①　郭炜，首都图书馆副研究馆员。

的地位。图书馆界对于名人藏书的现状、意义、开发利用等方面问题均多有论述，且已形成相对统一的观点，而名人藏书的入藏及展示、流通方式等，各馆根据自身特点有不同的工作方法。本文试以首都图书馆"四合书屋"特色藏书空间的建设为例，以文献入藏方式为切入点，对"名人书屋"特色馆藏的建立进行探索。

1　首都图书馆名人捐赠馆藏概况

首都图书馆（以下简称"首图"）是一座有着 110 年历史的省级公共图书馆，自建馆之初即开始接受各界赠书。鲁迅在日记中曾记载其为首图前身之一的京师通俗图书馆捐赠图书；著名学者梁漱溟在 1916 年将其藏书《楞严经正脉疏》一部 12 册捐给京师图书馆，供大众阅览。时至今日，首图接受了大量名人捐赠，其中影响力较大的有绥中吴氏赠书、于光远赠书、孙毓敏赠书等。

绥中吴氏赠书是著名学者、藏书家吴晓玲先生私藏，2001 年由其家属将藏书赠与首图收藏。这批藏书包括古籍 2272 部 6362 册，梵文、孟加拉文图书 564 册，文献价值极高。首图在古籍库中设专架，启用专用索书号段，保证吴氏藏书的独立性和完整性。读者可在古籍阅览室阅览藏书。

于光远是著名的经济学家、哲学家，其向首图捐赠的藏书除纸本文献外，还包括其会议讲话录音等，分别藏于首图视听库及图书库中。

孙毓敏是著名京剧表演艺术家，她捐赠的藏书作为北京地方文献的一部分入藏了首图北京地方文献库，在库中为其开设专架。读者可在首图地方文献阅览区调阅藏书。

2　"四合书屋"专藏建设

"四合书屋"是著名清史学家、满学家、北京史学家阎崇年的书房名称，取"天合、地合、人合、己合"之意。阎崇年在治学研史过程中与首图结下了不解之缘，近年来，更萌生了将其万余册藏书捐赠首图，便于更多读者利用之念。经过多次沟通，在充分考虑阎崇年意愿后，结合阎崇年藏书特色，首图在文献入藏、开放服务等方面积极探索，打造了"四合书屋"特色阅览空间，设立"四合书屋"文献专藏，并以此为契机建设"名人书屋"特色馆藏。

2.1 "四合书屋"文献特色

"四合书屋"藏书是阎崇年在治学过程中逐渐积累起来的，藏书中并没有珍贵的古籍文献，但其藏书学术体系完整，同样具有鲜明的特色。

第一，藏书专题体系完整，体现了阎崇年的治学研究的发展过程。阎崇年早年研究满学、清初历史，后延及北京史，因此在其藏书中，明末清代史料及研究著作，满学、满语书籍，北京史文献占比最多，几个专题均自成体系，结构相对完整，且能反映出阎崇年在不同时期的研究重点。尤其是清史文献，几乎囊括了研究清史所需的所有史料性文献，其中不乏数量稀少的珍贵文献。除专题文献外，诸如《中国通史》等史学研究经典文献也均有收藏。可以说，阎崇年的藏书基本能满足清史、北京史等专题爱好者及研究者的阅览研究需求。

第二，图书类型丰富。除研究用书外，阎崇年涉猎广泛，文学、艺术、旅游甚至科技、教育等各方面图书也是其藏书一部分。

第三，友人签赠图书众多。阎崇年在治学生涯中结识了大量同志友人，也收获了大量签名赠书，这些赠书在藏书中也是独具特色。

第四，收藏了阎崇年个人著作。阎崇年先后出版了 20 余部著作，且多次再版重印，数量众多。

第五，藏书品种丰富。藏书多为现代文献，以 20 世纪 80 至 90 年代出版物居多，除公开出版图书外，还有影音光盘、非公开资料、简报、照片、手稿等，品种丰富。其中，阎崇年先生从事研究六十年来摘抄的读书卡片 4 万余张最为珍贵。

2.2 "四合书屋"文献入藏

2.2.1 "四合书屋"文献与北京地方文献

许多名人在捐赠藏书时，首先都会考虑其居住地或家乡的图书馆，因此许多公共图书馆将名人藏书纳入地方文献专藏之下，如广州人文馆名人专藏、浙江省各级图书馆开辟的名人专藏等。"四合书屋"藏书在最初制定入藏方案时，首图也曾考虑将其纳入北京地方文献藏书体系，但在全面了解阎崇年藏书，对其特色进行分析后，参考北京地方文献入藏标准，同时考虑到后续"名人书屋"特色馆藏建设等方面问题，决定"四合书屋"藏书不纳入北京地方文献藏书体系。

北京地方文献是首都图书馆特色馆藏，已有成熟的藏书体系。在文献收藏原则上，北京地方文献遵循狭义的地方文献概念，即以文献内容作为判断地方文献的标准，地方出版物、本地人物作品均不作为入藏标准。"四合书屋"藏书中，内容为北京的文献占比不超30%，藏书如果入地方文献，需要对地方文献的采访原则进行修改，地方文献专藏体系也将有变动。此外，考虑到北京作为首都，有许多在京文化名人具有的是"首都"属性，而不具备北京地域属性，无法定义为本地人物，若将名人专藏纳入北京地方文献，日后再收集其他名人赠书时，会受到地域局限。因此，虽然阎崇年是北京地区的文化名人，但首图仍未将"四合书屋"藏书纳入北京地方文献馆藏体系，而是开设"名人书屋"特色馆藏，将这批藏书纳入其中。这避免了首图日后接收名人赠书受地域限制的问题，为"名人书屋"特色馆藏建设的可持续发展创造条件。

2.2.2 "四合书屋"图书入藏

图书馆接受图书捐赠一般会在查重后分拨不同馆藏地，纳入常规馆藏。"四合书屋"藏书品类多样，内容丰富，如按常规操作，文献会被打散分拨不同馆藏地，同一馆藏地的文献也会因图书馆排号规则分散上架，无法整体入藏，专题文献价值无从体现。阎崇年本人也希望藏书不被打散，整体入藏。为保证"四合书屋"藏书能整体入藏，也为保证"名人书屋"专题馆藏能够不断扩充，首图在系统设定及物理加工等流程上进行了探索，创新出一套文献入藏方式。

第一，系统新设逻辑库，重排种次号，增设馆藏地，保证书目数据独立完整。"四合书屋"藏书在系统中整体纳入首都图书馆分馆（ST001），藏书中80%以上为首图已有馆藏，若在现有逻辑库中增加单册或新建书目数据，图书种次号随馆藏大排序，这会导致"四合书屋"藏书以及日后建立"名人书屋"专藏图书种次号与首图其他馆藏混乱交叉。因此，首图特在系统中新设逻辑库，命名为"名人书屋"。除"四合书屋"藏书外，首图接收的其他名人藏书也将入此逻辑库。此外，首图分馆下还增设了"四合书屋阅览"及"四合书屋库"两个馆藏地，之后再接受其他名人藏书也会再专设馆藏地，以此方式区分"名人书屋"专题馆藏下的不同名人藏书。系统中的馆藏地与实际藏书地点相对应。

第二，新设条码号段。条码号是图书馆藏书的"身份标识"，每一册书都有自己唯一的条码号。首图藏书条码目前由13位数字字母组成，不同号段代表不同意义。参考首图条码号设置规则，"名人书屋"专题馆藏设置了专门的13位条码号——001TM00000000，由001+TM+000+00000四个号段组成。"001"为首图藏书代码，"TM"为"名人书屋"藏书；"000"为捐赠名人藏书编号，"四合书屋"藏书是第一批进入专藏的图书，即为001，以后入藏的文献将顺序排号；"00000"藏书为捐赠藏书流水号。条码号设置后，通过条码号就可对名人藏书专藏及各位捐赠者藏书进行区分、辨别。

第三，首图对"名人书屋"专藏的书标也进行了专门设置，书标格式为三行，第三行打印捐赠者姓名，如"四合书屋"藏书即打印"阎崇年赠"。

2.2.3 非书资料入藏

阎崇年捐赠的文献中，还包括大量手稿、剪报、照片等非书资料，这些资料有较多涉及个人隐私的内容，不适合对读者开放，首图在分类整理后登记造册，入库专藏。

2.3 "四合书屋"开放服务

阎崇年捐赠其藏书主要是为了让更多的读者能够阅读到这些书籍，为此，阎崇年还与友人共同捐赠了一套民国年间的《百衲本廿四史》，希望让更多的年轻人能摸到古籍、看到古籍，亲身感受传统文化的魅力。阎先生的意愿与图书馆追求开放、共享，推广全民阅读的理念不谋而合。为了能让这批藏书在得到妥善保管的同时对读者开放阅览，首图在 B 座 9 层开辟"四合书屋"专题阅览空间，制定开放阅览规则。首图"四合书屋"还原了阎崇年书屋样式，书屋内书柜、桌椅等物也均为阎崇年捐赠。书屋中展示了阎崇年照片、手稿、读书卡片等资料，使广大读者能近距离接触专家学者的藏书，并了解其阅读习惯，沉浸式感受阎崇年学术研究、创作时的氛围。截至 2023 年 8 月，书屋上架藏书近 4000 册，为体现藏书特点，大部分文献按主题上架，包括大套史籍史料、明清史、北京史、个人作品、友人签赠五大专题。每一专题下按索书号排序，突出文献特色及阎崇年研究重点。由于阎崇年藏书万余册，无法全部在阅览空间上架，"四合书屋"藏书面向读者实行闭架阅览，读者可凭阅览证提取阅览。

首图"四合书屋"作为特色阅览空间，在此也可举办读书沙龙或相关专题研讨等活动，还可以开展与入驻名人或名人研究成果相关的展览展示等活动，发挥空间作用。

3 关于图书馆接收名人捐赠的思考

"四合书屋"特色阅览空间的建立是首都图书馆接受名人捐赠的一次实践，馆藏系统、图书加工、开放服务等流程均有相应的设置及规则，为首图"名人书屋"专题馆藏的建立奠定了基础，也带来了关于名人捐赠的一系列思考。

3.1 应充分了解名人捐赠文献藏书特色

名人藏书多因捐赠者的研究方向或自身需求而有所侧重，因此，图书馆在接收捐赠文献时应对其藏书特色做充分了解分析，制定有针对性的入藏方案。"四合书屋"藏书即根据阎崇年研究专长及藏书特点制定了专门的入藏方案。

3.2 名人捐赠入藏应充分考虑本馆藏书体系特点

名人藏书是图书馆藏书体系的一部分，在突出藏书本身的特点同时，也应与本馆藏书体系相契合，使其成为图书馆藏书体系中的亮点。如"绥中吴氏藏书"即成为首图古籍的重要组成部分。首图开设"名人书屋"特色馆藏，将"四合书屋"藏书纳入其中，也是首图根据自身藏书体系建设特点及未来藏书建设规划制订的方案。各图书馆的藏书体系各具特色，名人藏书的入藏方案也不尽相同。

3.3 应尽力保证名人捐赠文献完整入藏

名人藏书各具特色，自成体系，有些藏书中还有赠书签字或捐赠者本人的批注笔记等。因此，图书馆应为名人藏书开设专藏，保证名人藏书整体入藏。对于"四合书屋"藏书，首图不仅开辟"四合书屋"阅览专区，设置专架，还创新性的在系统中设"名人书屋"逻辑库，新增馆藏地，新设条码规则、书标格式等，从图书入藏环节即开始保证"四合书屋"的独立和完整，且为以后其他名人赠书的入藏开辟出符合首图自身特色的新道路。

3.4 在妥善保管名人捐赠文献的基础上应尽量开放读者阅览服务

名人将藏书捐赠图书馆，除希望自己的藏书能够得到妥善保存外，多是希望藏书能够"化私为公"，充分发挥其文献价值。图书馆在接收藏书后，应尽快开放阅览服务，供广大读者阅览，供研究者使用。"四合书屋"藏书第一批到馆文献除涉及个人隐私的非书资料外，已全部实现面向读者开放。之后首图还计划针对其中文献价值较高的文献开展文献开发工作，挖掘其文献价值。

综上所述，名人赠书是图书馆藏书的重要组成部分、馆藏特色的重要体现。将名人赠书纳入馆藏、开放阅览服务，充分发挥公共图书馆社会职能，促进全民阅读，也是图书馆的职责所在。首都图书馆在接收"四合书屋"藏书的过程中，积极应对，从馆藏建设体系的角度全盘考量，探索并制定了符合本馆藏书特色的入藏及服务方案，突出藏书特色，保证其完整独立，使文献发挥了更大价值。

参考文献

［1］王玥琳.公共图书馆名人赠书工作探析——以首都图书馆藏绥中吴氏赠书为例［J］.山东图书馆学刊，2015（5）：54-56，62.

［2］姚少丽.广东省立中山图书馆鲍少游捐赠专藏概况与展望［J］.大众文艺，2019（11）：168-169.

［3］张前永.基层公共图书馆"名人捐赠"的实践研究——以"寸草书屋"为例［J］.山东图书馆学刊，2023（3）：41-46.

［4］高军善.论图书馆整体捐赠文献资料的系统性及相关工作［J］.图书馆学研究，2019（3）：39-43.

［5］姬秀丽.我国名人图书馆的发展模式研究［J］.现代情报，2012（3）：159-162.

［6］王春雪.伟人或名人图书馆的功能定位与发展模式探析［J］.四川图书馆学报，2013（6）：9-11.

［7］陈路遥.别有天地馆中室——图书馆"名人特藏馆（室）"建设现状及其人文价值［J］.图书馆论坛，2015（7）：79-82.

［8］陈幼华，吴仕明.LAM视域下的高校科学家图书馆功能体系建构［J］.图书馆论坛，2022（5）：52-59.

［9］何虹.图书馆地方文献资源建设与利用途径探索——以广州图书馆为例［J］.图书馆，2009（11）：105-111.

［10］吴妙夫，张晨，江依婷，等.公共图书馆阅读空间建设实践探索与思考——以浙江省为例［J］.河北科技图苑，2021（7）：63-68.

［11］潘艳，林妹娇，官文娟.我国图书馆捐赠服务研究综述［J］.图书馆研究，2021（9）：105-113.

［12］张前永.图书馆捐赠工作与全民阅读推广实践研究——以江苏省泗阳县图书馆为例［J］.新世纪图书馆，2020（5）：22-26.

［13］张微微，龚景兴，姚锦芳.高校图书馆特色人文空间建设研究——以湖州师范学院图书馆基于名人捐赠的特色专库为例［J］.大学图书馆学报，2019（5）：53–60.

［14］高军善.论图书馆整体捐赠文献资料的系统性及相关工作［J］.图书馆学研究，2019（3）：39–43.

［15］李青，冯子木，曹如国.名人珍藏馆的建设、开发、推广和利用——以临沂大学图书馆"爱国学者徐广存博士赠书珍藏馆"为例［J］.山东图书馆学刊，2018（6）：47–50.

［16］刘如娣.图书馆名人捐赠整理经验试论——以广东省立中山图书馆秦牧捐赠整理为例［J］.图书情报工作，2015（6）：72–74.

北京地区出土墓志整理研究综述

——以首都图书馆馆藏为例 [①]

韩　佳　　张小野 [②]

摘　要：北京地区拥有丰富的石刻文物，石刻文字为文史研究提供了大量的珍贵资料。墓志作为石刻内容的一种，反映各个时代的历史和文化状况。由于它能从多个方面补证史料的不足，因而被史学家们视为重要的考古学材料。首都图书馆北京地方文献中心收藏了大量北京地区的墓志拓片。本文对墓志的分布和年代进行了整理与研究，并介绍了首都图书馆对拓片的保护与利用情况。

关键词：石刻；墓志；拓片；首都图书馆

北京是一个拥有 3000 多年历史的古老城市，拥有丰富的历史和文化资源。石刻作为一种文化遗产，具有很高的艺术价值和历史价值。石刻的盛行，始于先秦，到了东汉时期，达到了鼎盛。隋唐之后，事无巨细常刻石以记之。北京地区有丰富的石质文化遗存，它们是重要的北京文化和历史资料。

石刻包括刻石、摩崖、石经、碑碣、墓志等，其中，墓志是数量较多

[①]　本文系 2017 年北京市社会科学基金项目"北京地区碑拓资料整理与研究"（项目编号：16LSB014）成果之一。

[②]　韩佳，首都图书馆馆员，研究方向：地方文献建设、图书馆学；张小野，首都图书馆馆员，研究方向：地方文献建设、地方志。

的一种。墓志是随葬在墓室中用以表明墓主身份的一种石刻，它记录了主人的姓名、生卒年月、家世、生平事迹、埋葬地点，并有一定的形制、文体和文字形式。《新中国出土墓志》总叙中曰其"形制起源于秦汉，变化于魏晋，定型于南北朝，兴盛于隋唐，经宋元明清发展，至民国仍然行用"[1]。与墓志在形制、内容上最接近的是墓碑，其使用年代早于墓志，因此，墓志的定型受墓碑影响极大。定型后的墓志铭文与碑文的区别在于：在除记述墓主本人一生功德之外，对其家族祖先世系以及后嗣、亲属关系的记录更为详尽。这与北朝、隋、唐讲究门第、推崇士族大姓有关。此后的墓志内容基本延续着这种记录方式，反映着不同历史时期的历史文化状况，从不同侧面补证史料的不足，因此成为重要的考古资料，受到史学界的重视。北京地区目前出土的墓志，除少部分传世品外，大多于 1949 年新中国成立后出土[2]。

首都图书馆北京地方文献中心藏有北京地区的墓志拓片 889 件，出土地区包括东城、西城、朝阳、丰台、石景山、海淀、顺义、通州、大兴、房山、门头沟、昌平、密云、怀柔、延庆十五个区，唯独缺少平谷区。时间上，从东汉、西晋、唐、辽、金、元、明、清、民国到新中国成立后，各个时期都有。其中时间最早的为东汉元兴元年（105）的《汉故幽州书佐秦君神道座》，最晚为 1964 年的《朱启钤墓》。这些拓片对于北京历史文化研究具有重要的价值，为以后的考古挖掘和研究工作奠定了坚实的基础。

1 墓志分布情况

1.1 整体情况

首都图书馆北京地方文献中心所藏墓志类拓片出自北京市各区。其中数量最多的是石景山区，共 589 件。其余分别为：海淀区 80 件、房山区 75 件、丰台区 32 件、通州区 35 件、怀柔区 26 件、西城区 7 件、顺义区 13 件、密云区 8 件、昌平区 3 件、大兴区 5 件、朝阳区 1 件、东城区 8 件、延庆区 1

件，另外有 6 件地点不详。没有涉及平谷区的墓志。

北京地区因其特殊的政治地位，埋葬地主要集中在石景山区、海淀区、房山区等外周边区域，以东城区、西城区为中心的老城区出土的墓志则很少。北京地区墓志分布成因有以下两点：

第一，墓址不可设于城市中心，不然容易受到干扰，但距离又不能太远，否则交通不方便。所以，海淀区、石景山区、朝阳区、丰台区，都是墓地选址理想之地。

第二，海淀区和石景山能够占据最多的数量，也是因为它优越的风水环境。昌平区天寿山明十三陵是北京最好的风水宝地，它是明朝永乐年间由礼部尚书赵羾和江西风水宗师廖均卿在北京找了两年多，最终找到的一处绝佳的地方^[3-4]。另外，海淀区玉泉山、金山等地，因山而建，山水秀丽，是许多公主、嫔妃、太监的安葬之所，风水也非常好。此外，贵族、文武大臣、道士、僧人、处士、平民等，都会被安葬在这里。

这些因素使得北京各地出土的碑文数目差异大、分布不均匀。

1.2 石景山区墓志情况

石景山区大部分的墓志类拓片都是从八宝山出土的。八宝山周围有很多的殡仪设施，是北京市有名的丧葬场所，以八宝山革命公墓最为出名。八宝山革命公墓的前身是明代的护国寺和刚公祠堂^①。明清时期，围绕刚公祠堂和护国寺形成了相当规模的太监墓群。所以，石景山区的墓志拓片，以公墓和太监墓为主。

石景山地区的古墓葬包括王室宗亲墓、官员墓葬、太监墓等。其中多葬"中贵人"（皇帝所宠幸的宦官或宫中有权势的宦官），留有石室、石雕像、石供器、石碑、石香炉等文物。最古老的墓葬为汉燕王刘旦墓庆陵。西晋华芳墓出土了北京最早的一方完整的墓志铭和北京最早的一把完整的骨尺，金代万寿王墓出土的墓志铭出现了一连串的地名，为研究石景山地区的历史提供了珍贵的资料；明代悼怀王墓出土的《悼怀王圹志》弥补了

---

① 参见首都图书馆北京地方文献中心馆藏拓片《黑山会护国寺碑记》。

明史的不足。此外，石景山地区古墓葬还存有歧惠王墓、珍妃墓、永宁公主墓、于成龙墓、刚炳墓、田义墓、瑞王坟等。

1.2.1 公墓

在民国以前，北京地区的殡葬相关政策和法规很少，基本上是沿袭了历代王朝所确立的传统的殡葬制度。民国时期，北平市社会局社会科社团管理股负责各省市会馆和义园、义地的管理；风化宗教股负责私人开办的公墓及火化场的管理。新中国成立后，北京市民政局民政科负责全市殡葬事业的管理工作[5]。在石景山区，除北京市八宝山革命公墓外，福田公墓也很有名。福田公墓创办于 1939 年，是北京市设施较全、设备较好的公墓之一。

北京地方文献中心所藏拓片有 543 种出自这些公墓。北京市八宝山革命公墓安葬对象主要是著名的爱国民主人士、老红军、革命烈士、高级工程技术人员、国际友人，如任弼时、瞿秋白、张澜、谭平山、司徒美堂、蓝公武、柳亚子、美国作家艾格妮丝史沫特莱等。福田公墓安葬对象主要是科学界、教育界、文艺界的知名人士[5]507。有一部分墓志记录了这些名人的生平。有一部分墓志则只有简单的生卒年，主要供后人凭吊和祭拜。人民公墓还有很多都是默默无闻的百姓，墓志大多只有生卒年，实际上并没有太多的研究价值。这也反映出，从民国开始，特别是新中国成立后，随着丧葬仪式的简化，土葬逐渐被火葬替代，人们对墓志的观念也逐渐淡化了。

1.2.2 太监墓

据所发掘的墓志统计，明清时期，西山一带的太监墓数量最多。石景山区的墓志，很大一部分为太监墓。其中较为著名的是八宝山革命公墓明朝太监刚铁之墓。北京地方文献中心的拓片中，有《田义墓志》《马荣墓志》《黎义墓志》《李童墓志》等，这些墓志都出土于法海寺一带的太监墓。其中最具代表性的是田义墓，它位于法海寺西南 500 米，是我国现存最完整、规格最高、石刻最精美的明代太监墓。这些拓片不仅为考论明代宦官的籍贯与民族、退休与养老[1]14-15 等提供了史料，同时有助于进一步了解明代的政治、经济、文化、外交等。

1.2.3 功臣、名臣墓

除了公墓和太监墓，石景山区的墓志拓片还有一部分是功臣、名臣墓，主要有顺治年间的孙龙墓，康熙年间的朱国治墓、佛科多墓、于德水墓、龙席库墓、于成龙墓、郭琭墓、朱文盛墓等，基本上为清早期的功臣、名臣。通过这些墓志，既可以了解这些功臣、名臣的事迹，也可以考证清早期的军事、政治、文化等情况。

1.3 海淀区墓志情况

海淀区墓葬分布范围很广，主要是墓地群，南部沿复兴路，北部至苏家坨镇，中部由万泉庄至海淀镇，东北至清华大学、上地、清河，均为汉代墓葬区，仅上地出土汉墓就有 1000 多个。八里庄一带、高粱河沿岸分布有大量的晋唐时期墓葬；羊坊店，海淀镇，清河，西山山脚下等地，集中分布辽金时期的墓葬，而在山前地区，更多的是元代的墓葬，比如位于颐和园的耶律楚材家墓，出土了大量的精美文物。明清两代的墓葬数目很大，而且分布很广。其中，皇室墓葬、王公贵族墓葬、太监墓葬是海淀区墓葬的一大特点。明朝的金山墓区，是除十三陵之外最大的皇族墓地，里面埋葬了不少夭殇皇子、公主、妃嫔，还有著名的景泰皇陵，以及魏公村、八里庄、魏公村等地的明朝宦官墓园，例如高时明墓等，规模宏大，堪比王陵。西山有七王坟，九王坟，瑞王坟，礼王坟等多个清朝王爷坟。有清初的太监墓，其规模远远不及明朝，主要是以墓园的形式保存，包括恩济庄，皂君庙，四槐居等 10 多处墓园，其中恩济庄就是大太监李莲英的墓。自民国以后，海淀区的名人墓数量众多，形成了一种独特的文化景观，其中万安公墓最为集中，汇集了语言学家王力墓，哲学家冯友兰墓，史学家商鸿逵墓等。在西山的山脚，有佟麟阁墓，孙传芳墓，王锡彤墓，梁启超家族墓，熊希龄墓，梅兰芳墓，马连良墓，刘半农墓，刘天华墓。还有正福寺墓地的冯秉正、方守义、韩国英、韩纳庆等传教士墓。这些墓葬的墓志，不仅为研究海淀区历史提供了一手资料，也为研究皇亲国戚、宦官、近代名人提供珍贵资料。

2 墓志年代概况

2.1 整体情况

首都图书馆北京地方文献中心所藏墓志类拓片，横跨东汉至新中国 10 个历史时期。其中数量最多的为新中国成立后的墓志，共 540 件；其余分别为东汉 15 件，西晋 1 件，唐 9 件，辽 1 件，金 1 件，元 3 件，明 56 件，清 191 件，民国 67 件；另有年代不详的 5 件。

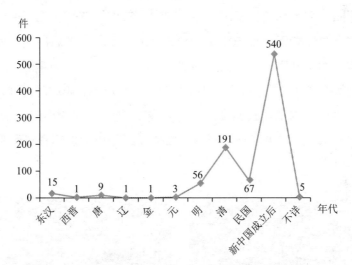

图 1 北京地方文献中心馆藏墓志类拓片年代情况图

2.2 东汉时期墓志情况

幽州书佐秦君墓阙石刻刻造于东汉元兴元年（105），1964 年 6 月于石景山区出土。该墓阙石刻共计 17 件，其中包括神道双柱、雕螭双础、阙顶、柱形构件等，该神道柱及阙残件是中国东汉神道石柱中保存最完整的，同时也是现存年代最早的神道柱。柱额长 48 厘米，宽 43 厘米，隶书题"汉故幽州书佐秦君神道"，残柱上端镌刻《乌还哺母》文，并有浮雕螭虎 2 只盘于柱侧承托柱额，平雕青龙、朱雀、门吏等，其出土证明了汉代的厚葬习俗，阳刻柱额成为后世篆刻的典范，《乌还哺母》的柱铭开创了北京地区的石刻艺术。首都图书馆北京地方文献中心所藏东汉时期墓志拓片全部为幽州书佐秦君墓阙石刻，共计 15 件，其中：汉故幽州书佐秦君神道座两件、汉故幽州书佐秦君墓刻碑文一件、汉故幽州书佐秦君神道柱左阙一件、汉故幽州书佐秦君神道柱右阙一件、汉故幽州书佐秦君阙《乌还哺母》一件、汉故幽州书佐秦君墓（神道柱）八件、汉故幽州书佐秦君墓刻一件，完整地反映了北京地区最早的碑刻，带有时代特征，具有重要的史料价值。

2.3　隋唐时期墓志情况

首都图书馆藏有唐代墓志 8 件。其中比较重要的一件是《平州卢龙府折冲都尉孙公（如玉）墓志铭》，1983 年出土于北京市通州区。其平面呈方形，志盖为艾叶青石制，呈覆斗状，正面中间顶部线刻 4 格，内各刻一篆字，题额为"故孙公墓铭"，余面线刻十二生肖像。志底乃青砂岩制，四边刻双线围框，内镌祥云缭绕；面刻纵线 16 行，行间刻小楷，行字不等，共 318 字。志文披露的长城、戍边、古关及通州历史地理资料可弥补史料记载之不足。

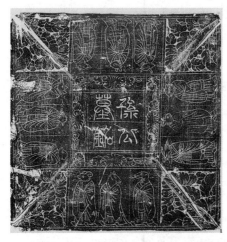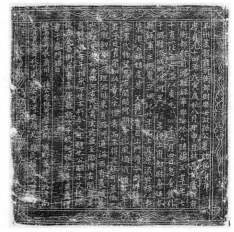

图 2　唐代孙如玉墓志铭拓片

《大唐故乐安郡孙公神道之碑》原出土于房山区广禄庄，因孙公墓葬遗址早已无存，原地保护已无价值，遂迁至云居寺集中保护。当然，也有可能此碑出土之地并非原址。碑文漫漶，无法通篇识读，但从额题可知是孙公神道之碑。由仅存碑文可知，孙公讳壬林，字茂卿。辨识碑文末尾落款可知，碑立于唐光启四年（888）五月十二日。此碑极具史料价值的内容，还在于其对孙氏祖先南"姬"姓随繁衍迁移而为"孙"姓、卜居乐安的过程。文字涉及很多典故、历史事件、历史人物、纪年、王位传袭等，对于研究中国"孙"姓家族的发展脉络有重要的参考价值。

2.4 辽、金、元时期墓志情况

北京曾经是辽代南京、金代中都、元代大都，该地区出土的辽、金、元的墓志备受关注。如辽代的《王守谦墓志》《韩佚、韩佚夫人墓志》，金代的《杨瀛神道碑》《吕徵墓表》《李抟墓志》《巨构墓志》《乌古论窝论墓志》《乌古论元忠墓志》等。

目前在北京发现的元代墓志很少，只有《铁可墓志》《张弘纲墓志》《耶律铸夫妇墓志》。不过，元代有不少重要的石刻，保留了许多珍贵的史料，对相关研究具有很大的参考价值。如《大蒙古燕京大庆寿寺西堂海云大禅师碑》《王德常去思碑》等。

2.5 明清时期墓志情况

首都图书馆北京地方文献中心所藏明清时期墓志类拓片共 260 件，占全部馆藏墓志类拓片的四分之一，可见明清墓志在北京出土之多。这些墓志涉及政治、经济、文化等方面的内容，具有重要的参考价值。明清时期的墓志形制差异不大，均为方形，材质为汉白玉、青石等。

明清时期北京墓志呈现三大特点：一是外地高官墓志非常少见。这是因为中国有叶落归根的传统，高官去世后一般回原籍安葬。二是皇族外戚及宦官墓志较多。这源于北京曾是明清两代都城，故皇族外戚、宦官墓志在北京出土的数量众多，其中明代宦官墓志数量亦非常可观，自 1955 年至 1984 年北京地区发现明代中晚期太监墓葬百余座，出土了大量墓志。三是卫所将士及其后人墓志甚多。这是因为北京是明朝北部重镇，从明朝初年开始朝廷就不断往这里调募将士，这些将士的后人们生于此、卒于斯、葬于此。

此外，在北京有一群特别的人士——传教士，他们的墓碑也就是传教士碑。自明代天主教士利玛窦来华以来，陆续有不少传教士来到北京，传播天主教义，沟通中西文化，有的还供职于中国朝廷，死后便被安葬在京城的集体墓地。北京至今还保留着百余座传教士墓碑，以西城区滕公栅栏原传教士墓园及海淀区五塔寺石雕博物馆碑林为代表。其中知名者除利玛窦外，还有汤若望、南怀仁、郎世宁、张诚、白晋、蒋友仁等。碑文采用中国传统的螭首或方首形，下面为方形底座，额题处镌刻十字或教会标志，碑面阴阳刻有汉文和拉丁文。明清时期的传教士墓志数量繁多，内容广泛，是考察当时社会历史、人物风俗、中西文化交流的重要资料。

2.6　民国时期墓志情况

民国新旧交替的巨变中，中西文化不断撞击。西方的文化思潮逐步渗入，与传统的学术思想产生碰撞。

在调查中，我们经常能见到一些雕龙刻凤的平民坟墓，虽然不是很大，但雕刻得非常精致。而且对材料的选择也很大胆，不再拘泥于传统。《王妙如女士墓志》是从海淀区征集到的，篇幅近一米，字体宽大，显示出墓主一家人的富裕生活，以及儿女对墓主的孝敬之意。在这一时期，还出现了《孙中山先生奉安纪念碑》《刘和珍君碑》《高君宇碑》《石评梅碑》等方尖碑文。

民国时期的历史、人物，都在石碑的拓片中均有体现。例如，现今仍在中山公园内的《美国前总统哈定墓碑》，西城区原地质图书馆址保存的《赵亚增碑》，现存于门头沟地区的北洋政府国务院总理周自齐墓前的华表、牌楼、墓道、对联以及《周自齐墓志铭》，还有海淀区出土的《故国务总理兼交通总长潘公墓志铭盖》，都能一一呈现。

2.7　新中国成立后的墓志情况

首都图书馆北京地方文献中心所藏新中国成立后的墓志类拓片除了《谭锡畴局长纪念碑》《葛兰恒墓碑》《王仪墓碑》3件来自海淀区的万安公墓，其余全部来自石景山区的八宝山公墓和福田公墓。新中国成立后的墓志估计538件，约占全部馆藏墓志类拓片的二分之一，基本上都是人物墓志。在这些墓志中，有参加亚非会议的死难烈士简历，也有名人名仕。这些墓志所记载的史料，都不是传世文献所能替代的。

3　首都图书馆馆藏拓片的整理、保护与利用

为了更好地保存古代石刻，1979年国家文物事业管理局发布《拓印古代石刻的暂行规定》，控制传拓数量，减少传拓对石刻所造成的损坏。2009年国家文物局发布《文物复制暂行管理办法》，旨在加强对文物复制的管理。2011年国家文物局发布《文物复制拓印管理办法》，规定"元代及元代以前的，应当翻刻副版拓印；元代以后的，可以使用文物原件拓印"并且"严格控制复制品、拓片数量"[6]。2022年国家文物局再次发布《关于加强石刻文物拓印管理的通知》，规定"严控拓印石刻文物范围，严格审批管理，严禁违法违规拓印"，"石刻文物保存状况和自身特点不宜拓印的，不得批准拓印"[7]。

因此，现存拓片更加弥足珍贵。为了妥善地保护与利用现有的拓片资源，首都图书馆一直倾尽全力更好地整理和保存拓片，并利用科技手段对拓片进行开发利用。

3.1　编目整理

北京地区碑刻拓片的整理工作始于20世纪30年代。北平研究院历史学会在对北京各寺庙的碑文进行考察、整理和传拓工作后，编印了《北平金石目》一书。《北平庙宇碑刻目录》由张江裁和许道龄于1936年出版。《馆

藏北京金石拓片目录》的初稿于 1959 年 9 月由首都图书馆编撰完成。本目录在著录条目上基本沿用《北平庙宇碑刻目录》设置，区别在于对其进行了功能分类，并编制了编年索引，供读者查询和检索。

拓片目录及索引是信息组织的又一种表现形式，能为研究者提供碑刻查找的线索。毛远明在《碑刻文献整理研究回顾与前瞻》强调碑刻文献目录的必要性，在已有目录的基础上进行全面收集和整理，科学地编制目录提要，以供查检，为碑刻文献的研究提供基本保障[8]。吴元丰在《北京地区满文碑刻拓片及其编目》记述了清代满文碑刻在人物传记、封赠制度、名胜古迹等诸多方面的研究价值，并全面介绍了已有的满文碑拓目录，为相关研究提供重要参考[9]。张靖在《论金石学学科领域的金石书籍分类》中区分列举了金石目录与金石书籍目录，提出便于理解及操作的归类思想，更好发挥拓片目录的信息指引功能[10]。

3.2　数字化与利用

首都图书馆北京地方文献中心所藏的北京地区拓片均保存在恒温、恒湿的书库中，有专门负责的馆员进行典藏管理。为了保护文献，首都图书馆将拓片进行数字化，让读者足不出户就可以在线浏览。北京历史文化大型多媒体数据库项目——"北京记忆"以首都图书馆北京地方文献中心馆藏资源为基础，通过对北京地方文献的梳理与再加工，将现有的馆藏资源整合成更方便读者使用的数字资源，以网站形式服务于读者。

"拓片数据库"（即"燕京金石"栏目）作为"北京记忆"的一个资源子库，收录了 3000 余幅金石拓片，其内容丰富，涵盖京城寺庙、衙署、会馆、陵墓等各个领域，跨越上千年，并可进行题名、责任者、年代、地点等信息的查询，为考古学、历史学、古文字学、美术史学、文学、经济学、法学、哲学等社会科学和自然科学的研究提供了大量可靠的资料。其中陵墓栏目下收录 33 幅拓片资源，读者可在线浏览和检索。

图3　"燕京金石"栏目

当今越来越多的图书馆开展了馆藏文献数字化工作，图书馆员逐步认识到，数字化文献不但可以有效保存纸质文献资源的核心内容，同时也为图书馆的各项业务发展提供便利，比如：为信息咨询提高工作效率，为文献研究提供工具，为文献再造创造基本条件，为各类型读者活动组织供应资源，为图书馆知识在互联网的广泛传播奠定基础。

拓片数字化的意义也在于，不但有效保护了原始文献资源，减少原件管理成本及对原件取用的损害，同时还形成了新的保存载体，更加有利于史料资源的有序整理与保护，为其全方位开发提供基础数据。碑刻拓片的文字信息、外观信息、保护、修复信息等都是学术界研究与利用的关键要素，对其数字化处理能够快速、高效地满足各类研究人员和普通大众的需求，挖掘石刻档案背后的历史信息，为相关学术研究作出贡献。

4　结语

明人吴讷的《文章辩体序题·墓碑墓碣墓表墓志墓记埋铭》中有记载："墓志，则直述世系、岁月、名字、爵里，用防陵谷迁改。埋铭、墓记与墓志同。而墓记则无铭辞耳。古今作者，惟昌黎最高，行文叙事面目首尾不再蹈袭。凡碑碣表于外者，文则稍详志铭。埋于圹者，文则严谨……"[11] 形形色色的墓志，反射出不同历史人物所处的千变万化，蕴含着丰富的历史文化。

通过对首都图书馆馆藏墓志拓片的整理，我们从地域分布和年代变迁等方面对北京地区出土墓志进行了研究。石景山区、海淀区、房山区等区丰富的墓志拓片，不仅反映出北京地区墓葬情况，同时也折射出城市发展变迁等方面的信息。各个朝代的墓志，更是直接反映出了北京的历史、文化、风俗等。这些墓志拓片为北京的历史文化研究提供了大量翔实可靠的文献资料。如果从碑刻学、文献学、历史学、语言文字学等交叉学科的角度切入，选择合适的学科视角，全面把握墓志拓片，不断创新研究理论，更能从跨学科研究的角度有所作为。

未来，首都图书馆将继续馆藏墓志拓片的整理工作，不断完善馆藏拓片目录，深入挖掘拓片的历史文化信息，对拓片资源进行开发与利用，传承中华民族优秀传统文化，讲好北京故事、中国故事，助力文化强国建设。

参考文献

［1］高景春，中国文物研究所，北京石刻艺术博物馆．新中国出土墓志：北京壹上册［M］．北京：文物出版社，2003：总序．

［2］王丹．北京石刻艺术博物馆馆藏墓志拓片精选［M］．北京：北京燕山出版社，2012：1-2．

［3］侯仁之．步芳集［M］．北京：北京出版社，1981：150．

［4］北京大学北京史编写组．北京史［M］．北京：北京出版社，1998：226．

［5］张明义，等．北京志·政务卷·民政志［M］．北京：北京出版社，2003．

［6］文物复制拓印管理办法［EB/OL］.［2023-08-08］.https://wwj.beijing.gov.cn/bjww/362760/362767/556574/556607/wwzpdbsyjbhxf/556998/index.html.

［7］关于加强石刻文物拓印管理的通知［EB/OL］.［2023-08-08］.http://www.hbbwg.net/index.php?c=show&id=1420.

［8］毛远明，碑刻文献整理研究回顾与前瞻［J］.吉首大学学报（社会科学版）.2017（3）：1-8.

［9］吴元丰．北京地区满文碑刻拓片及其编目［J］.满语研究，2016（2）：23-29.

［10］张靖.论金石学学科领域的金石书籍分类［J］.图书馆理论与实践，2010（3）：39-44.

［11］吴讷.文章辩体序题［M］.北京：人民文学出版社，2016：256-269.

馆藏拓片信息组织的实践与思考

——基于首都图书馆地方文献中心藏 1-1414 号拓片的利用 [①]

郑春蕾 [②]

摘　要： 拓片信息组织的意义在于全面实现馆藏拓片管理的自动化，及时了解资源建设情况，向读者展示拓片的详细信息，为文化教育、学术研究提供丰富的图文资料，进而为全球拓片资源的共建共享奠定基础。本文在介绍首都图书馆地方文献中心馆藏 1-1414 号拓片的基础上，分析拓片信息组织的主要研究成果以及国内图书馆相关工作的实践，论述了地方文献中心如何在 MARC 控制和编制目录两个方面对拓片进行有效的信息组织，从而实现其重要价值。

关键词： 拓片；信息组织；MARC 控制；目录

1　背景

首都图书馆历来重视特种文献类型的信息组织工作，其下属的地方文献中心（以下简称"中心"）整理、利用拓片的历史已超过半个世纪。北京地方文献工作始于 1958 年，中心现已发展成为北京地区系统搜集、整理、

---

① 本文系北京市社科基金项目"北京地区碑拓资料整理与研究"（项目编号：16LSB014）的研究成果之一。

② 郑春蕾，首都图书馆采编中心副研究馆员。研究方向：地方文献的信息组织。

研究和利用地方文献资料的大型文化记忆机构，为首都的政治、经济、文化、科学等研究提供专业的信息服务。

中心关于拓片的信息组织工作始于 20 世纪 50 年代接收北京工业学院（北京理工大学前身）图书馆移赠的 1414 种拓片。1930 年至 1934 年国立北平研究院史学研究会在编纂《北平志》的过程中"以备庙宇志及金石志之用"而进行了有计划的拓印。翰茂斋李月亭负责拓碑，常惠负责照相，李至广负责绘图，翁瑞昌负责记录。1930 年 3 月 7 日，史学研究会开始正式调查北平庙宇自外四区法源寺，至 1931 年北平内外城所有庙宇调查遂告完竣。1932 年史学研究会与各行政机关交涉后，增补传拓了一批之前遗漏的碑刻，又拓得清吏部衙门碑碣十四宗、都察院衙门内祠记御史题名六十八宗、洪承畴墓碑、旧司法部内雍正二年卧碑、杨忠愍手植榆树刻石等。11 月底，史学研究会开始赴近郊调查庵观寺院，后因平津时局紧张而暂停调查，转为整理编目、抄录碑文等内部工作。七七事变前，该会迁往陕西、云南，拓碑工作随之停止[1]。经考证，中心接收的 1414 种拓片正是上述拓印的部分成果，内容以佛教、道教、伊斯兰教等祠庙寺观碑为主，还涉及记事赞颂、哀诔纪念、诗词散文等。本文从拓片信息组织的理论研究以及国内图书馆相关工作入手，探讨中心通过对所藏 1–1414 号拓片进行 MARC 控制、编制目录等工作来实现其文献价值。

2 拓片信息组织的研究

2.1 拓片及其信息组织的意义

拓片是指利用锤拓方法将金石等器物的铭文、图案拓印下来的印本[2]，这些铭文一般记载某一地区的政治、经济、文化及社会生活等方面的实际情况，涉及历史、地理、艺文、宗教、天文、建筑等内容。作为地方文献的特殊载体之一，拓片与其他各类文献相互印证，弥补史料的不足。完整的拓片信息实际上是对金石原物、拓片和拓片数字资源的全面反映[3]，本文仅讨论拓片的信息组织。拓片信息组织是指对拓片进行描述与揭示，使之有序化、系统化的过程。其意义在于全面实现馆藏拓片管理的自动化，及时了解资源建设情况。向读者展示拓片的详细信息，为文化教育、学术研究提供丰富的图文资料，进而为全球拓片资源的共建共享奠定基础。

2.2　拓片信息组织的相关理论研究

对于拓片信息组织的早期研究主要是对拓片目录、索引等二次文献的编制及其分析。随着计算机技术和网络技术的迅猛发展，拓片描述和揭示的相关研究在制定元数据标准、资源数据库建设等方向深入展开。当前，拓片信息组织的理论研究主要集中在以下三个领域。

2.2.1　拓片元数据控制

拓片元数据标准的设计和整合是拓片信息组织的基础。国内拓片元数据的研究最早是由北京大学图书馆、国家图书馆等机构开始的。《拓片元数据标准比较研究》采用对比研究的方法，对《拓片与古文书数位典藏计划暨辽金元拓片数位典藏计划拓片 Metadata 需求规格书》、《北京大学古籍数字图书馆拓片元数据标准（草案）》以及科技部重大基础课题"我国数字图书馆标准规范建设"子项目"专门元数据规范"的拓片元数据规范研究成果等三家代表性拓片元数据标准进行分析，总结其各自特点，为相应的标准建设提供理论指导[4]。机读目录（MARC）是在图书馆应用较为广泛的一种元数据，字段是 MARC 的核心组成部分，如何通过字段揭示拓片的形式与内容特征成为拓片 MARC 编制的关键问题。《中文拓片的年代在 MARC 格式中的处理》在国家图书馆四年拓片编目的实践基础上，总结了书目记录中与铭刻著录相关的年代，探讨了如何处理时间信息在 191 字段中的应用，以满足读者在检索、排序等方面的不同要求[5]。

2.2.2　拓片资源库建设

计算机技术的发展为专题数据库建设提供了有力支撑，建立拓片资源数据库成为各大图书馆实现其信息组织的重要途径之一，翔实的图文信息更加便于读者的检索和利用。《浙江图书馆中文拓片回溯建库工作概述》回顾了浙江图书馆馆藏拓片的建库情况，探讨了建库标准，并列举了建库过程中出现的各类问题，以待进一步的查证与研究[6]。《中文石刻拓片资源库建设》则对 2000—2004 年国家图书馆和北京大学图书馆关于中文拓片数据库的建库模式、合作方法、建设情况和标准研制等进行了介绍，反映了国内拓片专题库建设起步阶段的发展历程[7]。

2.2.3 拓片目录、索引的研究

目录、索引是根据一定的使用需求，把文献的主要信息或部分内容摘录下来并标明出处，按一定次序排列以供查阅的资料类型。在图书馆采取手工编目的时期，作为二次文献的拓片目录和索引是了解馆藏拓片基本情况的主要手段，也是拓片信息组织的一种重要形式。《北京地区满文碑刻拓片及其编目》记述了清代满文碑刻在人物传记、封赠制度、名胜古迹等诸多方面的研究价值，并全面介绍已有的相关目录[8]。完备的目录体系为研究清代人物传记、封赠制度、职官名目、丧葬礼制、寺庙建筑、宗教信仰、文化教育、科举考试、著名战争、重大事件、名胜古迹等诸多方面提供了清晰的线索。

中心在以上既有研究成果的基础上，尝试从 MARC 控制和编制目录两个方面对 1–1414 号拓片进行有效的信息组织。

3 拓片的 MARC 编制

3.1 国内图书馆拓片 MARC 编制的发展

新中国成立初期，图书馆对于拓片的描述和揭示基本沿用古代金石文献的格式，除题名、撰书人、年代、所在地等基本款目外，制定了各馆的著录细则。20 世纪 90 年代，图书馆开始尝试使用计算机系统对馆藏拓片进行 MARC 编制，但很长时间内拓片的著录规则并未统一。2002 年，北京图书馆出版社出版的《中文拓片机读目录格式使用手册：中文拓片编目规则》[9]为拓片定义了多个专有字段，有利于拓片编目的规范操作，为全面描述金石原物及拓片的内容和物理形态提供了专业指导，自此图书馆的

拓片编目工作正式进入 MARC 时代[10]。就国内各大图书馆 OPAC 检索结果以及查询的相关文献来看，国家图书馆、北京大学图书馆、上海图书馆、浙江图书馆等几家图书馆编制了馆藏拓片 MARC 数据。

3.2 中心的拓片 MARC 计划

3.2.1 拓片 MARC 的前期调研

中心在计划拓片 MARC 化之前，针对所藏拓片进行了前期调研。馆藏 1–1414 号拓片由于年代久远，纸张陈旧老化，易脱落，需要特别小心，使用时尽量减少挪运。在人员方面，现有编目人员接受过编目原理及 CNMARC 专业培训，有多年地方文献编目经验，对规则的理解较为透彻，对出现的新问题能作出相对准确的判断。在图书馆操作系统方面，2017 年首都图书馆更换使用 Aleph 500 系统进行编目，新增了联编查询、存盘纠错等功能，便于复杂情况下的联合编目。综合以上因素，中心决定采用馆内专业编目人员独立完成的非外包形式进行 MARC 数据编制。

3.2.2 拓片 MARC 编制流程

中心拓片 MARC 编制的基本流程是从书库提取 1–1414 号拓片原件进行详细著录。编目规则主要依据《中国文献编目规则》[11]《中文拓片机读目录使用手册：中文拓片编目规则》《新版中国机读目录格式使用手册》[12]，并参考《国家图书馆拓片元数据规范与著录规则》。为了满足拓片著录的特殊需求，编目人员在启用拓片特有字段（例如拓片编目数据字段 191）的同时，也对部分通用字段（例如版本说明 205 字段、出版发行等附注 306 字段、操作附注 318 字段等）进行了重新界定。分类标引采用《中国图书馆分类法（第五版）》（以下简称《中图法》）、《北京地方文献分类表》（以下简称《北分表》）两套标准进行多重标引，主要是考虑《中图法》类号有利于同整个图书馆的分类体系相一致，适应集中检索，实现资源共享；《北分表》作为地方文献专藏库排架的分类依据，则能体现拓片的史料性和系统性等地方文献属性。主题标引则选用《中国分类主题词表（网络版）》的规范主题词。考虑到拓片主题揭示的特殊性，非控主题词 610、出版地／制作地检索点 620 等字段的使用对规范主题作出必要的补充说明。以《重建二郎神庙碑记》为例，MARC 编目数据的部分著录如下所示：

100##$a 20230801j169606##ekmy0chiy50######ea

1010#$a chi

191##$a aaep##f#bcfa

2001#$a 重建二郎神庙碑记 $b 拓片 $f［清］石文桂撰

210##$a 北京 $d 康熙三十五年［1696］六月

215##$a 1 张 $d203×69cm

300##$a 额题：万古流芳；阴额题"共成胜果"。

304##$a 正名取自首题

306##$a 出版时间为撰文时间

307##$a 碑高（碑额）202.6cm，宽 68.6cm；碑额高 33cm，宽 25cm

5171#$a 万古流芳

5171#$a 共成胜果

6060#$a 寺庙 $x 介绍 $y 北京 $z 清代

6100#$a 二郎庙

620##$c 东城区 $d 东四南大街

690##$a K878.604$v5

696##$a C44$2 北京地方文献分类法

701#0$c（清）$a 石文桂 $4 撰

4　编制拓片目录

4.1　新中国成立以来拓片目录的编制情况

编制目录是图书馆早期对拓片进行信息组织的一种形式。1979 年北京图书馆（国家图书馆前身）善本特藏部、故宫博物院明清档案部编制的

《北京满文石刻拓片目录》，收录了北京图书馆、首都图书馆、北京大学图书馆、中国社会科学院历史研究所图书馆、民族文化宫图书馆、中央民族学院图书馆等 6 家图书馆的藏品共计 642 件[13]，实现了拓片目录编制的一次重要合作。20 世纪 90 年代徐自强主编的《北京图书馆藏墓志拓片目录》[14]《北京图书馆藏北京石刻拓片目录》[15] 系统著录了北京图书馆所藏拓片，这两套目录的整理也为中文拓片 MARC 的著录规则奠定了基础。进入 21 世纪，随着拓片专题数据库的建设，目录的编制日渐式微。2013 年出版的《西北民族大学图书馆于右任旧藏金石拓片总目提要》采用题名、著者、年代、行款与尺寸、出土或存石地点等逐项记载的体例，记录了幸免于日军战火、原存于右任西安老宅、现藏西北民族大学图书馆的金石拓片，为人物研究提供了系统的线索，在新时期再次体现了目录学辨章学术、考镜源流的研究功能[16]。

4.2 中心编制的拓片目录

4.2.1 《馆藏北京金石拓片目录：初编》

1959 年 9 月，中心的前身北京文献组编制了《馆藏北京金石拓片目录：初编》（以下简称《初编》）。《初编》就当时所藏的 1–1414 号拓片按金石所在地点和内容分为庙宇、官署、陵墓、行会 / 会馆、题咏、其他等六部分[17]。前四部分均以其所在地点或墓主姓名排列，再依年代远近排列。五、六两部分由于数量不多，不再细分。正文著录了顺序号、金石名、题额、撰文者、相关年代以及金石所在地等项目，部分略加注释。书末附有编年索引，以便检索。这套目录以北平内外城寺庙的碑碣钟磬为主要内容，保存了当时宗教活动场所的一些重要信息，对于研究北京及周边地区乃至全国的宗教、历史、风俗等都具有重要的史料价值。

4.2.2 《首都图书馆地方文献中心现藏拓片总目》

随着时间的推移，拓片作为地方文献重要组成部分的价值越来越受到各界重视。中心陆续通过购买、接受捐赠等途径征集到不少珍贵的拓片，截止到 2022 年底，馆藏拓片总量 3400 余种 4830 件。2016 年中心申报北京社科基金项目"北京地区碑拓资料整理与研究"，计划编制《首都图书馆地方文献中心现藏拓片总目》（拟定名，以下简称《总目》）作为后续成果。《总目》一方面考虑现有馆藏的种类分布，另一方面根据拓片的功能及所立地点，在参考《初编》的基础上设置宗教、官署、陵墓、教育、建筑、人物、纪事等七部分，每类条目按照金石原物的刻制时间排序。著录细化是拓片目录发展的趋势，《总目》也将详细列举索取号（中心）、首题、额题、责任者（撰写、书写、镌刻、拓印等）、年代（内容、铭刻、拓制等）、碑刻地点、尺寸、拓片描述等项目。书后附有编年索引、人名索引、地名索引等，方便读者多角度查找所需拓片。这套拓片目录以现阶段所藏全部拓片为对象，总结中心 60 多年来在拓片搜集、整理等方面所取得的成绩，为拓片资源建设指明方向。

5   结语

中心在 1–1414 号拓片基础上建立起来的馆藏体系，通过 MARC 控制、回溯建库、目录编制等一系列的信息组织工作，清晰完整地描述和揭示拓片这一特殊文献类型在地方文献工作中所起到的重要作用，为研究北京地方史志提供了系统的文献保障。建设中的 MARC 数据、专题目录索引等信息组织成果既能方便读者一站式的在线查阅，也有利于专家系统的学术研究。首都图书馆计划以此为契机陆续完成北京地区拓片的信息整合，在此过程中的实践与思考也将为全球拓片资源体系的建立与完善提供经验。

参考文献

［1］袁碧荣，郑春蕾.北京地区碑拓资料整理研究——首都图书馆北京地方文献中心馆藏拓片综述［J］.贵图学苑，2018（4）：1–2.

［2］肖珑，苏品红，胡海帆.国家图书馆拓片元数据规范与著录规则［M］.北京：国家图书馆出版社，2014.

［3］胡海帆，汤燕，肖珑，等.北京大学古籍数字图书馆拓片元数据标准的设计及其结构［J］.图书馆杂志，2001（8）：15–17.

［4］张靖.拓片元数据标准比较研究［J］.中国图书馆学报，2010（1）：52-55.

［5］史百艳.中文拓片的年代在 MARC 格式中的处理［J］.国家图书馆学刊，2003（4）：78-81.

［6］周聿丹.浙江图书馆中文拓片回溯建库工作概述［J］.图书馆研究与工作，2010（2）：33-35，68.

［7］张志清，冀亚平.中文石刻拓片资源库建设［J］.新世纪图书馆，2015（1）：14-17.

［8］吴元丰.北京地区满文碑刻拓片及其编目［J］.满语研究，2016（2）：23-29.

［9］国家图书馆.中文拓片机读目录格式使用手册：中文拓片编目规则［M］.北京：北京图书馆出版社，2002.

［10］李花蕾，潘可新.图书馆拓片目录整理研究 70 年综述［J］.图书馆杂志，2020（8）：4-10，15.

［11］富平，黄俊贵.中国文献编目规则［M］.北京：北京图书馆出版社，2005.

［12］国家图书馆.新版中国机读目录格式使用手册［M］.北京：北京图书馆出版社，2004.

［13］北京图书馆善本特藏部，故宫博物院明清档案部.北京满文石刻拓片目录［Z］.北京：北京图书馆/故宫博物院，1979.

［14］徐自强.北京图书馆藏墓志拓片目录［M］.北京：中华书局，1990.

［15］徐自强.北京图书馆藏北京石刻拓片目录［M］.北京：书目文献出版社，1994.

［16］杨莉，赵兰香.西北民族大学图书馆于右任旧藏金石拓片总目提要［M］.兰州：甘肃文化出版社，2013.

［17］首都图书馆.馆藏北京金石拓片目录：初编［M］.北京：首都图书馆，1959.

首都图书馆藏老照片的开发与利用

丁　蕊①

摘　要： 老照片具有真实记录历史的史料价值，是图书馆特藏资料的重要组成部分。文章在介绍首都图书馆藏有万余幅老照片整体情况的基础上，重点分析近年来其在老照片开发与利用工作中的经验与遇到的问题，希望能为业界收集、整理、利用相关资源提供借鉴和参考。

关键词： 首都图书馆；老照片；特色馆藏；资源开发和利用

照片作为重要的文献载体，具有直观、现场、多角度的特点。照片资料最重要的意义是可与文字进行对照，印证文字记载的内容，弥补文字的讹误，全方位地展现时代氛围和历史细节。老照片，在国际上大体是指1953年之前扩印的照片。因这之前的照片感光层中含有较多的金属成分，色调也比较丰富，而1953年之后大部分相纸中添加了荧光增白剂以降低成本，照片看起来更白，但也失去了部分层次感[1]。在国内，老照片并没有一个确切的定义。比如著名的《老照片》丛书对老照片的要求是"20年以前拍摄的"[2]，因此可以说距今20年以前的照片都是老照片。学术界和收藏界以中华人民共和国的成立为限，也就是将1949年之前的照片称为老照片。

以老照片为代表的影像资料，也为相关研究打开了新的视野。随着社会上老照片热度的逐渐升温，人们开始从文化、社会、艺术等多角度去关

---

① 丁蕊，首都图书馆馆员。研究方向：民国时期文献整理与研究。

注它。收藏界将其作为新宠，重新审视它的市场价值[3]。图书馆界的同仁越来越关注老照片的文献价值[4]，在老照片的整理与保护[5-6]、开发与利用[7-9]等方面也不少研究成果。国内外图书馆界在老照片数据库建设方面所取得的成绩最为可观。早在十多年前哈佛燕京图书馆就对如赫达·莫理逊中国老照片[10]与克劳德·毕敬士中国老照片[11]等老照片馆藏进行了数字化加工，目前已形成了专题收藏，可供在线访问和查询。国家图书馆的"前尘旧影"数据库，收录了国家图书馆收藏的照片7000余种10万余张，具有十分重要的史料价值。

首都图书馆（以下简称"首图"）拥有110年的历史，馆藏浩繁，文化底蕴深厚。老照片是其特色馆藏之一，馆领导对老照片的相关工作也给予了高度重视，首图在老照片的整理与保护方面取得了初步成绩，从其公共图书馆的特性出发，对馆藏老照片开发与利用开展了一系列的工作。本文着重对这方面的工作进行总结，发现问题。

1　首图馆藏老照片的概况和特点

首图珍藏万余幅珍贵老照片，拍摄年代跨度很大，涵盖清末至20世纪50年代。为了更好地保存和揭示这批珍贵的历史资料，首图对馆藏老照片和底片进行了整理、数字化扫描加工以及标引。总体上说，这些老照片有如下几个特点。

（1）从拍摄年代看，主要可以划分为晚清老照片与民国老照片。1860年，意大利人费利斯·比托（Felice Beato）作为随军摄影师来到北京，他是第一位为北京拍照的西方摄影师。晚清时期的老照片存量极少，大多数保存在国外的收藏机构内。国内的照片大多收藏于国家博物馆、上海博物馆等大型博物馆内，图书馆的存量不大。首图所藏的晚清照片，数量虽不多，但其价值不可忽视。馆藏老照片以民国时期照片为主，由于技术的发展，这一时期的老照片总体数量激增，摄影者更加深入居民生活，题材更加广泛，其史料价值和艺术价值更高。

（2）从拍摄地点看，以北京本地为主，也有上海、广州、香港、兖州、青岛、张家口、武汉、杭州、九江等地。国外如美国、德国、英国、日本、马来西亚、新加坡等地的照片也有一定的数量。

（3）从拍摄的题材看，以人物和风景照为主，涉及民风民俗、市井生活、宗教信仰、文化教育、交通运输、戏曲艺术等多方面。如妙峰山香会、盂兰盆节、民国政要葬礼等系列组照，生动、真实、多角度地再现了当时的情景，是不可多得的图像史料。

（4）从拍摄者来看，可以分为名家作品、专业摄影师作品和摄影爱好者作品。著名摄影师如赫达·莫里逊（Hedda Morrison）、西德尼·D.甘博（Sidney David Gamble）等人的作品选材新颖、构图精美，其艺术价值、史料价值和收藏价值最受关注。专业摄影师作品多表现为照相馆作品，馆藏老照片中有拍摄者署名的，大多为老北京的大北照相馆、哈同照相馆、真真照相馆，通州的同新照相补牙馆，上海的国际照相馆等作品。存量最多的还是中外佚名作品。

（5）从装帧形式上来看，有精装照片、单张原片、相册影集等。早期的照片采用的相纸很薄，非常容易破损，所以必须进行装裱，通常是用卡纸进行托裱。晚清乃至民国时期，照相是一件奢侈的事情，人们经常把照片精心装裱，或珍藏，或送给亲朋。经过装裱的照片外观精美，有的还有题字签名，是馆藏老照片中艺术价值和史料价值较高的精品。家庭或团体的影集可以生动直观地展现其兴衰史，民国政要、社会名流的影集更是不可多得的珍品。馆藏相册中品相较好、价值较高的有著名文物收藏家福开森影集、辅仁大学影集、北京名胜影集等。

2 馆藏老照片的开发与利用

针对这批老照片，首图采取了改善储存环境、除尘、装入半透明无酸纸装、制作木质照片保存柜等一系列的原生性保护措施，同时也采取了数字化扫描、光盘存储等再生性的保护措施。在此基础上，为了使其潜在价值转化为实际使用价值，首图在老照片的开发与利用在如下几方面进行了探索。

2.1 建设特色数据库

特色数据库是指充分反映本单位在同行中具有文献和数据资源特色的信息的总汇，是图书馆在充分利用自己的馆藏特色基础上建立起来的一种具有本馆特色的可供共享的文献信息资源库。老照片作为特色馆藏之一，图书馆建设面向读者的特色主题数据库，是宣传和推广老照片最有效的方式。因而，首图本着读者至上的原则，建设了"首都图书馆历史图片数据库"[12]。该数据库内容丰富、主题明确、外观简洁美观，读者可以通过照片题名、拍摄者、拍摄时间、拍摄地点、主题词等进行检索和浏览。图书馆还以方便读者为出发点，以突出主题、揭示图片特色为原则，依据藏品特色，参照中图法对图片进行了系统分类。

由于建筑风景类照片数量多，读者的关注度也高，所以图书馆又将建筑风景内细分为故宫、太庙、中南海、北海景山、颐和园、山东、杭州、福建、广州、香港、西北、长城等专题。此外，还会根据时下热点设立读者感兴趣的专题。

2.2 出版专著

首图对反映北京历史文化的老照片做了细致挖掘和精心整理，精选出180余张整理成册并配以说明，出版《北京民俗影像》一书[13]。该书分为"京城胜迹""百业众生""闲情雅趣""文化教育""体育卫生""交通运输""民风民俗"七章，图文结合，从不同角度呈现北京的古都风貌和风土人情。一张张老照片所展示的场景、叙说的事件、描述的人物，虽然只是一鳞半爪，但展现了老北京昔日的风采，是非常重要的历史记录。《北京民俗影像》一书的出版，既保存了这批珍贵的史料，又可加深人们对历史文化名城北京的了解，让人们感受北京的历史韵味和活力。

2.3 为文物古建的保护修缮提供历史资料

古建是凝固的历史、时代的缩影，北京作为六朝古都，古建众多。根据北京市文物局官网文博数据，截至2023年，北京地区共有世界文化遗产7处、全国重点文物保护单位139处、市级文物保护单位410处。然而历经岁月的变迁，受到气候、自然灾害等影响，古建大多存在不同程度的老化和损坏。古建修缮通常本着修旧如旧的原则，采用传统工艺技术，让古建筑保留原汁原味的建筑风格。这就意味着在修缮过程中需要大量的历史资料作为支撑，而老照片正是诸多历史资料中最为形象直观的一种。2023年国家重点文物保护单位宣武门教堂在修缮过程中，由于缺乏历史资料而寻求帮助，首图根据其需求，提供了多幅民国时期反映教堂古建原貌的老照片。这些老照片为其修缮工作提供了重要的参考。

2.4 为图书馆展览活动提供资源

展览是文化产业管理中的重要形式，也是一种面对面沟通的文化传播媒介。随着全社会对图书馆工作的认知程度的提高，公共图书馆的建设和服务也向着多元化发展，举办展览已经成为图书馆活动的重要组成部分。公共图书馆所举办的展览多以文献为主题，但长期举办单一类型的展览会造成大众的审美疲劳，降低读者观展的积极性。深度挖掘特色馆藏、展示特色资源，是公共图书馆开发创新型展览、树立品牌形象的重要途径之一。老照片作为首图特色馆藏，数量较多、种类丰富，首图开发老照片相关的展览具有得天独厚的优势。从利用形式的角度分，主要有以下两种：

第一种是举办老照片专题展。2016年，首图精选老照片150余幅举办"旧影尘踪——首都图书馆藏老照片珍品展"，将20世纪前半叶的经济、文化、社会生活以老照片的形式真实地呈现在读者面前，让读者随着老照片中出现的新事物、新面貌一起，见证中国近代化的历史进程。2022年，首图选取展现老北京风貌的老照片百余幅，举办了"初心忆京华——首都图书馆藏北京老照片展"，以照片的形式记古，以成果的形式现今，从京城胜迹、百业众生、闲情雅趣、文化教育、体育卫生、交通运输、民风民俗、梨园撷英八个方面展示北京城市的变化，展示图书馆人在新的历史时期为文献保护所做的努力，希望观众们能在今昔对比中，感受北京的历史韵味和活力，体会幸福生活的来之不易。

另一种则是将老照片作为文献展的补充。2018 年 3 月，首图为丰富三八妇女节活动，并宣传"世界读书日"，举办了"千载诗韵百年才情——历代名媛佳作展"，选取馆藏历代著名才女的佳作，以时代为序，通过丰富的作品展示中国历代女性文学的发展脉络，从文学作品的角度展现女性风采。展览选取了馆藏里一些作者的绝版照片，将其放大加工，与文献共同展示，既能增强展览的美观度，又能使读者对女性作者有更深刻的认识。此外还选取了多幅反映民国时期女子教育的老照片，丰富展览内容，更形象直观地展现女性的风采。

2.5　为机关团体、企事业单位史志研究提供资料

中华优秀传统文化源远流长、博大精深，是中华文明的智慧结晶，也是中华文化创新的宝藏。对于机关团体企事业单位来说，了解自身的历史，深入发掘自身历史文化的内涵，是弘扬传统文化、赓续红色精神、不断砥砺前行的基础。例如，校史是对一所学校发展轨迹的真实记录，一部科学、真实、系统的校史，记载着学校创建、发展、壮大的历程，对学校的建设和发展具有重要意义。

2023 年 5 月，应北京市第 13 中学（以下简称"13 中"）之邀，首图工作人员前往该校图书馆调研其所藏古籍与校史资料。13 中坐落在西城区柳荫街 27 号原清朝的"涛贝勒府"（北京市重点文物保护单位）内，据该校校长介绍，该校前身是创建于 1929 年的辅仁大学附中。作为一所历史悠久的名校，其图书馆藏书内容丰富，数量可观。图书馆存有一批辅仁附中时期的校史资料，是学校百年历史的重要见证，也是研究北京教育史的重要史料。首图表示，未来将在文献整理和修复方面给予技术支持，并在此基础上开展更加深入的合作。此外，首图还为 13 中提供了辅仁大学附中时期的该校的多幅老照片，包括师生合影、校园风光、课堂教学等，内容十分丰富。这些珍贵的老照片，不仅是其重要的校史资料，还为学校的修缮与保护提供了宝贵的参考。

3 老照片开发与利用工作的反思与建议

3.1 提高数据库的质量与利用价值

近年来老照片数据库的建设，在质量和数量上都有显著的提升。各大数据库具有自己的特色，例如中国社会科学出版社的"中国近代影像资料库"，收录了丰富的革命史料；"老成都影像馆数据库""瑞安老照片数据库"等具有浓郁的地方特色。品种众多的数据库能给使用者提供更多的资料，但同时也带来了不便。各数据库的著录标准、分类标准等不尽相同，检索过程中容易造成错检与误检。数据库之间有重复的资源，也有存在关联的资源。例如某名胜古迹的老照片，相似或者完全相同的照片可能存在于多个数据库，而多个数据库当中也可能有其不同时期、不同角度、不同类型的老照片。这就给使用者全面获取资料带来了很大的麻烦。建议各图书馆加强合作，打破各数据库之间的壁垒，实现资源共享。在这方面大学数字图书馆国际合作计划（CADAL）已经取得很好的成绩[14]。CADAL 老照片数据库从不同的数据库中选取老照片资源，总量达 6247 件，通过数字化后，工作人员将其解析成"元数据"信息，进行多角度、多层次的著录和解读，方便读者检索使用。

3.2 加强老照片的鉴定与解读

老照片的质量是衡量一个数据库价值的关键。各数据库中都或多或少存在鉴定不准、解读有误的现象。以首图《旧影尘踪》老照片数据库为例，其中二千多幅风景建筑照片中有 10% 无法确定拍摄内容，仅有 3% 的照片有确切的拍摄时间。这不仅影像读者的使用，更有可能使珍贵的史料湮灭。要解决这一问题，除提高本馆工作人员的业务能力之外，笔者认为建立馆际互助机制，使更多的专业人士参与到照片的鉴定、解读以及纠错中来，是最有效的方法之一。

3.3 重视老照片展示与保护的协调

老照片相关展览工作开展已经越来越频繁，但由于展室的条件有限，照片在展览过程中可能会出现变型现象。首图参照古籍展览的经验，以加衬板、装裱、压镇尺、加盖透明板等方式对展览中的原版老照片进行保护。

3.4 创新视角、采用新技术，更好发挥老照片的作用

有些老照片展览存在缺乏新意、故事线单一等问题[15]。笔者认为要想使老照片展具有创新性，需要关注当下热点，紧扣时代脉搏，用新时代的眼光去审视这些历史资料，才能使其活起来。而且，当前科学技术日新月异，图书馆将新技术应用到老照片上，可以更好地发挥其价值。例如采用新技术，可以利用未知型号的相机拍摄的单幅已消失建筑的照片来制作老建筑的空间三维数字模型，并采用 3D 打印技术，实现数字模型到实体模型的转化[16]。这样可以更加凸显老照片在文物古建保护与修缮中的价值。

4　结语

由于时间和能力上的不足，首图的老照片利用工作还存在不少问题，如工作人员能力有限，对某些老照片的鉴定和解读不到位，影响其利用价值。下一步首图将着重提高工作人员的业务能力、丰富历史图片数据库的内容，更全面深入地使这批珍贵的老照片展现在读者面前。

参考文献

［1］罗永明.中国国家博物馆的老照片收藏［J］.文物天地，2018（6）：82-88.

［2］冯克力.老照片：第一辑［M］.济南：山东画报出版社，1996.

［3］仝冰雪.老照片的收藏及价格初探［J］.东方艺术，2006（21）：78-87.

［4］杨秀齐.浅谈照片资料的文献价值——以中国国家图书馆所藏老照片资料为例［J］.科技情报开发与经济，2012（16）：1-3.

［5］王冬乔.论高校图书馆老照片的整理工作［J］.文化产业，2022（26）：94-96.

［6］张铭.国内外黑白老照片保护研究进展［J］.影像技术，2017（6）：81-84.

［7］王向峰.公共图书馆"老照片"文献价值及整理开发［J］.图书馆工作与研究，2006（5）：72-74.

［8］裘争平.上海市历史博物馆馆藏老照片的保护与利用［J］.上海文博论丛，2010（1）：65-71.

［9］周加仁.老照片的收集途径与保存方法［J］.图书馆，2011（4）：117-118，128.

［10］Hedda Morrison photographs of China，1933-1946［EB/OL］.［2023-10-20］.https://library.harvard.edu/collections/hedda-morrison-photographs-china.

［11］Rev. Claude L. Pickens，Jr. collection on muslims in China［EB/OL］.［2023-10-20］. https://images.hollis.harvard.edu/primo-explore/search?query=any，contains，Rev.%20Claude%20L.%20Pickens&tab=default_tab&search_scope=default_scope&vid=HVD_IMAGES&facet=creator，include，Pickens%20Jr.，%20Rev.%20Claude%20L.，%201900-1985，%20American&lang=en_US&offset=0.

［12］丁蕊.图书馆特色数据库建设实践——以首都图书馆历史图片数据库为例［J］.图书馆研究，2016（6）：37-41.

［13］首都图书馆.北京民俗影像［M］.北京：北京联合出版公司，2022.

［14］范晨晓.基于CADAL平台的资源共享与应用"国际研讨会综述［J］.大学图书馆学报，2017（5）：5-9.

［15］阮琨.老照片展展览策划的实践探讨——以"钱江旧影——钱塘江流域老照片特展"为例［J］.文物鉴定与鉴赏，2019（24）：97-99.

［16］丁波，石若明.基于单幅老照片的历史建筑三维重建［J］.北京建筑大学学报，2019（3）：26-33.

以课题研究推动公共图书馆地方文献资源开发

——以"馆藏天津古旧文献书目提要"为例 ①

孙立智 ②

摘　要： 长期以来，公共图书馆承担着文化的传承与弘扬使命。就地方发展而言，想要迎来广阔的发展机遇，就需要发挥地方的特色和优势，利用文化联动，加强地方文献资源的开发整理与利用。本文以所申报地方文献相关课题为例，回顾了整个选题过程及研究路径和成果，分析了课题研究对公共图书馆地方文献资源开发的推动作用，论述了研究过程中如何发现新问题，如何实现文献二次、三次开发。

关键词： 课题研究；地方文献；资源开发

1　课题研究背景与概况

2018年1月1日《中华人民共和国公共图书馆法》正式实施，"明确要求政府举办的公共图书馆必须系统地收集地方文献，用来保护和传承地方文化"。地方文献是图书馆馆藏文献的一种独特资源，是一个地区的发展见证和宝贵精神财富，地方文献工作以建构区域文化资源为基本要义，以促进区域协调发展为核心目的，故学界对于地方文献的研究热度逐年增加。

① 本文系天津市艺术科学规划项目"馆藏天津古旧文献书目提要"阶段成果。
② 孙立智，天津图书馆馆员，研究方向：近代文献和地方文献开发与整理。

就笔者所在的天津图书馆来看，近年来，来馆查阅地方性资料的读者日渐增多，作为公共图书馆，整理天津图书馆所藏文献资源，将有价值有特色的文献进行开发、整合、编辑、出版，面向读者，投向社会，具有十分重要的意义。这样一方面可缓解学术研究资料欠缺的状况，另一方面可以促进提高馆藏地方文献品质，优化图书馆地方文献资源建设的发展模式，还有利于彰显本地区文化资源优势，传承中华优秀传统文化，进而为公共文化服务的高质量发展提供智力支持。

"所谓地方文献开发是在现有单个地方文献的基础上，通过系统地加工整理，有条理地整合地方文献资源，多层次揭示地方文献内容信息，增加其信息量，并根据读者需求和信息市场营销策略以多样化产品形式提供给用户的一种活动。"图书馆对地方文献的开发整理途径通常为对文献深度揭示的二次开发、数据库建设、文献影印出版等。

"万物有所生，而独知守其根"，保护和传承文脉是留住乡土记忆的根本，是文化与精神得以延续的关键。天津图书馆珍藏了数千种天津地方文献，它们是天津市传统文化的主要载体，也是古代、近现代历史研究的重要资料。这些文献弥久珍贵，但随着时间的推移，许多文献由于保存欠佳而残破，严重影响收藏和使用。近些年，随着"古籍保护计划"和"民国文献保护"工作的推进，国家层面给予了很大力度的支持，新中国成立前的历史资料也越发得到学界关注。笔者根据馆藏文献特点，于2018年成功申报天津市艺术科学规划项目"馆藏天津古旧文献书目提要"，项目成果是论著形式，书名为《天津图书馆藏地方古旧文献书目提要》，这是首本系统介绍解放前天津文献的重要工具书，既是对天津图书馆的新中国成立前地方文献的一次系统开发、辑录，又是对具有代表性的天津市现存地方文献的重点普查与整理，以提要目录的形式编辑成册，为广大地方史、区域史、出版史研究者以及文献收藏爱好者们研究参考提供检索途径和阅读信息，继而将古旧地方文献的保护整理及研究利用工作推向一个新阶段。

2 解析课题申报逻辑，提高立项成功率

2.1 确定选题及研究趋向分析

地方文献具有无法替代的文献信息价值和社会功用，需要进一步去挖掘、抢救、保护、开发、研究和利用。通过查询中国知网、万方数据库、读秀等电子资源，笔者发现，地方文献整理研究已经有了一定的深度。近些年国内出版了一些相关论著，主要以专题性目录和古籍影印为主，如 2010 年韩朴主编《北京地方文献工具书提要》，2012 年林华东主编《闽南与台湾地方文献目录》，2012 年湖南图书馆编《湖南古旧地方文献书目》，2014 年王国平主编《杭州文献集成》。而在其中，天津文献整理的相关著述寥寥无几，2017 年李国庆、王振良主编的《天津文献集成》收录 84 种影印古籍，2017 年罗海燕所著《天津文学文献整理与研究》则仅仅是对文学专题的整理，均缺乏系统性和完整性。就发表论文来看，与天津文献相关的研究屈指可数，主要集中在几个方面：①以个案为例，探讨地方文献的收集、服务等工作，如《谈地方文献采访工作的方法与策略——以天津图书馆为例》。②对地方文献数据库或数字化的有关研究，如《基于本体的大学图书馆地方特色资源库建设——以天津近代商业文化文献资源库为例》。③对某种特定文献的介绍，如《天津教育、出版史上的一份重要文献——直隶第一女师校友会〈会报〉简介》。以上成果虽然对地方文献有涉足，但在整理研究方面略显单薄，没有深度揭示地方文献的特性，展示天津地域特色。

笔者在工作实践中注意积累读者需求，发现馆员在参考咨询服务过程中缺少一部完整的文献检索工具书，而只能靠自身的专业知识提供一些零散的资料。因此笔者对天津图书馆地方文献资源层层梳理，于 2018 年撰写了"馆藏天津古旧文献书目提要"的课题申请书，申报天津市艺术科学规划项目并获批。该课题对天津图书馆在新中国成立前包含天津内容的书、

报、刊进行系统整理，并分类介绍，每种文献带有提要，可以明确文献内容，使在服务读者时能更精确的命中目标资料。该研究成果一方面可揭示馆藏文献，作为工具书，便利研究人员和读者查阅，另一方面对推动抢救性挖掘、整理某些重要文献，展示文献价值，进一步挖掘天津文化遗产，延续天津文脉，推动地域文化研究，将起到积极的促进作用。整个研究过程异常艰辛，但收获颇丰，2023 年初，项目成果已经在天津图书馆台口阅览和参考咨询服务中得到运用。

2.2　研究方法及价值分析

本项目采用文献法、比较分析法展开研究，基于馆藏文献，借鉴已有的成功研究成果，编制较系统、完善的目录。课题成果《天津图书馆藏地方古旧文献书目提要》主要收录解放前有关天津内容的文献，包括中文图书和报刊。其内容有如下特点：第一，为详细揭示文献信息，图书部分著录内容包括书名、著者（译者）、出版者、出版时间、形态、附注、馆藏索书号等，并根据文献内容，撰写提要；第二，据图书内容类别，按照历史、地理、经济、政治、社会、文教、文学艺术分类排列，并根据文献具体情况进行二级分类；第三，期刊及报纸部分，著录创停刊日期、编者或出版发行者、馆藏号、出版情况、栏目信息、创刊宗旨及内容介绍，以报刊名音序分别编排于后；第四，为方便检索利用，书后附书名索引、著者索引，以汉字拼音音序排列，期刊、报纸单独排序。本书目著成后，将成为馆藏天津文献的一部重要工具书，为专家、相关专业师生、文史爱好者等查阅资料提供文献支持，同时也为图书馆摸清了"家底"，方便后续的文献整理、数据普查和书刊保护工作。

3 分析课题研究路径，解构文献开发模式

3.1 课题研究成果及创新

"馆藏天津古旧文献书目提要"收录的地方文献是天津图书馆馆藏中反映天津内容的中文图书，以及在天津出版的中文期刊和报纸。具体收录地域范围以现行行政区域为准，即 16 个市辖区：和平区、河东区、河西区、南开区、河北区、红桥区、滨海新区、东丽区、西青区、津南区、北辰区、武清区、宝坻区、静海区、宁河区、蓟州区。其中图书部分包括公开出版物和内部出版物，正式出版物和非正式出版物，抄本、稿本、油印本等，无天津内容的地方出版物不予收录。但对一些在天津历史上产生过重要影响的人物，为便于读者对这些人物进行系统研究，对其著述酌情选收，总计收录 1200 余种图书资料。根据文献内容，除地方志外，每种资料均有简明内容提要。依据文献特点，目录编制分为七大类：历史、地理、经济、政治、社会、文化教育、文学艺术。每大类下又细分二级目录，详细信息见表1。

表 1 目录细分表

	历史	地理	经济	政治	社会	文化教育	文学艺术
1	方志	总录	总录	总录	总录	总录	诗文
2	史料	游览	工业	地方行政	统计	大学	诗词
3	家谱	地质	农业	团体、参议会	风俗习惯	中学、中职	楹联、挽言
4	人物传记	水利	渔业、牧业	地方自治	社会团体	小学	日记函札
5	杂记、杂述	舆图	盐业	训练团	社会救济	民众教育	小说

	历史	地理	经济	政治	社会	文化教育	文学艺术
6		气候、气象	矿业	军事、警政	宗教	科举、书院	戏剧、电影、曲艺
7			商贸	司法		文教	民歌、谚语、谜语
8			财政	法令、法规		图书馆、博物馆	书法
9			金融	租界、涉外		书目	
10			交通、邮电			新闻、出版	
11			水电			医药卫生	
12			市政建设			体育	

本成果收录在天津创刊的期刊 500 余种，整理出藏有创刊号的期刊 246 种。笔者通过翻阅大量资料，将每种期刊的创停刊时间标注在册，对于没有明确创刊时间的，根据已有史料推测至具体年，并将有据可查的创办者、刊名变迁、出刊频率、创刊宗旨、栏目信息、特色内容进行介绍。报纸收录 39 种，拥有创刊号的报纸仅有 6 种。编辑体例与期刊相似，不再赘述。

3.2 发现珍稀史料，推进资源系统化开发

笔者在整理过程中发现了一批极富特色的珍稀文献。

3.2.1 近代天津工业资料

启新洋灰股份有限公司前身是唐山细绵土厂，创建于 1889 年，总部设在天津，是中国自营的第一家水泥厂，承载了半部中国近代工业发展史。笔者整理出有关启新洋灰公司的资料多达 16 余种，包含《启新洋灰有限公司招股章程》《创办立案章程》等一系列公司制度章程原件，详细记录了公司各项制度简章、生产工序、制作方法、业务扩张、购地清单、职员信息

等情况。不同年份的《启新洋灰公司账略》保存了公司自然年收支、盈余情况及查账报告等财务信息。此外，还发现了有关公司的证书、化验单、纪念册、出品样本、注册商标等极为珍贵的图片资料。这批资料弥足珍贵，为近代天津洋灰产业的研究增添了新的史料。

整理过程中，笔者还发现有关永利制碱公司的一些原始罕见文献。《永利制碱公司股东会议事录》详细记录了总经理范旭东在各届股东会议上的报告及公司计划和章程;《苏达工业》介绍了世界各国碱业发展情况;《永利完成酸碱工业之意义》对其酸碱生产的主要产品均有详细说明，并论述了永利制碱公司（永利化学工业公司）为中国化学工业奠定基础的重大意义，公司内景、宿舍、设施全部有照片呈现。永利制碱公司是中华民国时期规模最大的私营制碱企业。在20世纪30年代，"永利化工厂"和南开大学、《大公报》被称为"天津三宝"。这些文献将是促进天津地方史、工业史深入研究的宝贵财富。

3.2.2 华北水利相关文献

华北水利主要由海河水系构成，系南北运河、永定河、子牙河、大清河及其支流，经京、冀在津汇入海河，流入渤海。这些河流在滋养生命的同时，也会带来水灾，历代天津相关行政部门十分重视对这些河流的治理。民国时期，天津成立专门机构——顺直水利委员会，后改为华北水利委员会，还有海河工程局等，在治河防患、开发建设水利工程方面做了大量工作，留下许多文献资料。天津图书馆收藏的水利史相关文献非常丰富，特别是20世纪20至40年代，有关华北水利工作章程规则、工作报告和计划等内容的文献有90余种，图文并茂地反映了该时期华北水利事业的全貌，其中一些为油印本，未见正式出版发行，非常珍贵。如《永定河疏治研究》《顺直水利委员会总报告》《整理海河计划》《海河工程局略说》《永定河整理说贴》《河北省各项水利单行法规》《海河工程局报告书（1928—1937年）》等，兼具资料系统性和稀有性，极富科研和资政价值，亟待整理和开发。

3.2.3 天津近代第一份报纸——《时报》

《时报》是目前发现的天津近代最早的报纸，由天津海关税务司英籍德国人德璀琳和英商颐和洋行的总理茄臣创办。史学界一般认为天津近代第一份报纸是英文版《时报》，创刊于 1886 年 11 月 6 日。笔者在翻阅天津图书馆所藏中文版《时报》时发现，报纸首页提到："天津图书馆开设天津紫竹林下招商局北栈后，采访新闻延览告白：自四月十三日起开印报章……"文中所提"四月十三日"即公历 1886 年 5 月 16 日，所以创刊时间应是此日，这份报纸的挖掘更新了史学界的一般说法。《时报》大量刊登京津地区新闻，为南方报纸所少见，显示出鲜明的地域特色。其办报方法为近代其他报纸的创办提供了参考，为近代天津报业的繁荣打下了基础，更为后人留下了百年前北方社会的历史记载，在新闻史研究、地方史研究、广告史研究等方面的历史价值极高。

4　关于课题研究与文献开发关系的思考

得益于图书馆前辈们对地方版图书做过一些基础性的整理工作，加之笔者有编制馆藏民国地方图书的数据的基础，故这部分的整理较为轻松。但本课题因体量较大，收集资料的过程烦琐且难度高，整个报刊部分整理研究过程异常艰辛。项目的难点在于报刊资料的梳理和信息收集，前文已提到，天津图书馆只有不到一半的期刊和极少比例的报纸有创刊号可供查阅创刊时间、创刊宗旨等信息，余下的全部需要翻阅整份报刊或其他二手资料，抽丝剥茧，寻找信息线索。由于天津图书馆近代藏书全部统一存放于地下书库，笔者在做好一线服务等日常基础工作的同时，抽空做这项文献信息提取工作，耗时较久。对于在原始纸本文献中无法查到的信息，笔者充分利用数据库、电子书等数字资源，广泛翻阅《文史资料》、出版资料、近代报纸及相关论文论著，尽可能找到精确的佐证材料，在此过程中，收获了更多的文献知识，了解了近些年学术界的研究状况，丰富专业知识的同时，也提高了业务素养，这对地方文献工作者的参考咨询服务工作很有助益。

在项目整理过程中，发现了如前所述的一批特色珍稀文献。目前，天津图书馆已将其中部分保存完整、具有学术研究价值的文献分类分批申报"革命文献与民国时期文献保护计划"项目，如《天津特别市政府公报》《天津图书馆藏民国时期华北水利史文献资料汇编》，均已获批。下一步我们将继续进行地方特色文献的影印整理工作，并有计划利用这些资源创建相关主题数据库并向社会公开，以得到更广泛的使用。以课题申报的方式来开发和整理地方文献，在整理过程中又实现了文献的二次、三次开发，形成了良好的循环体系，这种方式在天津图书馆得到了具体实践。

课题研究与地方文献开发成果，可以为本地区发展规划的制定提供科学借鉴和决策依据。图书馆工作人员应有加强科研成果转化应用的主体意识，促进地方文献产学研用一体化融合。课题研究是地方文献资源开发利用的重要构成要素，值得注意的是，课题研究不仅仅是为成果而进行，在研究过程中要特别注意资源的二次开发，可以先对馆藏进行初步的摸底，然后对稀有文献、特色文献和专题文献进行着重整理和加工，为下一步深度挖掘史料做足准备，让课题越做越深、越做越细。此外，省级图书馆应发挥在公共文化服务体系中的功能，加强与其他机构之间的融合发展，将地方文献开发整理与研究成果运用于家谱编纂与重修、志书编纂、乡土教材编印等方面。同时，充分利用数字时代多媒介传播的优势，加大科研成果的宣传与推广，有效推进科研成果在政府、企事业单位、科研院所的广泛应用和转化。

5　结语

大多数省级公共图书馆的地方文献资源建设已受到重视，并具有一定的规模，地方文献的开发整理工作和相关科研工作都在持续推进中。为了适应中国式现代化图书馆从信息化向智慧化发展的趋势，各馆应加强地方文献专业人才队伍建设，充分利用大数据时代资源富集的优势，结合国家文化发展战略，发挥科研力量，从不同视角挖掘和开发特色地方文献的价值，促进地方文献成果应用于天津图书馆业务建设，进而加强地方文化发展研究，彰显地方文献服务社会的价值。

参考文献

［1］苏萦.公共图书馆收集地方文献的渠道［J］.河南图书馆学刊，2020（12）：35-36.

［2］蔡晓绚.谈谈公共图书馆地方文献资源的开发［J］.图书馆理论与实践，2007（1）：122.

［3］广告［N］.时报，1886-11-08（1）.

［4］许魁义.论公共图书馆地方文献工作的多元化发展［J］.图书馆研究与工作，2022（9）：76-80.

［5］窦鹏.“十四五”时期省级公共图书馆地方文献开发对策［J］.图书馆学刊，2021（8）：24-32.

［6］宋灵超.路在何方？——科研视域下的图书馆智能咨询服务现状与未来［J］.图书论坛刊，2023（7）：91-99.

［7］胡娟，柯平.我国智慧图书馆建设的合作模式［J］.图书论坛刊，2023（5）：23-33.

［8］王盛，张春红，王旭.科研协同背景下高校图书馆个性化“学科情报订阅”服务的实践探索［J］.大学图书馆学报，2023（3）：88-93.

公共图书馆地方文献馆藏建设探要

——以首都图书馆为例

吉亚楠 [①]

摘　要： 地方文献对特定地域的自然、社会、人文方面有完整且系统的反映，具有重要的文献价值。公共图书馆中，地方文献的搜集与整理、流通与开发工作至关重要。本文以首都图书馆为例，对地方文献馆藏建设进行分析，阐述建设亮点，对于公共图书馆加强地方文献馆藏建设有参考和借鉴意义。

关键词： 地方文献；特色馆藏建设；公共图书馆；创新服务

地方文献的特征表现在其具有鲜明的地域性[1]，它对特定区域内的自然、人文现象的研究和翔实记录，对反映区域内的文化及其背景有着重要意义。大多数地方文献馆藏的搜集、整理、典藏和开发都由相应区域的公共图书馆完成，因而公共图书馆中，地方文献馆藏建设格外重要。首都图书馆北京地方文献中心素有"馆中之馆"之称，也是北京行政区划内专门收集北京相关文献信息资料的机构，为北京市的科学研究、经济建设和决策提供重要依据，因而地方文献馆藏建设工作更是首都图书馆工作的重点。20世纪40年代，因杜定友先生在广东大力倡导，我国首次出现正式的图书馆地方文献工作。经过80余年的发展，公共图书馆中地方文献工作越来越受到重视，省级图书馆在地方文化的保护和传承方面发挥重要作用，如上海浦东图书馆、湖南图书馆、甘肃省图书馆等。目前，浦东图书馆在

---

① 吉亚楠，硕士。研究方向：地方文献馆藏建设与发展、公共图书馆地方文献服务。

地方文献资源建设方面突出特色文献的智慧化建设及开放主题馆建设，让更多读者直接感受"应改革而生，因改革而兴"敢为人先的浦东精神[2]。湖南图书馆则针对地方人物著述进行重点资源建设，单独建有"湖南人物资料中心"，形成了毛泽东著作版本室、徐特立藏书阅览室等名人专库[3]。甘肃省图书馆则把西北地方文献作为特色馆藏资源建设的重点，形成了独具特色的精品资源服务方式。这些图书馆的做法为首都图书馆地方文献资源建设提供了参考和借鉴。

1　地方文献资源建设

1.1　地方文献馆藏建设的意义

地方文献馆藏建设具有很高的文化价值。它完整保存地方史料，有助于地方文化的保护、传承和开发。首都图书馆对搜集到的地方文献进行二次加工、整理和典藏，这对国家文献系统来说是重要补充，对北京文化的传承也有重要意义，同时通过专题咨询实现了对文献价值的有效利用和开发。近年来首都图书馆北京地方文献中心编制了各种专题的资料汇编，如《正阳门历史文化资料汇编目录》《北京钟鼓楼历史文化资料汇编总目录》《景山历史文化资料汇编总目录》等，有助于自身品牌馆藏建设，也对当下北京中轴线申遗有重要的参考价值。地方文献馆藏建设有助于满足读者对地方文献信息的需求，对于科研和社会发展都有促进作用。

地方文献馆藏建设还具有一定的现实价值。它能为地方政府制定政策和规划提供科学依据，有助于政府科学决策。地方文献内容丰富，图书馆通过对所在地区特色文献的搜集、整理，通过挖掘文献的深层价值，对文献内容进行分析和整合，从而对馆藏体系进行补充。就首都图书馆而言，地方文献中心专门搜集与北京相关的各种文献，内容涉及政治、经济、文化、工业、农业、自然资源等方面，对北京地区的各方面有最直接的反映，因而可以为政府机构科学决策提供重要参考。

1.2　明确地方文献采访原则

地方文献采访工作是地方文献工作的基础，也是地方文献馆藏建设的重要环节。比起公共图书馆的一般采访工作，地方文献采访工作有其特殊之处，是采访工作人员采用各种方式，从社会的各个方面采集与地方文献相关的文献资料。杜定友先生认为："地方文献是指有关本地方的一切资料，表现于各种记载形式的，如：图书、杂志、报纸、图片、照片、影片、画片、唱片、拓本、表格、传单、票据、文告、手稿、印模、簿籍等等。"[4] 由此可见，地方文献不仅地域性显著，而且种类繁多，形式多样，明确采访原则对采访工作有着重要指导意义。

（1）地方文献采访工作应遵循整体性和重点性原则。北京地方文献中心对与北京相关的有一定学术价值的文献资料做到了"应收尽收"，馆藏涉及政治、经济、农业、工业、市政建设、交通、公用事业、文化、教育体育等十七大类。同时，根据北京地域特色及发展需要，也做了专题收集，更具有针对性，也更能体现北京文化特色，这正是整体性和重点性原则的体现。重点性原则建立在整体性原则之上，两者相辅相成，为采访工作提供详细参考。

（2）地方文献采访工作应遵循持续性原则。持续性原则是地方文献搜集的计划性的体现。只有坚持持续性原则，才能在采访工作中做到内容的全面、完整、系统，与已有文献一脉相承，相互补充。地方文献形成全面系统的馆藏体系需要长期积累，只有数年如一日的积累才能保证整体性和重点性原则的实现。

（3）地方文献采访工作应遵循共建共享原则。这是图书馆文献资源建设的趋势，也是保护地方文献资源的需要。在采访工作中，图书馆因政策、资金等因素，不可能做到面面俱到。2017 年，文化部颁布的《"十三五"时期全国公共图书馆事业发展规划》中提到："完善文献资源协调与共享机制，充分发挥省级公共图书馆作为地区性文献资源保障中心的作用，联合本地区各级公共图书馆共同开展地方文献资源的建设与服务。加强各级公共图书馆与其他系统图书馆之间的资源共建共享，实现分工协作、优势互补。加强各级公共图书馆联合馆藏建设，完善国家文献信息资源总目，实现文献信息资源在统一平台上的共享利用。"[5]因此，馆藏建设需加强馆际合作与协调，避免资源重复建设，确保地方文献资源的全面性和完整性。

2 首都图书馆地方文献工作的具体做法

2.1 拓展采访渠道，有效补充地方文献馆藏

地方文献内容和形式多样，所以采访渠道也呈现出多样化特征。图书馆只有通过多渠道的采集方式，才能实现对现有馆藏的全面补充。

（1）主动索要收集。地方文献中有一部分文献是非公开出版物，此类资料是地方行政机关、企事业单位和团体在特定的社会范围内出版，形式包括图书、报刊、论文集、会议纪要、调查报告、文件汇编等。此类型文献不公开出版发行，因此需要我们主动索要收集，从而建立长期稳定的赠送关系。首都图书馆作为国家一级图书馆，基本和各区政府、部分企事业单位实现了良性沟通，所收集的非公开出版物大致包括各区年鉴、报纸、杂志，每年通过邮寄形式发放。

（2）专业订购。地方文献采访人员会通过搜集新书目录整理所需文献书单，从书店、出版社及时订购，每年都有相对固定的采购经费，这也是地方文献对于公开出版物采集的主要方式。首都图书馆的地方文献采集方式多样，包括国营书店、专业书店、大型出版机构，书市及书摊等，除此之外还有固定的合作书商作为采集补充。

（3）参与拍卖。图书馆通过这种方式收集地方文献需提前了解相关拍卖会信息，通过线上预览或者向拍卖公司索要拍品目录了解相关文献信息，有针对性地参与竞拍从而补充地方文献。拍卖会作为特殊的交易方式，吸引了各类文献收藏者参与，因而拍品种类纷繁多样，这为公共图书馆提供了便利。参与拍卖需要做翔实的准备工作，包括获取文献来源渠道、整理

所需购买文献清单并查重、实地走访核实文献内容、结合文献重要程度择优竞拍。这四个环节中，前两项是基础，可以从相关拍卖网站上获悉相关信息，并将这些信息仔细做整理归类即可，后两项是关键，其中实地走访直面文献本身，仔细查看文献内容对于核定文献价值非常关键，在实际工作中会有文献内容有缺项或者内容过于单薄的情况，这对于衡量文献是否能够进入竞拍环节提供重要参考。首都图书馆地方文献采访工作中，参与拍卖也是重要方式之一，目前首都图书馆参与了北京海王村拍卖有限责任公司、泰和嘉成拍卖有限公司等多家公司拍卖，收获了部分特色地方文献，例如有关北京的照片集、地图、报纸、同学录、行医笔记等，这些珍贵文献丰富了地方文献馆藏品类。

（4）参考复制。公共图书馆中地方文献资源建设格外重要，但因文献资源本身独特性和多样性的特点，图书馆不可能掌握所有的文献资源，还需要参考借鉴有关地方文献馆藏的地方图书馆、档案馆等。因此图书馆应与相关资源馆建立良好的伙伴关系，定期梳理地方文献馆藏，通过多种检索方式，对比搜索自身所缺馆藏，制作目录，用扫描、复印复制、缩微等方式扩充珍贵文献，促进地方文献资源体系化建设。

（5）文献征集。这种方式是指通过线上或者线下发布所需征集的文献信息，吸引文献持有者通过非贸易方式自愿捐赠给图书馆。这种方式需要各类专家学者、个人团体的热情支持，是补充馆藏的方式之一，促进了广大读者和图书馆的互动。首都图书馆官方网站有捐书栏目，同时不定期发布相关文献征集公告。地方文献征集也会通过采访人员及馆员的人脉资源获取相关文献，如2023年4月21日，阎崇年与首都图书馆签订捐赠协议，捐赠毕生藏书，藏书以清史、北京史研究文献、个人著作为主，充实了北京地方文献馆藏。

关于地方文献采访渠道，欧美国家公共图书馆的做法也值得我们借鉴。他们的做法有：倡导地方媒体进行宣传，吸引读者参与，为地方文献馆藏建设提供更多思路；不定期举行文献专题活动，提倡私人捐赠；组织专家深入社区调查，挖掘隐藏的地方文献资源；与社会机构进行合作，通过购买、互换等方式补充文献资源等。

2.2　完善信息网络建设，广泛获取文献资源线索

在地方文献工作中，只有掌握充足的文献信息资源才能对馆藏进行整体把握，有的放矢。地方文献的专职采访人员，必须了解地方文献产生的源和流[4]47。文献信息资源来源主要包括书目信息系统、社会信息系统和其他辅助信息渠道。要建立完整的地方文献藏书体系，必须将三种渠道充分结合。对于书目信息系统，我们可以通过充分了解和利用馆藏目录，利用地方文献书目索引掌握并发掘文献信息；对于社会信息系统，我们可以通过加强与党政机关、科研教育机构、企事业单位以及与地方文献信息相关的文化部门的沟通互联，促进文献信息资源的共建共享，加强与广大群众的互动，如各学科的专家学者、史学专家及文化名人等，定期走访群众，必要时可以通过田野调查方式实地探访，寻找有关文献信息；对于其他信息渠道，我们可以通过高效利用网络搜索方式获取有效文献信息、参各类展览、沙龙、论坛活动，甚至利用个人人脉灵活获取文献信息资源。

2.3　举办展览，展现北京特色馆藏

公共图书馆的地方文献资源的展览方式比较独特，以主题馆藏内容为基础，以展板为展示平面，充分体现内容价值。展览对于公共图书馆展示地方文献资源，弘扬地方文化，吸引读者兴趣，对读者进行乡土教育发挥着重要作用。首都图书馆地方文献资源馆藏形式多样，包括北京文化相关的书籍、报刊、舆图、拓片、特种文献等，内容及形式多样。近年来举办的展览包括"中秋民俗展"、"金石记忆——北京地方石刻拓片展"及各种老照片展等。举办展览更需要地方文献工作人员对所持文献资源进行深度挖掘，将展板展示与内容讲解结合，展现北京文化的魅力。

3　公共图书馆地方文献工作的体会与思考

公共图书馆的地方文献工作无论从行业还是学科上来看都具有天然优

势，做好地方文献工作，不仅可以为地方事业提供多种形式的情报信息和服务，也有助于扩大公共图书馆的社会影响力。只有思路明晰，才能为地方文献工作打造出亮点。

3.1　充分结合读者需求，树立品牌意识

当下，各种阅读方式和内容并行，图书馆也面临激烈的竞争，要想在竞争中生存，就必须发掘自身特色，把特色做成品牌，增强核心竞争力。图书馆的核心服务能力主要是指图书馆区别于其他信息服务行业，能为读者提供实质性服务，使图书馆在市场上具有可持续发展的优势资源与服务能力[6]。首都图书馆的地方文献工作与北京的历史和文化密不可分，所以我们可通过调研、征集等方式充分了解读者需求，挖掘地方文献自身的信息资源，把业务做成特色，充分弘扬北京文化价值；同时创新特色服务，如开展个性化咨询服务，即通过为读者提供一对一的解答咨询方式，帮助读者更有效地利用地方文献。引入技术手段，畅通读者反馈机制。任何一项工作若想得以长远发展，必须做好反馈工作[7]。图书馆也可远程引导读者在线提交服务请求，设置专业人员进行网络咨询答疑，从而拓宽服务空间。

3.2　稳定采访人员队伍，提高专业服务能力

采访人员的业务素养和职业敏感度对于发掘文献资源格外重要，一名优秀的采访人员如同"探宝人"一样，不仅需要有对地方文献事业的热爱，同时也应具备高度的责任感和使命感，通过数年如一日的学习和积累，不断增强自身的业务素质。稳定的采访人员队伍，为地方文献形成完整的馆藏体系提供人力支持。采访人员可以通过系统的业务培训机制，不断完善图书情报工作的理论知识；参与不同岗位的实践工作，不仅了解采访工作内容，同时对地方文献编目和信息咨询方面的工作也有了解，从而完善自身知识结构，对图书馆地方文献业务做到了然于心，提高专业服务能力。

3.3 不断进行技术革新，紧跟时代发展潮流

随着社会化发展，信息技术力量对公共图书馆工作产生了深远影响。传统的文献馆藏以纸质出版物为主，随着数字技术的发展，电子读物甚至有声读物也成为读者青睐的阅读方式。地方文献现代技术是图书馆现代技术的有机组成部分[1]162。地方文献馆藏也应随之发生变化，引入更大比例的电子读物，利用技术力量将地方文献做成有声读物也是大势所趋，便捷的阅读方式会吸引更多读者关注、了解、研究地方文献。

3.4 增强创新服务，提升竞争优势

图书馆的根本职能是为读者服务，这也是图书馆工作的出发点。图书馆应利用先进的创新技术手段，将馆藏地方文献真正利用起来，发挥文献价值，这也有助于图书馆的持续发展。

（1）创新阅读服务方式，提高服务质量。图书馆利用自身的搜索系统，结合大数据对读者的搜索内容进行分析，从而明确定位文献的需求热度，补充相应馆藏；引入智慧化场景，增加展陈设备，提升视听效果，使地方文献内容"活"起来，让读者有身临其境之感，吸引更多对北京文化感兴趣的读者群体；创新阅读服务方式，增加京味文化小剧场、主题阅读会、亲临北京文化游等创意活动，激发读者阅读兴趣，满足信息化时代下读者对于体验阅读和沉浸式阅读的需求，让地方文献焕发活力与生机，促进图书馆全面发展。

（2）增强特色书房服务。首都图书馆除了自身馆藏供读者阅览之外，也增设名人书房服务。阎崇年先生向首都图书馆捐赠万余册私人藏书，为此首都图书馆在馆内北京地方文献阅览区域以阎崇年书斋"四合书屋"为名，建设名人书屋专藏区域，为读者提供藏书阅览服务。私人藏书丰富了首都图书馆的特色馆藏，便于读者阅览，同时也弘扬了中华优秀文化。对于公共图书馆而言，私人藏书入库这一举措，可以完善公共阅读服务体系，丰富市民群众的阅读生活，促进文献资源的共建共享，推动全民阅读高质量发展，助力书香京城建设。

（3）增加非物质文化遗产文献专项馆藏。非物质文化遗产是一个地域的百科全书[8]。在地方文献采访工作中，首都图书馆多是对特定地域内，对反映自然、人文信息的，具有情报价值和史料价值的文献进行收集。近年来，在北京市的整体战略布局中，非物质文化遗产的保护和传承占据了重要地位，公共图书馆是文化建设的有机组成部分，保护人类文化遗产责无旁贷。随着经济发展，图书馆的职能也应与时俱进。首都图书馆北京地方文献馆藏建设与非物质文化遗产保护和传承紧密相关，目前已在新馆建设中建设了非遗馆，开设非物质文化遗产文献专架。地方文献自身所积累的资源，如北京记忆网站中口述历史、乡土课堂、京城史话、京城韵味等栏目则是北京非物质文化遗产文献的直接体现。

4 结语

总而言之，在新时代背景下，公共图书馆地方文献馆藏建设也应与时俱进。公共图书馆可以根据自身特点，以读者需求为基础，结合先进信息技术手段，创新多元服务方式，不断完善自身馆藏体系，有效发挥地方文献馆藏价值，提升公共图书馆核心服务能力，促进图书馆事业的持续发展。

参考文献

［1］骆伟.地方文献学概论［M］.澳门：澳门文献信息学会，2008：54.

［2］刘萍.公共图书馆地方文献建设实践与探索——以上海浦东图书馆为例［J］.山东图书馆学刊，2022（2）：57.

［3］宁阳.地方文献中优秀传统文化价值的挖掘与弘扬推广研究——以湖南图书馆为例［J］.高校图书馆工作，2022（4）：31.

［4］韩朴.图书馆地方文献工作［M］.北京：文津出版社，1992：12.

［5］文化部关于印发《"十三五"时期全国公共图书馆事业发展规划》的通知［EB/OL］.［2017-07-07］.https://www.gov.cn/xinwen/2017-07/07/content_5230578.htm.

［6］李宏建，俞青，热夏提·买买提朋，等.论新信息环境与图书馆核心服务能力［J］.科技广场，2011（2）：197-200.

［7］刘群.论公共图书馆地方文献特色馆藏建设［J］.图书馆论坛，2018（16）：199-202.

［8］韩晖.非物质文化遗产与地方文献整理［J］.图书馆学刊，2011（7）：80-82.

文献研究

周密笔记藏书文献考

王　璇①

摘　要： 宋末元初著名文人、藏书家周密的笔记著述中保存了许多藏书史信息，本
文对其中有关藏书的文献进行整理，从其藏书立论、笔记散见的藏书史
料、金石书画收藏中的藏书史信息和校勘考证中，分析其笔记中藏书文献
的撰述特色，对补足宋末元初的藏书史，研究遗民藏书家的心态，具有一
定的意义。

关键词： 周密；笔记；藏书史；私人藏书

　　藏书，即收藏图书典籍，"是人类为了阅读、鉴赏、校勘、研究和利
用的目的，而进行的收集、典藏、整理图书的活动"[1]2。中国藏书的历史
源远流长，但是把"藏书史"作为具体的研究对象进行研究，是从清代叶
昌炽的《藏书纪事诗》开始的，到现在只有一百多年的历史。2001年《中
国藏书楼》和《中国藏书通史》两部通史性著作的面世，"标志着中国藏
书史研究已从最初的对藏书史料的整理阶段发展到形成自己独立的学科体
系"[2]，其中私家藏书一直是藏书史研究的重点。

　　在宋代藏书史中，有一位宋末元初著名文人，同时也是私人藏书大
家，这位藏书大家就是周密。周密（1232—1298），字公谨，号草窗，诗、
词、文皆工，宋亡不仕，以遗民终生。其人博雅通脱，所著种类繁多，尤
以笔记闻名，入元后撰《武林旧事》《齐东野语》《癸辛杂识》《浩然斋雅

---

　　①　王璇，首都图书馆馆员。研究方向：藏书史、历史图片和民国文献整理与研究。

谈》《志雅堂杂钞》等。藏书方面，周密自述"吾家三世积累"，"凡有书四万二千余卷，及三代以来金石之刻一千五百余种，庋置书种、志雅二堂，日事校雠，居然籯金之富"[3]218。在其笔记《齐东野语》卷十二《书籍之厄》中，他总结了历代藏书兴废，记述了自己所见的有宋一代公私图书的集散状况。因此，《中国藏书通史》《浙江藏书史》等著作都将周密视作"宋末元初著名文献学家、大藏书家"[1]480，收录了其藏书活动。但由于周密没有藏书目录传世①，其著述中直接论及藏书的也只有《书籍之厄》一则，其余则十分零散，有关周密的研究以往都集中在其诗词成就和笔记的史料价值上，少有从藏书史的视角对其笔记进行梳理和分析。

作为宋元之际笔记巨擘，周密立足移民情怀，以故国文献为己任，其著述中保存了丰富的历史信息。他的私家藏书虽然流散，但笔记中的许多资料实出于家世旧藏，而他本人出于留存故国文献的目的进行著述，本来也是藏书史在宋末元初这个特殊的历史背景下的缩影。所以有必要对散见于周密笔记中的有关藏书的文献进行整理和分析，联系当时的社会背景，理解其中保存的藏书史信息，探索其中孕育的藏书思想和文化传承。

1 周密笔记中藏书文献的分类及其文献价值

在现存的周密所著笔记中，较为通行的有《武林旧事》《齐东野语》《癸辛杂识》《浩然斋雅谈》《云烟过眼录》《志雅堂杂钞》《澄怀录》《浩然斋意抄》《浩然斋视听抄》九种②，另有浙江省图书馆藏《吟室霏谈》抄本一种，较为罕见。其中《澄怀录》"采唐宋诸人所纪登涉之胜与旷达之语，汇

---

① 清代郑元庆《吴兴藏书录》载周密《书种堂书目》《志雅堂书目》，下引《齐东野语》，是据"庋置书种、志雅二堂"推断而来，实际并无目录传世。

② 见夏承焘《唐宋词人年谱》之《周草窗年谱》附录一《草窗著述考》。另《中国丛书综录》录草窗著述三十八种，与《草窗著述考》多有出入，对此刘婷婷有《周密著述补考》一文，详细考察了两书分歧的原因和周密著作被单篇裁出的现象（刘婷婷.周密著述补考[J].文化遗产，2006（4）:152–154.）。本文只选取现存著述中的部分笔记进行分析，余者不再讨论。

为一编"[4] 1731，是辑前人清谈之作；《浩然斋意抄》《浩然斋视听抄》"皆止一卷，疑非全书，所记间有与癸辛杂识重复者"[5] 335；《志雅堂杂抄》"其文与所作《云烟过眼录》《癸辛杂识》诸书互相出入，而详略稍殊。疑为初记之稿本，经后人裒缀，别成此书"[4] 1694；《吟室霏谈》"为周密摘录宋元文人著作之文字片段汇辑而成，共九十条，一万余字，内容多为文人故实、诗词评论及文字考证等"[6]。故此五书略去不用，本文仅就《武林旧事》《齐东野语》《癸辛杂识》《浩然斋雅谈》《云烟过眼录》这五种笔记中涉及藏书的文献进行整理分析，将其分为四类。

1.1 笔记中关于藏书的立论

周密笔记中最为直接和集中地讨论藏书的部分是《齐东野语》卷十二的《书籍之厄》一则："世间凡物未有聚而不散者，而书为甚。隋牛弘靖请开献书之路，极论废兴，述五厄之说，则书之厄也久矣，今姑摭其概言之。梁元帝江陵蓄古今图书十四万卷，隋嘉则殿书三十七万卷。唐惟贞观、开元最盛，两都各聚书四部至七万卷。宋宣和殿、太清楼、龙图阁、御府所储尤盛于前代，今可考者，《崇文总目》四十六类三万六百六十九卷，史馆一万五千余卷，余不能具数。南渡以来，复加集录馆阁书目五十二类四万四千四百八十六卷、续目一万四千九百余卷，是皆藏于官府耳。若士大夫之家所藏，在前世如张华载书三十车，杜兼聚书万卷，韦述蓄书二万卷，邺侯插架三万卷，金楼于聚书八万卷，唐吴竞西斋一万三千四百余卷。宋室承平时，如南都戚氏，历阳沈氏，庐山李氏，九江陈氏，番易吴氏，王文康，李文正，宋宣献，晁以道，刘壮舆，皆号藏书之富。邯郸李淑五十七类二万三千一百八十余卷，田镐三万卷，昭德晁氏二万四千五百卷，南都王仲至四万三千余卷，而类书浩博，若《太平御览》之类，复不与焉。次如曾南丰及李氏山房，亦皆一二万卷，然后靡不厄于兵火者。至若吾乡故家如石林叶氏、贺氏，皆号藏书之多，至十万卷。其后齐斋倪氏，月河莫氏，竹斋沈氏，程氏，贺氏，皆号藏书之富，各不下数万余卷，亦皆散失无遗。近年惟直斋陈氏书最多，盖尝仕于莆，传录夹漈郑氏、方氏、林氏、吴氏旧书至五万一千一百八十余卷，且仿《读书志》作解题，极其精详，近亦散失。至如秀岩，东窗，凤山三李，高氏，牟氏皆蜀人，号为史家，所藏僻书尤多，今亦已无余矣。吾家三世积累，先君子尤酷嗜，至鬻负郭之田以供笔札之用。冥搜极讨，不惮劳费，凡有书四万二千余卷，及三代以来金石之刻一千五百余种，庋置书种、志雅二堂，日事校雠，居然籯金之富。余小子遭时多故，不善保藏，善和之书，一旦扫地。因考今昔，有感斯文，为之流涕。因书以识吾过，以示子孙云。"[3] 216-218

这则笔记保存了周密所见的有宋一代公私图书的集散状况：藏于官府者则"宋宣和殿、太清楼、龙图阁、御府所储尤盛于前代"，南渡以来虽有散佚，却复加集录；藏于士大夫之家则积聚万卷，为一时之盛，而周密生活的地区也是藏书家踵出，有着源远浓厚的藏书风气和传统。除了同时代的公私藏书，周密也叙述了自己家世藏书的状况和规模："吾家三世积累，先君子尤酷嗜，至鬻负郭之田以供笔札之用。冥搜极讨，不惮劳费，凡有书四万二千余卷，及三代以来金石之刻一千五百余种，庋置书种、志雅二堂，日事校雠，居然籯金之富。"

这些对当时著名藏书家和藏书状况的记录，都可以作为资料补足宋代藏书史，具有一定的史料价值，也为考证古籍和作者始末提供了线索。比如《四库全书》收《月河所闻集》一卷，《钦定四库全书总目》称其为"宋莫君陈撰。君陈，湖州人。其始末未详"，其时代"似在南渡之初"，书中所载"则又及见北宋"，馆臣因此根据周密的记载提出猜测，"周密《癸辛杂识》记当时藏书家有月河莫氏，或即其人欤？"①《直斋书录解题》之提要谓："《癸辛杂识》又称'近年惟直斋陈氏书最多，盖尝仕于莆，传录夹漈郑氏、方氏、林氏、吴氏旧书至五万一千一百八十余卷，且仿《读书志》作解题，极其精详'"。四库馆臣据此推断"则振孙此书，在宋末已为世所重矣"②，对陈振孙生平的考证也是以周密的笔记为依据："考周密《癸辛杂识》'莆田阳氏子妇'一条，称陈伯玉振孙，时以倅摄郡。又'陈周士'一条，

---

① 纪昀,等.钦定四库全书总目[M].四库全书研究所,整理.北京:中华书局,1997:1890. 此条将《齐东野语》误记为《癸辛杂识》。

② 纪昀,等.钦定四库全书总目[M].四库全书研究所,整理.北京:中华书局,1997:1132. 此条将《齐东野语》误记为《癸辛杂识》。

称周士，直斋侍郎振孙之长子。"①

除了记载斯文之盛，对于公私藏书"靡不厄于兵火"的结局，周密亦深有所感："余小子遭时多故，不善保藏，善和之书，一旦扫地。因考今昔，有感斯文，为之流涕。因书以识吾过，以示子孙云"，表达了他对藏书流散的遗憾，对故家文献毁于兵火的深沉之痛和家国之变中个人的无奈。昔日牛弘靖请开献书之路，极论兴废，述五厄之说，旧日典籍文献散失无遗，其中兵火为最甚，这可以说是周密有关藏书史的一段著名立论，集中体现了他的藏书、著书思想和特殊历史背景下知识分子留存故国文献的责任感。

1.2 笔记中散见的藏书史料

由于笔记文体"残丛小语"的特点，除了《书籍之厄》一篇，周密的笔记中难以找到其他集中论述藏书之事的篇目。但是在他对历史琐闻的记述中，却往往客观地保存了很多藏书史相关的资料，从中可以略窥其时书籍聚散的状况和影响书籍聚散的原因。

例如《癸辛杂识》后集中的《贾廖刊书》一则，周密详细记述了贾似道及其门客廖莹中之类所刊诸书，包括跋语、版本、纸张、用墨和各书得失："贾师宪常刻奇奇集，萃古人用兵以寡胜众如赤壁、淝水之类，盖自诧其援鄂之功也。又全唐诗话乃节唐本事诗中事耳。又自选十三朝国史会要。诸杂说之会者，如曾慥类说例，为百卷，名悦生堂随抄，板成未及印，其书遂不传。其所援引，多奇书。廖群玉诸书，则始开景福华编，备载江上之功，事虽夸而文可采。江子远，李祥父诸公皆有跋。九经本最佳，凡以数十种比校，百余人校正而后成，以抚州萆抄纸、油烟墨印造，其装褫至以泥金为签，然或者惜其删落诸经注为可惜耳，反不若韩、柳文为精妙。又有三礼节、左传节、诸史要略及建宁所开文选诸书，其后又欲开手节十三经注疏，姚氏注战国策、注坡诗，皆未及入梓，而国事异矣。"[7]84

又如《齐东野语》卷八的《朱墨史》一则，涉及北宋年间重修《神宗

---

① 纪昀，等.钦定四库全书总目[M].四库全书研究所，整理.北京：中华书局，1997：1132. 此条将《齐东野语》误记为《癸辛杂识》。

实录》的一桩公案。"绍圣中，蔡卞重修《神宗实录》，用朱黄删改。每一卷成，辄纳之禁中。盖将尽泯其迹，而使新录独传。所谓朱墨本者，世不可得而复见矣。及梁师成用事，自谓苏氏遗体，颇招延元祐诸家子孙若范温、秦湛之徒。师成在禁中见其书，为诸人道之。诸人幸其书之出，因曰：'此亦不可不录也。'师成如其言。及败没入，有得其书，携以渡江，遂传于世。"[3]136《神宗实录》的五次重修是宋代党争延续到国史修撰上的产物，有的版本夭折，而有的则可以流传下来，是元祐党人和其他政治势力争夺的结果，周密的记载既补正史之阙，又反映出政治因素对史书修撰和书籍流传的影响。

又如《癸辛杂识》前集《吴兴园圃》一则记述了吴兴士大夫所居的著名园林，其中南沈尚书园"内有聚芝堂藏书室，堂前凿大池几十亩"[7]7，赵氏瑶阜"景物颇幽，后有石洞，常萃其家法书，刊石为瑶阜帖"，倪氏玉湖园"中有藏书楼，极有野趣"，程氏园"藏书数万卷，作楼贮之"，余者更多有书院书斋，足见当时吴兴之地士大夫之家藏书蔚然成风，且藏书之处往往专辟一地，堂前活水大约是防火之用。

1.3　笔记所载金石书画收藏中的藏书史信息

周密家藏书籍之外，还有"三代以来金石之刻一千五百余种"，他本人对金石、书画、古器所见颇广，且精于鉴赏，入元以后著有《云烟过眼录》四卷，"记所见书画古器，略品甲乙，而不甚考证"[4]1637，也有一些关于藏书的文献散见其中。

如"鲜于伯几枢所藏"有以下几种书籍："文思博要'帝王部'一，唐类书也。所引蔺子、慎子、尸子、庄子数书，皆古书也。天宝十载十二月朔旦，臣胡山甫书，字极遒丽。至大中年间，方自馆中杂书内拣出，是时亦止存一卷而已。卷后有史馆新铸印，用麻纸列馆中典掌之人及三校姓名。赙卷皆绍圣间题跋其后，如蔡元长、周美成、晁说之、薛绍彭诸人在焉。内有历下周子黙，不知何许人也。"[8]240-241 "吴彩鸾书切韵一卷，其书一先为廿三先、廿四仙，不可晓，字画尤古。此物旧藏鲜于伯几，今又属诸他人矣。"[8]242 这些书载于《云烟过眼录》是因为它们皆为当世藏家所收，由于"书字极道丽""字画尤古"，尤其在书画方面具有收藏价值，但周密在记述的时候往往兼论其版本和来源。

又卷三的"宋秘书省所藏"记录了周密至秘府观画的经历，这次经历在《齐东野语》卷十四《馆阁观画》中被记述得更加详细，除了对所见古今法书名画的品评，还有对秘府格局的介绍，亦可略窥宋代官府藏书处的状况："具衣冠望拜右文殿，然后游道山堂。堂故米老书匾，后以理宗御书易之。著作之庭，胡邦衡所书，曰蓬峦，曰群玉堂。堂屏，有坡翁所作竹石，相传淳熙间，南安守某人，乃取之长乐僧寺壁间，去其故土，而背施髹漆，匣以持献曾海野，曾殂后，复献韩相平原，韩诛，簿录送官。左为汗青轩，轩后多古桂，两旁环石柱二。小亭曰蓬莱，曰濯缨，曰方壶，曰含章，曰茹芝，曰芸香。射亭曰绎志，曰采良门。'采良'二字，莫知所出。登浑仪台，观铜浑仪。绍兴间内侍邵谔所为，精致特甚，色泽如银如玉。此器凡二，一留司天台，一留此以备测验。最后步石渠，登秘阁，两旁皆列龛藏先朝会要及御书画，别有朱漆巨匣五十余，皆古今法书名画也。"[3] 249–250

周密笔记兼记书画与图籍，是因其博雅，也是因为当时的藏书与金石书画的收藏有一定的重合。宋人好金石古物收藏，藏书家多为士大夫阶层，往往精于此道，元代很多藏书家继承家世旧藏，或是世儒之家的知识分子，相当一部分继承了这一传统。另一方面，入元之后典籍流散，很大程度上是和金石书画一起，作为可资收藏之物而重聚的。例如金朝将领汪世显在金亡降蒙古后，从攻南宋，随军伐蜀还，乘乱将公私图书占为己有，伯颜尽收宋室藏书时，也多收图籍宝玩。《中国藏书通史》这样描述元代特殊环境下的藏书家："很多士人对仕途发展丧失了信心，以藏书、读书自娱，并以此互相交游相处"[1] 482，因此元代藏书家的藏用观念显得很灵活，藏书和藏书楼是他们交游的重要途径，或是用来延师以教弟子，藏书承担了相比其他时代更多的作用，藏书与其他收藏的界限不甚分明。

1.4　笔记中的校勘与考证

如《四库全书总目》所说："密所著书凡数种，其《癸辛杂识》《齐东野语》皆记宋末元初之事。《云烟过眼录》皆记书画古器，今并有刊版。其《澄怀录》《续录》则辑清谈。《志雅堂杂钞》则博涉琐事。"[4] 2753 周密的笔记内容各有侧重，然而自经史以至诗文的辨析考证相当常见，除此之外，他的笔记中还保留着很多宋人文坛佚事。以《齐东野语》为例，字词音义的考辨有《避讳》《段干木》《蜜章密章》《古今左右之辨》等，诗文评论及佚事有《诗用史论》《放翁钟情前室》《周陆小词》等，《姚干父杂文》《十咏图》等还保存了时人的诗文和雅言。这些资料是宋人藏书中藏用结合的一种侧面体现，藏书家在读书的过程中重视校勘和考证是整个宋代乃至以后文人的一种风气。另外笔记资料内容丰富，见闻广博，往往也是后世学者钩沉古书、辨析版本、讨论学术的重要参照，仅以《四库全书总目提要》而论，对各书内容的评点辨析参考周密笔记的就有数十处之多，从另一个方面印证了周密笔记在藏书史中的价值。

2　周密笔记中藏书文献的撰述特色

2.1　文辞表面下的隐文深义

周密笔记中的故国之思是不容置疑的，夏承焘先生说他"晚年为《志雅堂杂钞》《云烟过眼录》，搜求钞录于浩劫之后，盖亡国遗老保存国故之深意，又非但炫见闻，夸收藏而已"[5] 331。《四库全书总目》说："遗老故臣，恻恻兴亡之隐，实曲寄於言外，不仅作风俗记、都邑簿也。"[4] 969。然而这种感情虽然可以从文辞之下探知，却非显而易见。

仅就藏书相关文献而言，前文所论《齐东野语》中《书籍之厄》一则便是典型的例子。周密并没有直接感慨藏书流散，毁于兵火，而是先用很大的篇幅记述了宋代官府和私人藏书的盛况，最后以一句"靡不厄于兵火"总结，昭示了这些藏书的结局。这种叙事是冷静的，感情是深隐的，即使是最后对自己感情的概括，也仅仅是"有感斯文，为之流涕"，而"书以识吾过，以示子孙"中隐含着家国之变的沉痛和个人的无奈，其中体现的留存国故的责任感更是不动声色。可能由于入元以后特殊的环境和遗民身份，周密的行文同其他宋人笔记相比，更加曲折隐晦。无论是史事记述中的爱憎褒贬，还是湖山胜景追忆中的亡国之慨，都采用白描的朴素手法，将感情隐于其中。如果把周密的笔记同两宋交替之后论述靖康之因、追忆汴京旧地的笔记相比，这种情怀深隐的写作风格就更加明显。

2.2 深刻的史学意识和史学价值

在《齐东野语》中，周密表达了自己的著述追求："务事之实，不计言之野。"[3]4 但"野语"实为自谦，事实上如戴表元《齐东野语·序》所说，周密在笔记著述中倾注了深刻的史学意识："今夫周子之书，其言核，其事确，其询官名，精乎其欲似郯子也；其订舆图，审乎其欲似晋伯宗也；其涉辞章礼乐，赡乎其欲似吴公子季札也；他所称举，旁引曲证，如归太山之巅而记封丘之塸也，过夔相之圃而数射夫之序也。凡若是不苟然也。而岂齐东之云哉？故曰周子之谦耳，非实也。"[3]1

这种史学意识不只表现在其最为著名的"足以补史传之阙"的史事的记录上，也同样体现在其他文献中。周密笔记中保存的书籍收藏、金石书画和诗文佚事、宋人雅言，都是他"参之史传诸书，博以近闻脞说"[3]4 的结果，是家藏文献和他亲身经历的结合。周密的家世和交游经历使得他既能亲见南宋宫廷文献，又能交游民间收藏之士，这种视角和见识使得他能对御府书画从容评点其缺失，又能对亲自"过眼"之器物文献进行整理和评价，而且这种记述往往非常详细，《四库全书总目》说他的笔记"遗文佚事可资考据者实多"[4]1865，具有丰富的史料价值，这种评价是符合事实的。

2.3 以留存故国文献为己任

《四库全书总目》评价周密："密本南宋遗老，多识旧人旧事，故其所记佚篇剩阙什九为他书所不载。"[4]1865 周密的笔记著述来源于对家藏文献的抄录和整理，他出身于"代有闻人"的书香之家，其先辈由于特殊职务，积累了许多珍贵的资料，在《齐东野语》中，周密这样记载："曾大父扈跸南来，受高皇帝特知，遍历三院，径跻中司。泰、禧之间，大父从属车，外大父掌帝制。朝野之故，耳闻目接，岁编日纪，可信不诬。我先君博极群书，习闻台阁旧事，每对客语，音吐洪畅，纚纚不得休。坐人倾耸敬叹，知为故家文献也"[4]1865。故家文献，可以说是周密笔记撰述的动力和来源。

前文提到周密在论述书籍之厄时感慨典籍流散，事实上"岁时檀栾，酒酣耳热，时为小儿女戏道一二，未必不反以为夸言欺我也"[9]是周密的自嘲，亦是隐藏在内心深处的担忧和无奈，保存故国文献的遗民责任和留存家世旧藏的家族使命交织在一起，使他"忽忽漫不省忆为大恨。闲居追念一二于十百，惧复坠逸为先人差"[4]1865，因而发愤著书，以求将自己的所知最大限度地保留下来。虽然他并没有留下系统的藏书理论和藏书目录，但是这种出于责任的著书行为，本身就使他成为藏书家的一个典型代表。"呜咽江头变徵声，铜山倾处洛钟鸣。赵家已是无完土，楼上遗民拥百城"，在遗民的思想中，文献代表着故国文化传统的延续，被历代藏书家不断补充的"书厄"之说就是对政治因素影响下的典籍聚散的一种鲜明的认识。尤其在朝更代异之后，这种"国故"的思想深刻影响着遗民知识分子的藏书目的和藏书行为，这种被自觉实践着的保存国故的使命感，本身就是藏书史一个非常重要的方面。

综上所述，周密作为宋末元初的藏书家之一，其笔记著述中的许多资料出于他的家世旧藏和亲身经历，保存了很多藏书史信息，具有重要的文献和史料价值。而他本人出于保存故国文献的责任感进行笔记著述，本身就是遗民以藏书延续故国文化传统的一种典型体现。其笔记中的藏书文献具有特殊时代背景赋予的鲜明特点，对补足宋末元初的藏书史，研究遗民藏书家的藏书思想，具有一定的意义。

参考文献

［1］傅璇琮，谢灼华.中国藏书通史［M］.宁波：宁波出版社，2001.

［2］刘娇娇，何朝晖.2000中国藏书史研究的新进展［J］.济南大学学报（社会科学版），2015（6）：22.

［3］周密.齐东野语［M］.张茂鹏，点校.北京：中华书局，1983.

［4］纪昀，等.钦定四库全书总目［M］.四库全书研究所，整理.北京：中华

书局，1997.

　　[5]夏承焘.唐宋词人年谱[M].北京：商务印书馆，2021.

　　[6]汤清国.周密笔记研究[D].上海：上海师范大学，2015：28.

　　[7]周密.癸辛杂识[M].吴企明，点校.北京：中华书局，1988.

　　[8]周密.志雅堂杂钞 云烟过眼录 澄怀录[M].北京：中华书局，2018.

　　[9]周密.武林旧事[M].杭州：浙江人民出版社，1984：1.

北京地区中秋习俗考略

王静斯 ①

摘　要： 中国各地的中秋习俗丰富多样，北京地区的中秋习俗主要以祭月、吃月饼、拜兔儿爷为主。明成祖迁都北京后，明清两代还形成了更为精巧和盛大的拜月迎节、赏月赋诗、演剧观戏等宫廷中秋习俗。本文利用与民俗相关的北京地方文献，从北京地区的地方志、笔记史料、风俗史料汇编、民俗学著作、曲本、期刊、画册与照片中梳理和考证北京地区民间和部分宫廷的中秋习俗，旨在将民间流传的中秋习俗综合整理、挖掘并辅以文献佐证。

关键词： 中秋习俗；北京地方文献；演剧观戏；祭月；月饼；兔儿爷；果子市

0　引言

中秋一词，始见于《周礼·春官·籥章》，"籥章掌土鼓吹豳。中春昼击土鼓，龡豳诗以迎暑。中秋夜迎寒，亦如之"[1]，人们在中秋这个重要的岁时节点迎寒，吹奏豳诗以庆贺[2]，可见西周时已在中秋之夜有礼乐仪式。到了唐宋年间，中秋才成为正式节庆，后历经元、明、清几代发展，逐渐形成了围绕月亮开展的多种风俗习惯和以家庭团聚为主题的节日传统。

中秋节是中国传统四大节日（春节、清明节、端午节和中秋节）之一。中国幅员辽阔，各地的中秋习俗丰富多彩，如河南开封铁塔燃灯、安徽徽

---

①　王静斯，首都图书馆馆员。研究方向：北京地方文献整理与研究。

州舞香龙、闽南掷骰子博饼、江苏妇女走月亮、香港举办花灯会等。北京地区（金代的中都、元代的大都、明代的北京、清代的京师以及后来被确定为中华人民共和国首都的北京在不同历史时期所辖区域不尽相同，故统称为北京地区）的中秋习俗主要以祭月、吃月饼和拜兔儿爷为主。明成祖迁都北京后，明清两代还形成了更为精巧和盛大的拜月迎节、赏月赋诗和观戏演剧等宫廷风俗。

近年来，学界对中秋的研究主要有追溯其起源与流变的（如王兰兰的《中秋节起源与形成新论》、吴越的《中秋节的文化流变及文学书写》），比较其中外差别的（如翟渊潘的《古代中韩中秋节历史演变与内涵》、孙月红的《从中秋节节俗看中日文化差异》），或是就某一具体习俗做专门研究的（如郭荣茂的《功能主义视角下的闽台中秋博饼习俗研究》、秦宗财与房凯的《传承与流变：歙县中秋民俗舞香龙的调查研究》、陈晨与邓环的《北京中秋祭月及月光码文化习俗研究》、殷华叶的《北京泥塑玩具兔儿爷研究》）。但综合梳理北京地区中秋习俗的文章多为一般介绍或通俗描述，能严谨配合文献佐证的研究类文章较少。故本文将着重运用北京地方文献梳理北京地区的中秋习俗。

1 研究方法与文献筛选

1.1 研究方法

本文运用文献研究法，利用与民俗相关的北京地方文献，从北京地区的地方志、笔记史料、风俗史料汇编、民俗学著作、曲本、期刊、画册与照片中梳理和考证北京地区民间和一部分宫廷的中秋习俗。

1.2 文献筛选

1.2.1 地方志的选择

一个地区的节令习俗在地方志中多有收录，北京地区有代表性的府志有明万历年间修的顺天府志和光绪年间修的顺天府志等，县志有清康熙年间修的宛平县志和大兴县志等。另外，最早记述北京地区历史的专门志书《析津志》虽已失传，但北京图书馆（今国家图书馆）善本组将其各处遗文辑录成《析津志辑佚》，其中的风俗史料，大多集中在该书的"风俗"和"岁纪"两个门类中。

1.2.2 笔记和风俗史料的选择

南朝梁宗懔编撰的《荆楚岁时记》是记录荆楚地区岁时风俗最古老的典籍，后世承袭《荆楚岁时记》体例而编纂的岁时记不在少数，如明代刘侗、于奕正合著的《帝京景物略》中有记载北京岁时风物的专篇——春场。明代沈榜纂修的《宛署杂记》民风卷亦是反映北京风土人情较早的资料。明代陆启泓的《北京岁华记》虽已失传，但清初朱彝尊编写的《日下旧闻》曾摘引其中的14条放入风俗篇。清康熙后有很多通俗著作，如《京都竹枝词》《都门纪略》《朝市丛载》《燕市积弊》《一岁货声》，或是报纸、杂志、歌谣等都收录了北京地区岁时风俗的资料。另外，潘荣陛的《帝京岁时纪胜》、富察敦崇的《燕京岁时记》、让廉的《京都风俗志》、张次溪的《北平岁时志》以及李家瑞的《北平风俗类征》都是笔记史料与风俗史料汇编中反映北京地区岁时文化的佳作。

1.2.3 民俗学著作的选择

除古籍与民国文献外，现代北京地方文献中也有不少介绍北京节令习俗的资料。如北京民俗学家常人春的《老北京的风俗》、"北京通"金受申的《老北京的生活》、北京京剧剧作家翁偶虹《北京话旧》、红学家邓云乡的《燕京乡土记》和《增补燕京乡土记》、陈鸿年的《故都风物》、舒乙整理的《老舍画说北京》等，都是价值较高的民俗学著作。

1.2.4 曲本与期刊的选择

本文所参考的曲本出自昇平署藏曲本和清蒙古车王府藏曲本两部分。

昇平署是清代掌管宫廷戏曲演出活动的机构，始设于康熙初年，称南府。宫廷内每逢节庆，多由南府演员承担演出。道光七年（1827年）改南府为昇平署，仍主持宫内演出事务，直到清朝灭亡。昇平署保存的曲本，数量庞大，种类繁多，皆为清代宫廷演出所用。

《清蒙古车王府藏曲本》是清代北京车王府所藏的戏曲和曲艺手抄本的总称，该曲本中有大量描写晚清至民国间北京社会风俗的戏曲和俗曲，成书大约在清代道光至光绪年间，产生于中国昆曲艺术逐渐衰落，各地方戏曲兴起的演变时期，是研究近百年中国戏曲与说唱艺术的珍贵史料。

另外，1938 年至 1945 年间的画报《立言画刊》用文字和图片刊载了当时的戏曲演出新闻、戏曲广告和戏曲评论等内容[3]，是了解民国时期戏曲史的宝贵资料。

1.2.5　画册与照片的选择

除文字记载外，画册与照片能够更加直观地展示历史细节。以侯长春绘制的《画说老北京》为例，图册中有中秋月亮码和兔儿爷的具体样式、京郊农民在中秋时节将毛豆与鸡冠花一并叫卖的图画，还有描绘京城北山的果驮子源源进城场景，颇具特色。此外，日本青木正儿编、中国画师刘延年和何茂记绘制的《北京风俗图谱》，王羽仪绘制的《旧京风俗百图》，陈师曾绘制的《北京风俗》画册，马海方绘制的《中国风俗图志》，王弘力的《古代风俗百图》，书目文献出版社编辑的《北京民间风俗百图》等均是现代北京地方文献中的风俗图册类出版物。

本文参考的中秋相关照片来自首都图书馆北京记忆数据库旧京图典栏目。例如，月亮码和兔儿爷摊的老照片佐证了文字记载的中秋相关习俗，并帮助人们了解和中秋有关的具体物件的外观细节。

下文将利用上述北京地方文献，考证北京地区的中秋习俗。

2　北京地区中秋习俗

2.1　宫廷与民间的演剧观戏习俗

清代中秋演剧观戏的宫廷风俗以乾隆朝最为盛大，因清乾隆帝的生辰在农历八月十三，故乾隆朝的万寿盛典和中秋节庆活动多集中在一起举办[4]。清赵翼、姚元之《檐曝杂记》中记载："中秋前二日为万寿圣节，是以月之六日即演大戏，至十五日止。所演戏，率用《西游记》《封神传》等小说中神仙鬼怪之类，取其荒幻不经，无所触忌，且可凭空点缀，排引多人，离奇变诡作大观也。"[5]170 乾隆八旬万寿节是清中叶最为隆重的庆典，这一年中秋前后三庆班进京祝釐，崭露头角，在由西直门到西华门沿途搭建的彩台上演出，成为京剧艺术发端的重要时间点，后来三庆班与四喜班、和春班、春台班等徽班逐步在京华剧坛称雄，史称"四大徽班进京"[5]21。

嘉庆、道光时期，中秋宫廷戏的规模较乾隆朝有所削减，中秋节一般在圆明园同乐园的清音阁大戏楼上演一些较小的昆弋戏。昇平署本《丹桂飘香 霓裳献舞》唱词载，"瑶空蟾魄盈，玉宇星河郎，人间秋已半，天际气微凉……"[6]，是典型的月令承应戏。另有昇平署本《虞庭集福》，由嘉庆皇帝授意编写，讲述吴刚呈献月中丹桂，天宫玉女捧千年宝莲歌舞，驺虞、白鹿、赤熊、九尾狐、白雉、白狼等祥瑞之兽显现的故事[7]，借用舞台来宣扬嘉庆皇帝的德政和功绩[8]。

同治、光绪时期，舞台主流艺术形式由昆弋转向京剧。在此时期，中秋的节令戏，首推神话戏《天香庆节》。此剧出自清宫，原属昆曲，内容热闹滑稽，成本演出自早至晚需要八个小时，后民间也做演出，由京剧名旦王瑶卿"拟易皮黄"。

民间戏院上演的中秋戏主要有两种。一种是主题鲜明的中秋节令戏，如：《唐明皇游月宫》《吴刚伐桂》《霓裳献寿》《月宫攀桂》《嫦娥奔月》《白兔记》等；另一种是剧目内容虽与中秋关系不大，但是唱词中含有中秋相关字眼的，如《捉放曹》（曹操有唱词"八月中秋桂花香"）、《红鬃烈马》（薛平贵有唱词"八月十五月光明"）、《南天门》（曹玉莲有唱词"八月十五把寿拜"）等。民国时期，《天香庆节》在最初的几年仍是十分流行的戏剧。1917 年的中秋，王瑶卿和王长林等曾在第一舞台排演《天香庆节》[9]。同一时期，梅兰芳于 1915 年在北京吉祥园排演《嫦娥奔月》，在当时为崭新的中秋节令戏，北京各戏院与京津各处堂会，常能见梅兰芳演唱此剧，引得男女旦角纷起演唱[10]。

除昆弋、皮黄外，《清蒙古车王府藏曲本》中还有专门描写中秋的长岔曲（又称赶板），《佳人才子供月》描写了官宦人家才子佳人赏月饮酒、抚琴作诗的情景:"荷花儿未全谢(卸),又到了中秋佳节,明朗朗一轮皓月照满天街,一处处尽饮菊花酒,家家都供兔儿爷……"[11]另有单唱鼓词《天元巧配》(也称天缘巧配),全八回,讲述了正值中秋的宫廷中,皇后与侍女翠琼月下细谈的桥段。

2.2 宫廷与民间的祭月习俗

我国自古就有祭拜月亮的仪式,应劭注《汉书》云:"天子春朝日,秋夕月。"[12]"夕月"即祭拜月亮。上古时期,祭月仅是皇家礼制,到了魏晋唐宋时期,才延展到民间,庄严神圣的中秋祭月仪式逐渐演变为带有祈福色彩的民俗活动。到了明清两代,中秋节的祭月活动已大体定型,在官方与民间形成了各具特色的祭月流程与供月陈设[13]。

宫廷中秋祭月,需由昇平署在供案前诵读祷文并奏乐。供案陈设要按照钦天监提供的吉位摆放:第一路正中摆放月光神码,左放子母藕(一说九节藕),右放黄豆角;第二路在月光神码前摆放彩画圆光月饼,重达十斤,左放苹果、梨、柿子、西瓜一品,右放葡萄、石榴、桃、西瓜一品;第三路正中设香炉,左放茶三碗,右放酒三杯,茶、酒前各叠放三斤重月饼两枚和叠成宝塔形的奶子月饼。皇帝首先拈香行礼,后妃宫女紧随其后。礼毕,由总管太监请皇帝将月光神码焚化,最后撤供[5]171。

民间的供月仪式较宫廷礼仪更为朴素。旧京俗语有"男不拜月,女不祭灶"之说,所以中秋祭月一般由女性主导。民间祀月常于月圆之夜在庭院中设一矮几为供案。《帝京景物略》记载:"家设月光位,于月所出方,向月供而拜。"[14]民间祀月所用的月光码多为印版添色,精美程度不如宫中所用的彩画特工。月光码在农历八月初十以后,在京纸店或油盐店均有售卖。清代的《帝京岁时纪胜》中记载了月光码的另一种非购买渠道,"云仪纸马,则道院送疏,题曰月府素曜太阴皇君"[15]29。《北平岁时志》对月光码有详细描述:"用秫秸插成一长方之牌形架子……中糊一板印设色之纸画。大者分成三部,小者亦两部,上为大诸总圣,系玉皇大帝,与风云雷雨诸神,亦有为一佛二菩萨者,亦有为观音者,亦有为达摩渡江者,亦有为财神者,中为关壮缪像,或财神土地神像,下部则广寒宫殿阁之形,娑林树下立一兔作捣药形。纸地多系黄红两色，绘画涂色，以金纸贴脸，架之两端，各插以红黄纸裁成之斜旗……至十五日之夕，将此神码供于棹（桌）上，再陈各种果品，旁置磁（瓷）瓶，左右各二，其一插鸡冠花，其一插带叶毛豆一枝。"[16] 210-211 在焚香行礼后，人们将月光码与"千张、元宝等一并焚之"[15] 78。祭月的最后环节是相聚欢宴和分食、留存月饼，《酌中志》记："候月上焚香后，即大肆饮啖，多竟夜始散席者。如有剩月饼，仍整收于干燥风凉之处，至岁暮合家分用之，曰团圆饼也。"[17] 6

2.3 制作月饼、吃月饼与馈赠月饼的习俗

"月饼"这一称谓始见于南宋，最初并非中秋节的节令食物。到了明代，月饼被赋予团圆之意才有明确史料记载，明代文学家田汝成在《西湖游览志余》中写道"八月十五谓之中秋，民间以月饼相遗，取团圆之意"[18]。

北京地区的代表月饼主要有京式提浆月饼、自来红、自来白和翻毛月饼等品种。京式提浆月饼的皮面是用冷却后的清糖浆调制面团制成的浆皮，特点是外皮油润细腻，松软可口，耐贮存。自来红与自来白月饼都呈扁圆鼓形，自来红饼面为深棕黄色，自来白饼面为乳白色，入口皆桂花香味浓郁，酥松不粘牙。翻毛月饼是一种酥皮月饼，它较苏式月饼色泽更洁白而质地更精细，层薄而清晰，皮如絮状翻起，因而得名"翻毛月饼"。

清代的《燕京岁时记》首推北京前门致美斋的月饼，"中秋月饼以前门致美斋者为京都第一，他处不足食也。至供月月饼到处皆有。大者尺余，上绘月宫蟾兔之形"[15] 29。在北京也可以买到南式月饼。民国《北平岁时志》中记载："月饼近年分有南北两式，广东店，苏州店所卖者为南式，满洲饽饽铺中所卖者为北式，其馅则糖多甜甚，且香油多，不尝此味者，则不欲食也。"[16] 210-211

人们在中秋节不仅制作月饼、吃月饼，还相互馈赠月饼。《宛署杂记·民风一》中记载："八月馈月饼。士庶家俱以是月造面饼相遗，大小不等，呼为月饼。市肆至以果为馅，巧名异状，有一饼值数百钱者。"[15] 78《清代北京竹枝词》之《增补都门杂咏》食品门中也有"红白翻毛制造精，

中秋送礼遍都城"的记载[19]。

2.4 祭拜兔儿爷的习俗

兔儿爷是中秋节期间北京地区特有的泥塑玩具，最早起源于明代。由于玉兔捣药的故事广为流传，人们便以祭拜兔儿爷的方式祈求孩童的身体健康、远离疾病[20]。兔儿爷在供桌上时是人们祭拜的对象，一旦撤了供，便成为孩子们的玩意儿。

传统兔儿爷的形象在民国时期的北京老照片中有清晰的图像记录，兔首人身，身披铠甲，衣冠彩色。《旧京风俗志》稿本记录："兔儿爷乃泥制，以极细润之黄泥，用砖模刻塑，亦有由手工捏塑者。普通为武将形，头戴盔，带狐尾，或半披战袍，惟兔嘴交叉，两耳竖立，背后高插纸旗或纸伞，或坐假山，或坐麒麟吼虎豹，身量有大小，图画有精粗。更有制成兔首人身之商贩，如剃头者，缝鞋者，卖馄饨者，卖茶汤者。制造人多居沙锅门外，在四五月间，即着手制造，至七月中旬，即在前门外大蒋家胡同之耍货市发售。"[16]210 老舍在《四世同堂》里也有一段描写兔儿爷的文字："在街上'香艳'的果摊中间，还有多少个兔儿爷摊子，一层层地摆起粉面彩身，身后插着旗伞的兔儿爷——有大有小，都一样的漂亮工细，有的骑着老虎，有的坐着莲花，有的肩着剃头挑儿，有的背着鲜红的小木柜。"[21]

新式兔儿爷则不再和中秋祭月联系在一起，而是作为一种老北京工艺品，融入了当代人丰富的想象力和崭新的观念。新式兔儿爷有的被赋予了大眼睛、长睫毛的娃娃脸形象，更符合当代青少年的审美趋向；有的用白底蓝花的青花瓷色彩勾描；有的坐骑改成了熊猫；还有的身穿八旗装束，令人耳目一新[22]。

2.5 果子市与果子摊

中秋时节是农作物成熟的时节，京西有句谚语："七月十五定旱涝，八月十五定收成。"中秋节前后正是梨、石榴、枣、葡萄、苹果等瓜果收获的季节，因此也被称为"果子节"，人们争相购买果品用以食用、馈赠和供奉。

在北京前门东和德胜门内专门有果子市，分别被称为南市和北市，此外，东直门外十字坡也有一小型果子市[23]，适时"通衢大市，搭盖芦棚，内设高案盒筐，满置鲜品、瓜蔬……"[24]到了夜间，商贩会点上煤油灯继续贩卖，"每八月十三四两夜，列灯火如昼。出诸果陈列，充溢一市"[25]148。北平的果子通常论"堆"出售[26]，用来馈赠亲友的果品被装在特制的小筐或草纸里，下衬香蒿，上覆红绿门票，香气芬芳、色彩浓艳[27]。北京的大街小巷在中秋时节也"遍设果摊，雅尔梨、沙果梨、白梨、水梨、苹果、林檎、沙果、槟子、秋果、海棠、欧李、青柿、鲜枣、葡萄、晚桃、桃奴。又有带枝毛豆、果藕、红黄鸡冠花、西瓜"[28]，到处能听到小贩的吆喝声。

2.6 洒马奶祭天与皇帝回宫的讯号

北京地区的中秋习俗以汉族传统为主，但在元代，忽必烈在燕京及琼华岛离宫处兴建都城，至元二十年（1283年），随着皇室、衙署、商铺等陆续迁入元大都，元朝的一些习俗也被保留了下来[29]。《析津志辑佚》风俗卷中记载了元代于中秋前后有洒马奶祭天的仪式："八月，滦京太史涓日吉，于中秋前后洒马奶子。此节宫庭胜赏，有国制。是时紫菊金莲盛开，则内家行在，俱有思归之意。"[30]

中秋节还曾为元朝留守大都的官员提供了一个讯号，告诉人们去上都避暑的皇帝马上要起驾返回。按元朝惯例，每年中秋前后，皇帝于元上都穆清阁燕赏乐，百官簪紫菊、金莲于帽[31]。随后，到元上都避暑的皇帝要返回大都。《析津志辑佚》描写此时的大都正值丰收，"市中设瓜果、香水梨、银丝枣、大小枣、栗、御皇子、频婆、柰子、红果子、松子、榛子诸般时果发卖"，掌管内廷事物的宣徽院要陈设装饰墙壁的帷幕、铺设地毯等"起解鲜西瓜等果时蔬北上，迎接大驾还宫"[30]。

2.7 杂事

除上述北京地区主要中秋习俗外，还有一些其他风俗散见于各文献中。宫廷在中秋有赏花、造新酒、吃蟹等风俗。《酌中志》载："八月宫中赏秋海棠，玉簪花……始造新酒，蟹始肥。"[17]181 在赏月的同时，皇室贵族和文人雅士也常用明月、玉兔、桂花等意向赋诗作画，这些作品可参见宋徽宗的《闰中秋月帖》、明沈周的《有竹庄中秋赏月图》、清邹一桂的《花月图册》等。

民间在中秋有收账的习俗。《春明采风志》有"中秋……铺肆送帐贴"的记载[28]，《都门杂咏》有"中秋佳节月通宵，债主盈门不肯饶。老幼停杯声寂寂，团圆酒饮在明朝"的诗作[32]，《朝市丛载》中也有"莫提旧债万愁删，忘却时光心自闲"的说法[33]。

在辽代，有中秋瘗白犬的习俗。《辽史·礼志》载："八月八日，辽俗屠白犬，于寝帐前七步瘗之，露其喙，后七日中秋，移寝帐于其上。"[25]92

3 结语

民俗文化是中华优秀传统文化的重要组成部分，它影响着中国人的思想，进而通过多种多样的行为方式体现出来。中秋佳节，人们将对月中宫殿与神仙眷侣的浪漫想象，融入戏剧艺术的舞台；将对自然的崇敬和身体健康的美好祝愿化作月圆之夜的祭拜，将对庄家丰收、阖家团圆的朴素期冀制成美味果品与糕点……北京地区的民俗活动伴随着少数民族遗风、宫廷特色和乡土气息不断流传与发展，今朝吃月饼、赏月等习俗是明清习俗的延续，幼童模仿成人拜月拜兔儿爷是家族世代的传承。

本文利用北京地方文献梳理北京地区的中秋习俗，希望将民间流传的中秋习俗辅以文献佐证，以达到了解民俗文化从何处来，向何处去的目的，希望能引发一些关注和一些思考，如：过去曾在北京地区流行而现在逐渐淡出人们视野的习俗应如何保护，与中秋民俗相关的实物能否成为非物质文化遗产或文创产品加以利用。

参考文献

[1] 郑玄，贾公彦 . 周礼注疏［M］. 北京：北京大学出版社，1999：630-632.

［2］吴寒.《诗经》里的岁时画卷［J］.美术观察，2023（4）：7–9.

［3］陈瑞英.《立言画刊》戏曲传播研究［D］.太原：山西师范大学，2022.

［4］李文君.乾隆皇帝的中秋节［J］.紫禁城，2017（10）：62–77.

［5］《紫禁城》杂志编辑部.宫里过中秋［M］.北京：故宫出版社，2018.

［6］张照，等.丹桂飘香 霓裳献舞［M］.抄本.北京：昇平署，［1886］.

［7］宁霄.清宫中秋戏剧观演活动［J］.紫禁城，2017（10）：78–89.

［8］陈朝霞.乐理文韵——中国古代音乐文学简述［M］.长春：吉林出版集团，2022：171.

［9］廖公.一出中秋应节戏："天香庆节"的残留印象［J］.游艺画刊，1942（6）.

［10］凌烟.中秋杂谈［J］.立言画刊，1940（104）：31.

［11］首都图书馆.清蒙古车王府藏曲本［M］.北京：北京古籍出版社，1991.

［12］朱炯明.中秋赏月习俗渊源考辨［J］.沈阳师范学院学报（社会科学版），1994（3）：7–11.

［13］贺紫君.月神崇拜与中秋节的文化价值［J］.文化软实力研究，2023（2）：101–111.

［14］刘侗，于奕正.帝京景物略［M］.北京：北京出版社，1963：67.

［15］潘荣陛，富察敦崇.帝京岁时纪胜 燕京岁时记［M］.北京：北京古籍出版社，1981.

［16］张次溪.北平岁时志［M］.北京：北京出版社，2018.

［17］刘若愚.酌中志 卷二十［M］.北京：北京古籍出版社，1994.

［18］方跃平，曹洪洋.中秋节吃月饼习俗的起源考［J］.中国矿业大学学报（社会科学版），2023（3）：169–180.

［19］杨米人.清代北京竹枝词十三种［M］.路工，编选.北京：北京古籍出版社，1982：100.

［20］殷华叶.北京泥塑玩具兔儿爷研究［D］.北京：北京印刷学院，2020：142.

［21］老舍.想北平 老舍笔下的北京［M］.天津：百花文艺出版社，2012：25–26.

［22］王连海.北京兔儿爷［M］.北京：北京工艺美术出版社，2010：142.

［23］金受申.老北京的生活［M］.北京：北京出版社，1989：328.

［24］让廉.京都风俗志［M］.北京：北京古籍出版社，1981：18.

［25］李家瑞.北平风俗类征［M］.北京：北京出版社，2017.

［26］陈鸿年.故都风物［M］.北京：北京出版社，2017：381.

［27］常人春.老北京的风俗［M］.北京：北京燕山出版社，1990：169.

［28］沈太侔.春明采风志［M］.抄本.北京：［出版者不详］，［1675］：36.

［29］朱祖希.北京城——营国之最［M］.北京：中国城市经济社会出版社，1990：33–39.

［30］熊梦祥.析津志辑佚［M］.北京图书馆善本组，辑.北京：北京古籍出版社，1983：205.

［31］张宁.试论《析津志辑佚》中的风俗史料［M］//北京与中外古都对比研究国际学术研讨会论文集.北京燕山出版社，1990：118–133.

［32］陈明宏.中华传统节日诗话［M］.长春：吉林文史出版社，2005：55.

［33］李虹若.朝市丛载［M］.杨华，整理.北京：北京古籍出版社，1995：135.

他山之石

美国公共图书馆少儿空间创设的实践与启示

陈 琼[①]

摘 要: 本文对波士顿公共图书馆总馆、纽约公共图书馆总馆、纽约公共图书馆第53街分馆、皇后区公共图书馆总馆等四家美国公共图书馆的少儿服务区域进行实地考察,结合网站调查、文献调查等,分析了其空间创设的实践、特点和理念,以期为国内公共图书馆少儿空间创设提供借鉴和参考。

关键词: 少儿;空间;公共图书馆;美国

0 引言

图书馆的少儿空间,是少年儿童在使用图书馆过程中五官所触及的图书馆空间环境的总和,包括空间布局、服务流线、主题空间、环境装饰、标识导引、辅助设施等。空间也是一种资源,儿童图书馆的空间需要精心设计以满足当前和未来的需求[1]。本文以波士顿公共图书馆总馆、纽约公共图书馆总馆、纽约公共图书馆第53街分馆、皇后区公共图书馆总馆等四家美国公共图书馆的少儿服务区域为研究对象,分析其特点,并结合服务实际,提出对我国公共图书馆少儿空间创设的建议。

---

① 陈琼,首都图书馆副研究馆员。研究方向:公共图书馆管理与服务。

1 美国公共图书馆少儿空间创设的实践

1.1 波士顿公共图书馆总馆的少儿服务区

波士顿公共图书馆位于波士顿后湾的科普利广场，由麦基姆（McKim Building）和约翰逊（Johnson Building）两座大楼组成，是美国历史上第一个开设儿童阅读区的图书馆[2]、第一个引进讲故事形式的图书馆[3]。1972年，约翰逊大楼在开放时设立了扩大的儿童阅览室。目前的少年儿童服务区是随约翰逊大楼改造工程在 2016 年 7 月完工的，包括儿童图书馆（Children's Library）和青少年中心（Teen Central）[3]，位于约翰逊大楼二层，均为独立服务空间。

1.1.1 儿童图书馆（Children's Library）

儿童图书馆的外墙是半实体半玻璃的流线型设计，大约 1 米以上的墙体为玻璃墙，既保证了儿童安全，又增加了与外部成人阅览区的通透性。儿童图书馆有五六百平方米，咨询台位于中间，从门口开始的地面上有各种颜色的线条带领小读者去往不同的空间——沿着绿色线条走，可到达铺有绿色地毯、绿色装饰背景、半圆形书架围起的低龄阅读区；紫色线条指向紫色落地窗的低龄城堡活动区；红色线条指向视听文献和电子阅读区；蓝色线条指向整个阅览区的唯一封闭区域玛格丽特和 H.A. 雷伊空间（Margret and H.A.Rey Room），这个区域采用不透明的玻璃隔墙，便于开展各种活动，实现动静分离。

图 1　波士顿公共图书馆总馆儿童馆的玻璃外墙

1.1.2 青少年中心（Teen Central）

青少年中心是小入口、大空间的设计，与儿童图书馆通透鲜亮的光线和色调相比，这里以灰色、金属色和暗黄色为主色调，家具陈设也是时尚、偏成人化的风格。入口内一侧是咨询台。座位区域多设在沿墙或边角的位置，通过桌椅家具的摆放自然围合成多个私密性较好的小讨论空间。

青少年中心里还设有一个开放实验室（Open Lab），是 6 到 12 年级青少年探索创意软件的地方。实验室配备多台 Mac 和 Windows 系统的电脑，帮助青少年制作音乐、电影、艺术、游戏等。在每周开放的实验室课程中，青少年可以自由使用 3D 打印机、MIDI 键盘、各种数字录像机等，每次课程都会有一名青少年技术人员在场提供技术支持[4]。2023 年暑假实验室举办的角色扮演工作坊（Cosplay! 3D Print & Sew），通过 3D 打印和缝纫课程帮助青少年设计自己喜爱的角色[5]。

1.2 纽约公共图书馆总馆的儿童中心（Children's Center）

2008 年 11 月，一个提供可流通图书的儿童中心重返位于第五大道的纽约公共图书馆，并延续了纽约公共图书馆作为全国儿童服务领导者的传统[6]。这个图书馆即 1911 年就对外开放的斯蒂芬·A. 施瓦茨曼大楼（Stephen A. Schwarzman Building），也常被称为纽约公共图书馆总馆。

纽约公共图书馆总馆的儿童中心位于大楼一层。儿童中心门口两侧，矗立着两个半米高的灰色乐高积木拼成的小狮子，这两个小狮子是纽约公共图书馆总馆的标志石狮"忍耐"和"坚强"的儿童版。儿童中心面积不大，入门左手边是预约图书区，右手边是新书刊推荐专架，迎面居于阅览区中心的是咨询台。咨询台上不仅有各类服务指南和提示、活动宣传彩页，还摆放了可爱的毛绒玩具。围绕着咨询台，逆时针方向依次紧凑地设置电子阅览区、图书阅览区、三层书架区、小熊维尼主题阅读展区。

阅览区最里面是一个约 40 平方米的可关可开的多功能活动室。活动室在不举办活动的时间门敞开着，低龄儿童可以到里面阅读和自由活动。儿童中心几乎每天都安排活动，有故事时间、音乐和木偶剧表演、手工制作、乐高搭建等，活动对象涵盖 0 ～ 12 岁的少儿。

图 2   纽约公共图书馆总馆儿童中心的小熊维尼主题阅读展区

图 3   纽约公共图书馆总馆儿童中心书架上苏斯博士的戴高帽的猫

1.3　纽约公共图书馆第53街分馆的少儿服务区

第53街分馆于2016年6月27日对外开放，是曼哈顿市中心的一个明亮、吸引人的学习绿洲，设有青少年区（Teen Zone）和儿童室（Children's Room）[7]。该馆位于曼哈顿第五大道寸土寸金的地段，与现代艺术博物馆（Moma）仅有几步之遥，它的少儿空间创设和服务理念在一定意义上体现了纽约公共图书馆对当前少儿服务的理解。

1.3.1　青少年区（Teen Zone）

从成人阅览区和视觉大厅中间的台阶逐级而下，即到达青少年区，这里的空间安排、家具陈设和装饰风格与成人阅览区的设计风格基本一致：简洁、时尚又不乏艺术气息。书架环绕在周围，中间是座席区、开放讨论区、活动展示墙和宣传册展台等。活动展示墙上贴着精彩的读者留言和读者与馆员互动的照片。宣传册展台上摆放着丰富的宣传资料，除了该馆青少年活动预告的宣传册外，还有纽约市教育局印发的各类手册指南、其他文化艺术机构举办的面向青少年的活动宣传册。青少年区定期举办面向青少年的艺术设计、绘画和各类实用讲座[8]。

1.3.2　儿童室（Children's Room）

儿童室位于青少年区里侧，是一个六七十平方米的长方形封闭空间。进门右手边是一整面由字母组成的纽约地标建筑玻璃装饰墙，这面玻璃墙巧妙地将成人和少儿两个电子阅读区隔开。儿童室中间区域是阅读区，摆放了圆形的木质座椅和大软座垫，曾经有一段时间，还放过一个管道游戏装置。靠墙的是双层书架区、活动区和馆员工作区。书架顶端放置着推荐图书，墙壁上装饰着小读者画的画和手工作品。活动区的墙面采用了冷色调处理，沿墙设有一条简易的木质长凳，每个开馆日都会举办1～2场面向0～12岁少儿读者的阅读、音乐或绘画类活动。

图 4 纽约公共图书馆第 53 街分馆儿童室的纽约地标建筑玻璃装饰墙

1.4 皇后区公共图书馆总馆的少儿服务区

皇后区公共图书馆总馆（皇后区图书馆中心馆）位于皇后区牙买加梅里克大道，是一座 5000 余平方米的二层建筑。少儿服务区分两处：儿童探索中心（Children's Library Discovery Center）和青少年阅读区（Teens）。儿童探索中心于 2011 年对外开放，项目设计曾获得 2011 年皇后区商会"新建筑设计优秀奖"、2012 年纽约市艺术协会"优秀作品奖"[9]。儿童探索中心约 1300 平方米，以数学和科学为主题，包括可互动体验的展品和图书资料，为小读者提供寓教于乐的友好型服务。

1.4.1 儿童探索中心（Children's Library Discovery Center）

儿童探索中心跨两个楼层，一层是别具匠心的"纳米"（Nano）主题展示区，二层为文献借阅区。一层入口一侧还设有餐饮休息区。

一层以不同色彩来导引空间和文献。进门迎面有个导视牌，在空间上，沿着橘色路线可以找到图书馆员咨询处，粉色指向信息问询处，紫色指向电梯，灰色指向楼梯，绿色指向卫生间；在文献方面，蓝色区域的是早期儿童阅读区，黑色的是非小说区，黄色的是小说区。进门的地面上绘制了一幅巨大的儿童版皇后区公共图书馆成员馆地图，地图上除了标明各分馆的位置外，还标出了地铁线路、皇后区地标景点如花旗球场（Citi Field）、科罗娜公园（Corona Park）等。

图 5   皇后区公共图书馆总馆儿童探索中心的巨幅地图

儿童探索中心一层大部分空间都围绕"纳米"（Nano）主题进行空间布置。显微镜、骨骼、小型制电装备、人体器官模型等被布置在若干个分区里，每个分区都结合道具和图片，设置了与纳米相关的问题，并配置相关主题的图书专架，让阅读突破了"书"的界限，启发小读者去思考和探索，去书本里找寻答案。

在主题展区上空悬挂着"SCIENCE IS TRYING THINGS OUT"（科学就是解决问题）、"SCIENCE IS ASKING QUESTIONS"（科学就是刨根问底）等石膏浮雕标语带，还有彩色卡通版的星球、齿轮、红色的大蜘蛛、粉色的胖蝴蝶等立体装饰，整个空间显得饱满、丰富和活泼。

图6　皇后区公共图书馆总馆儿童探索中心的显微镜纳米主题区

图7　皇后区公共图书馆总馆儿童探索中心阅读区

1.4.2 青少年阅读区（Teens）

青少年阅读区位于一层成人阅览区内，与皇后区公共图书馆总馆整体的朴素外观和简洁内设风格相统一，并没有太多惊艳之处，位置相对安静，可以看作是图书馆专门为青少年设立的一个有文献的自习室。

2 美国公共图书馆少儿空间创设的特点

2.1 按龄分区

美国公共图书馆大都将少儿服务区划分为儿童区和少年区两个大的分区。一般而言，儿童区服务于 0～12 岁儿童（波士顿馆扩展到 8 年级，即 0～14 岁），青少年区服务于 6～12 年级（12～18 岁）的青少年。青少年区在设计风格和空间规划上呈现向成人阅读区过渡的特点。

遵从楼层最低原则[10]，少儿服务区大都位于建筑的一层或二层，在图书馆整体阅览区中为独立空间。在实际服务中，体现专属性，注重保障少儿读者对图书馆的使用权。如波士顿公共图书馆总馆人流量很大，为保障青少年的阅读座位，青少年中心的门口特别提示"座位提供给 6～12 年级的青少年和他们的陪同者"（Seating is for Teens grades 6–12 and those accompany with teens）。

2.2 动静分离

少儿服务区既要满足小读者安静阅读的需求，又要服务于不同类型的交流互动活动。做好动静分离在空间设计中特别重要。所谓动静分离是指将需要安静的区域（如借阅图书馆区域、参考图书馆区域）与相对吵闹的区域（如儿童活动室、玩具图书馆）隔离，为使用不同服务区域的少儿读者创造舒适的环境[11]。

在空间允许的条件下，美国公共图书馆少儿服务区内会设立封闭、半封闭或者可自由开合的空间，以实现动静分离。青少年区多设立封闭空间用以开展科技创意类、影音制作类活动。儿童区内多设置半封闭或可自由开合的空间，用来组织讲故事、手工制作或音乐互动类活动。如果空间确实不足，则会将活动区设置在靠墙角的位置，与阅览区保持一定距离。

2.3　注重用色

对色彩的感知是少年儿童认识外部世界的第一步，少年儿童因为天生对颜色敏感而喜爱色彩鲜艳的事物。色彩也是环境创设中重要的视觉元素，它和形、光等视觉元素一起传达空间环境的信息及语言[12]。

对色彩的大胆和合理使用是美国公共图书馆少儿服务区空间设计的一个突出特点。波士顿公共图书馆总馆的儿童图书馆用地面交错的色彩带、整片区域的统一着色来划分不同功能的服务区，增强了空间的辨识度，也给小读者找寻阅读区增添了乐趣。皇后区公共图书馆总馆的儿童探索中心不仅用色彩导引空间和设施，还用色彩区别不同类别的图书，便于小读者利用图书馆的服务和文献。纽约公共图书馆总馆的儿童中心和纽约公共图书馆第 53 街分馆的少儿服务区则用色彩鲜亮的壁画作为少儿阅览室的装饰色，使少儿空间更加活泼生动。

2.4　人性便利

波士顿公共图书馆总馆的儿童图书馆在阅览区中间位置设有第三卫生间，方便父母带领低龄儿童如厕；该馆还在儿童图书馆内设置了专门的婴儿车停放区。纽约公共图书馆第 53 街分馆在少儿服务阅览区内设有宽敞的卫生间，里面有靠墙的折叠式挡板，可以给小宝宝换尿布；阅览区内还有免洗洗手液，供读者使用。

灵活多变的书架设置也显示出美国公共图书馆少儿服务的人性化特点。在波士顿公共图书馆总馆的儿童图书馆，低龄阅读区附近都是二层的低矮书架，电子阅读区和活动室附近则是四层或五层的稍高书架。纽约公共图书馆总馆的儿童中心面积不大，整个阅览区四周靠墙面的地方，都尽可能安放了五层书架，以容纳更多图书；图书阅览区则设置了自由灵活的二层书架和多个移动的书箱，方便小读者随手取书阅读。

3 美国公共图书馆少儿空间创设值得借鉴的理念

3.1 在空间中体现阅读文化

图书及书中的人物成为空间装饰的重要组成元素。在美国图书馆的少儿空间里，经典或最新出版的精美图画书被摆放在低矮书架的顶部，既装饰了空间，又吸引小读者的目光，起到了图书推荐的作用。苏斯博士（Dr. Seuss）创作的戴高帽的猫、《芝麻街》的艾蒙（Elmo）、老鼠阿瑟（Athur）等家喻户晓的人物布偶或卡纸被安放在书架中，与书架上的图书相呼应，增加了小读者对相关图书的亲切感。

图书馆还通过空间命名向童书作家致敬。波士顿公共图书馆总馆儿童图书馆的玛格丽特和 H.A. 雷伊空间以《好奇猴乔治》的作者玛格丽特·雷伊和 H.A. 雷伊夫妇名字命名，表达了图书馆对两位儿童作家的敬意和纪念。

3.2 在空间中表达城市文化

少年儿童走进图书馆的空间，空间也成为一种立体的阅读。在图书馆的少儿空间中出现能够体现城市特征的文化符号，无疑是一种高级的设计表达。

纽约公共图书馆总馆的儿童中心在具有 100 多年历史的史蒂芬·A. 施瓦茨曼大楼里，其家具设备和基础装修也以深色木质为主，保持了典雅大气的古典风格。作为儿童使用的区域，阅览室通过巧妙的装饰布置，把浓厚的文化气息和活泼的童趣完美融合。阅览区四周的墙面上用鲜明亮丽的颜色绘制着卡通版的联合国、时代广场、布鲁克林大桥等纽约地标建筑以及纽约公共图书馆、古根海姆博物馆、中央公园约翰·列侬草莓地等文艺场所。纽约公共图书馆第 53 街分馆的儿童室有一整面足有十余平方米的玻璃墙，墙面用各类字母拼凑出帝国大厦、世贸中心、克莱斯勒大厦等曼哈顿标志性建筑。少年儿童置身在这样的空间里，不仅在阅读书籍，也在阅读这座城市。

3.3　在空间中讲述经典文化

设立特别的主题展区，讲述经典文化形象背后的故事。纽约公共图书馆总馆的儿童中心面积不大，却单独辟处了一个小熊维尼（Winnie-the-Pooh）主题阅读展区，用展板、地图、毛绒玩具、明信片、图书等丰富的载体，为小读者讲述维尼熊与其创作者的故事、维尼熊和纽约公共图书馆的渊源。维尼是由英国男孩米尔恩（Milne）的生日礼物毛绒玩具熊而来，米尔恩的爸爸创作了维尼熊和它朋友的故事。从 1987 年起，维尼熊和他的朋友跳跳虎（Tigger）、屹耳（Eyore）和皮杰（Piglet）（也是米尔恩以前非常喜爱的玩具）就一直住在纽约公共图书馆[13]。图书馆正是通过小熊维尼这个经典文化形象和它与图书馆的生动故事，表现公共图书馆对童心文化的守护，引发少年儿童的共鸣和阅读兴趣。

4　对我国公共图书馆少儿空间创设的启示

《中华人民共和国公共图书馆法》第四章第三十四条规定："政府设立的公共图书馆应当设置少年儿童阅览区域……有条件的地区可以单独设立少年儿童图书馆。"[14] 国家从法理层面对设置少年儿童阅览区（少年儿童图书馆）进行了确认。如何创设好少儿空间，可借鉴美国图书馆的经验，关注和体现以下几方面特性。

4.1　友好性

友好的氛围和良好的设计能鼓励和吸引少年儿童使用图书馆的资源，利用图书馆更好地阅读、学习、交流、休闲和成长。友好的少儿空间要具备：①清晰的导引指示，让小读者和家长快速了解图书馆的各类服务设施和文献分布，顺利获取所需要的各类空间和资源。②舒适的阅览环境，不同年龄段的少年儿童差异较大，阅览区内要科学分布符合他们身体力学特点和审美需求的家具设备，让他们在舒适的空间里享受阅读的乐趣。③安全环保的建筑设计，参考《图书馆建筑设计规范》《托儿所、幼儿园建筑设计规范》《中小学校设计规范》等，在儿童安全方面要给予充分考虑。④各类人性化的安排，如设立母婴室、婴儿车停放区、儿童简餐区，配备婴儿整理隔板、儿童规格的厕具、免洗洗手液等辅助设施和用品。

4.2 专业性

公共图书馆的少年儿童服务是一项专业化服务，空间作为开展少儿服务的基础，更应体现专业性。①在空间上体现儿童优先原则。儿童优先原则已经成为指导我国图书馆少年儿童服务的基本思想。公共图书馆应该在馆舍布局，场所及设施设计等方面对少年儿童服务有所侧重。如，在新馆规划或旧馆改造中，应把少儿服务区优先安排在一层空间，把自然光线好、交通便利的位置留给少儿服务区。②建立符合少儿心理发展规律的空间分区。少儿图书馆管理者要综合借鉴儿童发展心理学家、教育学家、少儿图书馆学家等的研究成果，分析不同年龄段少年儿童的心理特征，据此科学划分少儿服务空间，以满足不同年龄层少年儿童的阅读需求，同时实现分级分区的阅读指导。

4.3 特色化

少儿空间可突破"书"的局限，建立丰富多样的特色空间。根据不同年龄段少年儿童的特点，可尝试建立如下特色空间：①绘画空间。每个孩子都是天生的画家，只要能拿起画笔，就可以随意创作。绘画空间很适合婴幼儿，最好设置在开放明亮的区域，环境装置要耐脏、易清洗。②探索空间。少年儿童对未知世界充满好奇。图书馆可结合本馆科普文献馆藏情况，设立主题探索空间，并配备一些简单易用的科学仪器或工具。③创享空间。对高年级的青少年而言，可为其开辟具有隔音降噪效果的封闭空间，用来进行创客活动、音画制作、3D艺术创作等。④私密讨论空间。在位置相对安静的区域建立多个开放但相对私密的讨论空间，满足青少年个性化小集体讨论的需求。

4.4　文化性

图书馆是人文空间，在环境创设中要体现文化特质，将阅读文化、城市文化以及图书馆文化等融入少儿空间中，以提升其文化内涵和精神底蕴。①阅读文化。阅读是公共图书馆少儿服务的核心。图书馆馆藏丰富，要挖掘发现并展示利用各类优质阅读资源，如经典书籍及其衍生品等，将趣味性、故事性和文化性融合到环境布置之中，打造一个活泼生动又有文化质感的少儿阅读空间。②城市（地域）文化。每个城市都有自己的文化符号，公共图书馆的少儿空间如能很好地融入这些文化元素，一方面会增强图书馆的辨识度，另一方面也将增强少年儿童对自己成长城市的认同感和归属感。③图书馆文化。公共图书馆在少儿空间创设中，也要善于利用和展示本馆少儿服务中特有的文化元素或文化事件，以提升图书馆的文化形象，增进与小读者的互动交流，实现以文化人、以文育人的服务理念和宗旨。

参考文献

［1］IFLA guidelines for library services to children aged 0-18 / revised version 2018［EB/OL］.［2023-07-22］.https://www.ifla.org/publications/node/67343.

［2］BPL about us［EB/OL］.［2023-07-22］.https://www.bpl.org/about-us/.

［3］BPL history［EB/OL］.［2023-07-22］.https://www.bpl.org/bpl-history/.

［4］Open lab for teens［EB/OL］.［2022-03-28］.https://bpl.bibliocommons.com/events/search/fq=types.

［5］Cosplay! 3D print & sew［EB/OL］.［2023-07-22］.https://bpl.bibliocommons.com/events/search/q=3D.

［6］Children's center at 42nd street［EB/OL］.［2023-07-22］.https://www.nypl.org/about/locations/schwarzman/childrens-center-42nd-street.

［7］About 53rd street library［EB/OL］.［2023-07-22］.https://www.nypl.

org/about/locations/53rd-street.

［8］Events［EB/OL］.［2023-07-22］.https://www.nypl.org/locations/53rd-street.

［9］QPL history［EB/OL］.［2023-07-22］. https://www.queenslibrary.org/about-us/queens-public-library-overview/history.

［10］边荣.浅谈公共图书馆少儿区域空间布局——以香港中央图书馆为例［J］.图书馆理论与实践，2019（9）：68-71.

［11］王毅.少儿图书馆事业发展初探［J］.人文天下，2017（16）：65-67.

［12］范并思，吕梅，胡海荣.公共图书馆未成年人服务［M］.北京：北京师范大学出版社，2016：95.

［13］The adventures of the REAL Winnie-the-Pooh［EB/OL］.［2023-07-22］. https://www.nypl.org/about/locations/schwarzman/childrens-center-42nd-street/pooh.

［14］中华人民共和国公共图书馆法［EB/OL］.［2023-07-22］.http://www.xinhuanet.com//politics/2017-11-04/c_1121906584.htm.

图书馆资源共享系统的开源社区模式研究

——以 ReShare 项目为例

窦玉萌 [①]

摘　要： 本文采用案例研究法，对美国 ReShare 项目进行调研，分析得出 ReShare 开源社区模式的五个关键因素，即目标一致的社区群体、职责明确的组织结构、FOLIO 奠定的技术基础、公开透明的资金筹措和潜在可行的商业模式，并总结图书馆资源共享系统建设的开源社区模式的建设经验、存在问题与风险挑战。

关键词： 资源共享系统；开源社区；ReShare；图书馆联盟

0　引言

"开源社区一般指以软件源代码为核心，由地缘空间分散但拥有共同兴趣爱好的开发者根据相应的开源软件许可证协议，以民主、合作的形式进行软件的共同开发、维护、增强等知识创造与传播活动的网络平台，同时也为成员展开交流学习与共同治理的网络组织"[1]。这种模式能够为图书馆资源共享系统带来巨大优势。

首先，开源社区模式能够有力应对系统发展中所面临的挑战。尽管图书馆资源共享系统经历了数字化、网络化和云端化的发展过程，但资源共

---

① 窦玉萌，首都图书馆副研究馆员。研究方向：信息服务。

享效益并未一直保持持续提升的趋势，馆际互借和文献传递业务量甚至呈现平缓或下降的趋势[2]。这反映出传统的业务流程驱动模式已经难以满足不断变化的用户需求和技术发展。开源社区模式具有大量贡献者的自由协作特点，来自不同领域和背景的贡献者能够带来丰富的想法和思考问题的多种角度，推动知识的持续创新。通过采用开源社区模式，图书馆可以引入更多的创新思维和全球范围内的专业知识，从而推动系统的升级和创新，为资源共享效益的提升创造更有利的条件。

其次，开源社区模式能够提升用户使用资源共享系统的体验。美国十大学术联盟相关项目提出了下一代图书馆资源共享系统愿景，强调用户体验功能需求[3-4]。联机计算机图书馆中心（OCLC）于 2019 年提出"Library on-demand"愿景，致力于基于技术、工具和能力联合打造良好的终端用户体验[5]。开源社区模式强调以用户需求为中心，鼓励用户深度参与系统的开发过程。通过开源社区，用户可以根据自身经验、感受和行为习惯提出创新方案和改进意见，从而确保系统的功能和设计符合用户期望，提升用户满意度和实际体验。

最后，开源系统的自由共享属性可以有效降低资金和版权障碍，促进更广泛的资源互联互通。通过开源社区模式，不同图书馆可以更轻松地分享和集成各自的资源，通过合作与互动，构建更为丰富的资源网络。图书馆资源共享系统不但可以更好地实现强大的资源保障能力，而且有望进一步推动国内外馆际互借和文献传递业务的发展。

本文拟通过深入剖析图书馆资源共享系统开源社区 ReShare 的运行机制，梳理开源社区建设资源共享系统的关键因素，总结可供图书馆借鉴的经验，指出经验移植存在的问题与面临的挑战。

1　美国 ReShare 项目开源社区模式概况

开源社区可以支持多个开源项目，也可以只支持特定的开源项目，ReShare 社区属于后者。2018 年，在图书馆界的业务研究与交流推动下，开源社区 ReShare 成立，它由联盟、图书馆、信息机构和开发人员构成，包含商业利益和非商业性利益，他们创建了采用开放方式开发资源共享系统的ReShare 项目[6]，任务是开发和支持图书馆资源共享社区以及促进创新和关注用户需求的开源软件[7]。成员来自不同联盟、高校图书馆、开放图书馆基金会等，共同以基于迭代模型和敏捷开发的模块化方式推进系统开发。项目具有多元化的社群、完善的组织结构、先进的技术架构、特色化的资金渠道和灵活的商业模式，在典型性、新颖性和应用性等方面都具有较高价值。

2　美国 ReShare 项目开源社区模式的关键因素分析

开源社区能否在行业中获得并保持长久的竞争优势和发展，取决于其是否能够持续地为用户和行业创造价值。创造价值的关键环节包含社群、组织、技术、资金和商业化等五个方面，它们既相互独立又联系紧密，共同构成了开源社区的价值链。分析价值链中的各个环节，找出具有战略性影响的关键因素，有助于发掘社区在行业中拥有竞争优势和持续发展的原因。

2.1　目标一致的社区群体

社区组建的必要条件是具有共同价值观的社群凝聚在一起，确立发展愿景和利益合作模式。

美国一些致力于创新的图书馆联盟自发组织在一起，形成围绕用户体验进行创新建立资源共享平台的共识。这些联盟吸纳关心和支持资源共享的社会力量，共同组建社区，确立和实现 ReShare 愿景。ReShare 愿景是为图书馆构建一个以用户为中心的、基于 App 的、社区所有资源的共享平台，设定用户获取图书馆资源和信息的标准，在技术上是可创新、可扩展、社区所有和供应商中立的[8]。

社区成员的具体利益需求都可以在社区合作中得到满足，使社区进一步统一目标。社区通过共同拥有产品的长期所有权实现利益的统一，非商业机构代表联盟和图书馆在社区中占据主导地位，确保多维度需求得到满足。商业机构代表供应商和服务商为社区提供技术、资金和资源，并在技术应用和标准制定方面有一定决定权。双方良性交互推动产品升级和建立健康的产品开发生态环境。

2.2 职责明确的组织结构

ReShare 社区组织结构由具有管理职能的指导委员会和五个执行社区愿景的工作组构成。它们按照职能划分设立，职责明晰，彼此高效配合，是实现社区目标的保障。指导委员会由资深领导者构成，为社区制定愿景，提供全面的监督，并负责制定战略路线图、协调资源分配和提供资源保证，以及规避风险和管理资金。工作组包括主题专家小组、产品管理团队、开发团队、沟通团队和社区参与团队。主题专家小组由图书馆专家组成，负责提供意见和反馈，确定功能需求和用户故事。产品管理团队由资源共享产品经理组成，负责设计功能开发路线图和管理工作流程。开发团队由有丰富经验的开发者组成，负责软件架构、编写代码和软件打包等。沟通团队负责与相关方进行沟通策略。社区参与团队致力于社区组织和动员，包括新成员培训和与其他团队协调合作。

此外，开放图书馆基金会（Open Library Foundation）和用户体验专家是其外部支持与合作力量。前者为 ReShare 提供基础设施支持和确保其持续开放状态，后者在必要的时候加入项目。

2.3 FOLIO 奠定的技术基础

FOLIO 是开源的图书馆服务平台，也是开放图书馆基金会支持的社区项目，于 2016 年启动。FOLIO 社区积累的开发经验、建立的基础设施和成功的建设方法都为 ReShare 提供了参照模板。一方面，ReShare 采用 FOLIO 平台架构，支持模块化 App 开发，使得 ReShare 能够灵活地扩展和定制功能。ReShare 重用了 FOLIO 的目录模块，用于构建共享索引存储功能，使其能够集中显示多种来源的图书馆目录数据，为用户提供更全面和便捷的资源发现服务，使其有良好的访问体验。另一方面，ReShare 采用了 FOLIO

的 UX 模型作为原型创建方法，同样注重用户体验。

虽然 ReShare 是基于 FOLIO 平台的，但是 ReShare 与 FOLIO 社区是独立运作的，可以与其他图书馆系统进行互操作，图书馆不使用 FOLIO 平台也可以使用 ReShare。

2.4　公开透明的资金筹措

充足稳定的资金支持是项目可持续运行的重要保障。ReShare 作为社区所有的开源项目，资金大多需要社区自己筹措。为了保证资金的公开透明，一方面，ReShare 公开了项目费用模型，并通过各种会议交流机会进行宣传，以吸引潜在加入者和资金支持者；另一方面，ReShare 构建成员收费模型，采用分类收费模式，根据联盟成员、图书馆成员和商业成员性质的不同，设置不同的、灵活的收费标准，从而获得资金支持，满足项目发展的资金需求。

2.5　潜在可行的商业模式

商业模式是社区各参与方贡献资源和获取收益的商业化方式。非商业机构主要侧重社会效益和服务效益，商业机构主要侧重经济效益。ReShare 社区蕴藏着多元化的、潜在可行的商业模式，可以满足商业机构的市场收益需求，是商业机构积极参与社区的动力。首先，对于能够自行上线 ReShare 产品的联盟和图书馆，商业公司可以提供软件部署、数据迁移、系统集成等咨询服务，并根据难度和响应时间等因素进行收费。其次，由于 ReShare 采用 Apache V2.0 许可证，允许任何人使用和在此基础上创新，因此商业公司可以根据联盟和图书馆的需求开发插件、组件或扩展功能，提供定制化产品销售服务。再次，对于无法自行上线 ReShare 产品的联盟和图书馆，商业机构可以为其提供软件实施服务，并收取相应费用。

商业公司为了实现盈利目标，以多种方式为 ReShare 社区作出贡献，如提供资金、软件和人员支持，逐渐获得技术和市场主导地位。如果商业公司在社区中获得认证或被指定为首选服务商，就得到了先发优势，有望占据更大的市场份额。

3　经验启示与风险挑战

ReShare 项目整合了资源共享业务链上的合作者，创新了协作和服务方式，为系统建设和软件实施提供了新的方向，其开源社区模式的实践经验具有一定的典型性。虽然 ReShare 社群、组织、技术、资金和商业化五个方面的关键因素保证了项目的初步成功，但是从长期发展来看，依然面临一些挑战。以下拟从五个方面对这一创新模式的建设经验、存在问题以及风险挑战等进行全面总结，以期对国内各类图书馆资源共享服务系统的建设提供有益参考和借鉴。

3.1　基于合作与交流基础，建立具有价值链闭环的社区

不同机构之间的长期良性互动有利于形成统一的价值观，更容易促成社区的建立。图书馆、联盟、供应商之间的合作和交流为社区构建资源、技术、资金利益协作模式，以及价值持续生成的创新模式创造了条件。社区主导者可以充分利用彼此长期合作产生的信任感和认同感，以提升用户体验为目标，吸纳具有丰富经验和能够优势互补的开发者和用户参与，构建知识生产、知识组织、知识共享和知识创新循环进行的社区。

目前，ReShare 社区的开发者数量还相对不足，需要 VuFind、HTML/CSS 方面的开发人员和 DevOps 工程师，如何识别社区的潜在参与者及其参与动机，制定有针对性的激励措施，吸引高活跃度和贡献度的参与者，是社区发展需要解决的问题。ReShare 社区结构的机构性质明显，成员代表其所属的机构利益参与社区项目。来自商业机构的成员受公司雇用并接受报酬参与开发，但他们却并不是最终用户。当公司利益和社区利益发生矛盾时，这些具有双重身份的参与者的动机和行为就会为项目建设与管理带来风险。

3.2 构建动态社区组织结构，使管理过程更富弹性

社区管理的基本组织结构确立后，各项职能和权利也随之划分完成。然而外部环境变化、内部职能拓展和社区成员流动，会对组织所需承担的责任产生新的需求。在社区运行的整个生命周期中，应允许组织结构根据实际需要作出调整。如 ReShare 初创时设立了三个工作组，分别是主题专家小组、产品管理团队和开发团队，后来又设立了沟通团队和社区参与团队，增强了不同社群间沟通的有效性和规范性，减少了团队成长中出现的摩擦，建立了推动社区团队发展与协作的组织保障，是对组织职能的进一步细化，有利于提升组织应对逐渐复杂化的管理局面的能力。

ReShare 社区组织结构中承担领导角色的成员，因其作出的上游贡献和所属机构的背景，在社区管理与决策中具有较大影响力。一方面，这些核心参与者从机构离职或者机构退出社区都会影响组织职能的发挥；另一方面这些来源图书馆、联盟、公司等机构在社区中占据主导地位，弱化了开源社区的自由、共享精神，不利于纯个人参与者的加入。如何建立组织结构动态适应性机制，制定吸引不同诉求的用户进入社区的政策，塑造去中心化和解耦性的组织结构，为社区长期发展带来了挑战。

3.3 考虑系统兼容性和重用性，充分利用已有的技术条件

资源共享系统通常要与图书馆集成系统或图书馆服务平台连接，调用本地书目数据和流通实时性状态数据，只有系统兼容性高才会表现出较高的效率。在系统应用实践中，出自同一个公司的资源共享产品和图书馆集成系统（或图书馆服务平台）整合后，非中介借阅流程往往能提供良好的用户体验，如 SHAREit 和 VERSO。ReShare 开发利用了 FOLIO 的平台架构、功能模块和理念方法，它们都保证了技术的统一性和系统运行的稳定性。除了图书馆服务平台 FOLIO，ReShare 还计划适配 Sierra、Koha、Symphony、Millennium、TLC、Voyager 等图书馆集成系统，目前正着手解决与 ILLiad、Rapido 和 WorldShare ILL 等资源共享系统进行整合的问题[9]。这些系统来自不同的供应商。一方面，系统整合后是否能表现出与 FOLIO

整合同样的效率，提供没有差别的服务，还需要进一步测试和在实践中验证；另一方面，系统供应商之间的同类产品和相关产品之间存在竞争，ReShare 需要探索合作模式以获取其支持。对系统整合性能的预期和与供应商合作的谈判沟通成本，会在一定程度上降低联盟和图书馆参与开源社区的意愿和使用 ReShare 的意愿，系统未来的大范围推广和应用面临挑战。

3.4 减少资金支持的不确定性，保证项目进度和可持续性

通常来讲，开源社区秉承自愿参与的原则，不会给参与者提供报酬。但对于全身心投入社区、贡献大量时间以及持续时间较长的参与者，往往会面临资金问题。ReShare 项目在建立和设计阶段以及最小可行产品开发阶段，依靠 PALCI 联盟和商业公司提供资金的方式，为参与者支付报酬，保证了项目的顺利启动。根据资金规划方案，后续资金还存在较大缺口，虽然社区采用机构会员收费模式募集资金，但是从寻求合作者、多轮沟通、承诺加入到资金到位，这是一个复杂的过程，有很多不确定性。如何建立多元化的资金筹集渠道，是影响项目可持续发展的重要问题。个人参与者通过在网络中公开募捐、提供知识服务或出版专著等方式可以缓解资金压力，但这些效果与项目的品牌知名度密切相关。如果社区对有报酬或有收益参与者依赖性较高，在不能获得稳定充足的经费支持的情况下，资金链断裂会给项目进度和未来发展造成影响。

3.5 选择合适的开源许可证，平衡社区利益和商业模式发展

社区选择的许可证决定了其对开源软件的控制力，进而影响未来商业模式的发展。ReShare 在 Apache V2.0 许可下发布，商业性友好，潜在商业模式较为广泛，使社区对商业机构有较强的吸引力，商业加盟者积极性高，社区的系统建设工作充满活力。然而这种对开源软件商业化的低限制性会影响个人参与者的积极性，在具体应用实践中更容易分化出版本区别较大的软件系统，背离开源、共享的初衷，其非开放核心的部分占比过大则变相削弱了社区的所有权。相比之下，另一开源的资源共享系统 FulfILLment 是在 GUN GPL 许可下发布，要求派生作品也必须使用该许可证，即基于该

系统所做的任何扩展和定制，也必须免费公开发布，让开源系统保持一以贯之的开放性，但在一定程度上影响了商业机构的利益。因此如何在选择开源许可证时，充分评估社区对软件控制的程度、可能采用的商业模式以及每种模式的盈利空间，辅以必要的补充协议，确立最佳平衡点，是开源社区面临的挑战。

4　结语

我国图书馆资源共享系统广泛应用于各类型图书馆全国性文献信息资源保障体系、跨系统或跨区域图书馆联盟、区域性图书馆资源共享以及总分馆服务体系，有效满足了用户的信息需求。根据系统生命周期理论，系统一般会经历规划、开发、运行维护和更新的过程，持续的更新和优化是系统保持生命力和提升效益的动力。

开源社区模式创新了图书馆软件的建设方式，通过调动所有项目相关利益方的力量，在各项具体问题的讨论中切磋、融合，构建以用户为中心的全流程资源共享平台。本文以 ReShare 项目为例，分析开源社区模式建设图书馆资源共享系统的关键因素，总结其建设经验，探讨存在的风险或挑战，在技术迅猛发展、软件加速更迭、服务持续优化的时代，具有重要的前瞻意义。

参考文献

［1］陈光沛，魏江，李拓宇．开源社区：研究脉络、知识框架和研究展望［J］．外国经济与管理，2021（2）：84-102．

［2］窦玉萌．美国图书馆资源共享系统建设 ReShare 项目分析与启示［J］．新世纪图书馆，2022（8）：70-76，82．

［3］BTAA Discovery to Delivery Project Action Committee. A vision for next generation resource delivery［EB/OL］.（2016-11-17）［2020-12-15］. https://www.btaa.org/docs/default-source/library/d2dnov2016report.pdf?sfvrsn=4.

［4］BTAA Discovery to Delivery Project Action Committee. Next generation resource delivery：management system and UX functional requirements［EB/OL］.（2017-08-21）［2020-12-15］. https://www.btaa.org/docs/default-source/library/next-generation-resource-delivery--functional-requirements.pdf.

［5］Library on-demand：anything, anytime, anywhere［EB/OL］.［2023-03-14］. https://www.oclc.org/en/library-on-demand.html.

［6］ReShare［EB/OL］.［2022-12-20］. https://projectreshare.org/about.

［7］DETHLOFF N, IBBOTSON I, ROSE K, et al. Project ReShare：an open，community-owned，resource sharing solution［EB/OL］.［2022-12-20］.https://invenio.nusl.cz/record/403521/files/idr-1380_2_presentation.pdf.

［8］ReShare［EB/OL］.［2022-12-20］. https://projectreshare.org/about.

［9］ReShare integrations［EB/OL］.［2023-03-29］. https://projectreshare.org/products/reshare-integrations.

美国公共图书馆志愿者管理制度带来的启示

岳　玥[①]

摘　要： 由于市场与政府无法满足社会公共需求，使用志愿服务来弥补社会福利的
不足早已成为现代社会的普遍现象。美国以其完备的志愿服务制度著称于
世，因此世界上许多国家推展志愿服务时都以美国的志愿服务制度为典
范。本文主要就美国公共图书馆志愿服务管理制度进行研究，其长期志愿
活动所累积的实践经验，对北京城市图书馆未来的志愿服务工作具有一定
的参考价值。

关键词： 北京城市图书馆；美国公共图书馆；志愿服务

1　志愿者及志愿服务的社会意义

联合国志愿人员组织官网（www.unv.org）中，志愿服务"被理解为为
一般公共利益而自愿开展的广泛活动，金钱奖励不是其主要的激励因素"。
我国《志愿服务条例》第一章第二条："志愿服务，是指志愿者、志愿服务
组织和其他组织自愿、无偿向社会或者他人提供的公益服务。"

志愿服务起源于 19 世纪初西方国家的宗教性慈善服务，19 世纪末 20
世纪初，欧美等国先后通过了一系列有关社会福利方面的法律法规，第二
次世界大战以后，志愿服务工作逐渐制度化、专业化。从 1986 年起，联合
国将每年的 12 月 5 日定为"国际促进经济和社会发展志愿人员日"，其目

[①]　岳玥，首都图书馆馆员。

的是敦促各国政府通过庆祝活动唤起更多的人以志愿者的身份从事社会发展和经济建设事业。

早期的志愿服务活动多运用于社会福利领域，志愿者基于怜悯和关怀的利他情操，不求回报，于余暇时对处于某种困境中的弱势者提供照护、支持的服务。随着现代社会、经济的发展，志愿服务被赋予了参与、互助、永续、管理、品质、绩效等新内涵，其服务涉及环境保护、灾害救助、法律支援、心理疏导、大型体育赛事、文博咨询与讲解等多个领域。

2 公共图书馆的志愿服务现状

在追求高品质精神生活和高质量文化产品服务的当下，公共文化领域的志愿服务活动越来越多，极大促进了社会文明的进步和文化创新。作为公共文化部门的公共图书馆，其所秉承的自由、平等、公益、助人、奉献精神与志愿精神具有高度契合之处，为图书馆引入志愿服务活动提供了可能。

美国的公共图书馆志愿服务活动开展得比较早，并且形成了一定的规模和完备的机制，现在，世界许多国家和地区的公共图书馆以美国为典范开展志愿服务活动。我国公共图书馆志愿服务活动虽然起步较晚，但发展迅速。尤其是，2016年文化部颁发了《文化志愿服务管理办法》，全国各地公共图书馆相继成立文化志愿服务队（中心），极大地推动了我国文化志愿服务及公共图书馆文化志愿服务工作的制度化和规范化发展。例如，2017年首都图书馆成立的北京市公共图书馆文化志愿服务总队，为读者提供图书导读、环境管理、活动组织引导等多项志愿服务。近年来，首都图书馆还相继举办了"书香"系列志愿活动、文化助残活动、"童沐书香"活动、荐书活动、文化援建活动等多种志愿服务，不仅积极践行了奉献、友爱、互助、进步的志愿精神，还充分展示了公共图书馆开放与平等的服务内涵。辽宁省图书馆的"童阅乌托邦"、金陵图书馆的"朗读者"盲人剧场、苏州图书馆的"我是你的眼"残障主题活动等已经成为公共图书馆志愿服务的品牌项目。但不可否认的是，我国公共图书馆志愿服务发展历史较短，管理体制、机制与欧美国家相比还存在一定差距。此外，公共图书馆志愿服务在供求匹配度、专业化程度、项目实施等方面均需进一步完善与提高。

3 美国公共图书馆志愿者管理实践

笔者登录了美国科罗拉多州埃斯蒂斯谷图书馆、加利福尼亚州康特拉科斯塔县图书馆、加利福尼亚伯克利（市）公共图书馆、佐治亚州格威纳特县公共图书馆、华盛顿添姆布兰迪（公司）区域性图书馆、印第安纳图书馆联合会、乔治·布什总统图书馆、艾奥瓦州麦迪逊县图书馆、俄亥俄州辛辛那提县图书馆、纽约州汤普金斯县公共图书馆、康涅狄格州法明顿图书馆等 20 余家图书馆的官网，对他们的公共图书馆志愿服务工作进行了研究，认为有很多值得我国公共图书馆参考和借鉴的地方。

早在 1971 年，美国图书馆协会就曾发布过图书馆志愿管理 17 条原则。随后，美国《国内志愿服务法》（1973）、《国内志愿服务修正法》（1989）、《国家和社区服务法案》（1990）、《志愿者保护法》（1997）等专门法律的实施，公共图书馆依法建立起完善、配套的志愿者管理体系，保障了志愿服务在公共图书馆内规范、持久的开展。长期以来，志愿者秉承"到最需要我们的地方去，做任何需要我们做的事"的理念，以"合作、尊重、卓越、福祉"的核心精神将志愿服务工作做到至善至美。

3.1 详尽明确的志愿者招募信息

美国公共图书馆志愿服务招募信息一般都发布在其网站上。大部分招募信息放在网站首页 Volunteering & Giving、Support the Library、About Us、Contribute 等导航栏目下拉菜单的 Volunteer 子目里，有些则直接放于首页。例如，美国纽约州汤普金斯县公共图书馆网站发布的志愿服务信息，包括志愿服务简介（Volunteer）、志愿服务职位（What Can Volunteer do?）、如何申请（How Do I Apply?）、现任志愿者（Current Volunteer）、常见问题（FAQS）5 个板块。

3.2 种类繁多、内容各异的志愿服务岗位

公共图书馆为志愿者提供了种类繁多的志愿服务项目。有青少年项目，也有成人项目；有长期项目，也有短期项目；有图书馆基础性服务，也有专业性服务。如果没有特别说明的话，16～90岁的人都可申请与自己年龄、知识、技能、健康状况等相匹配的志愿服务项目（见下表）。

表1 美国公共图书馆志愿服务内容

图书馆名称	志愿服务职位	志愿服务内容	志愿者及技能要求	承诺服务时间
俄亥俄州辛辛那提县图书馆	电脑助理	协助读者登录和查找网站，保持电脑清洁等。	具备基本的计算机使用知识。	每天2～3小时，每周1天
	儿童活动助理	协助儿童图书管理员进行手工活动准备和活动介绍。	具备基本的图书馆知识，对与孩子在一起的工作有兴趣。	每周2～4小时
	青少年科学伙伴助理	参加定期安排的科学伙伴计划，制订计划并带领孩子完成简单的科学实验。	具备与他人，特别是与孩子建立联系的能力。	每周2～4小时
康涅狄格州法明顿图书馆	图书馆资料加工助手	协助完成贴条形码、书标、RFID等加工工作等。	承诺必须完成在职培训（最长20小时），具备良好的工作习惯（守时、可靠）。	每天2～4小时，每周一天
	图书馆成人服务项目工作助理	协助图书馆员完成项目会议的会务工作。	能够适应工作时间的不固定性，具备良好的沟通能力。	每月3～4小时
	CD、DVD和有声读物整理	保持CD、DVD和有声读物返架，制订被损坏的CD、DVD和有声读物的修复计划等。	上岗前需接受培训，掌握杜威分类法等知识。	每周2～4小时

图书馆名称	志愿服务职位	志愿服务内容	志愿者及技能要求	承诺服务时间
加利福尼亚伯克利（市）图书馆	成人扫盲服务	为16岁以上的成人提供免费一对一课程辅导服务。	具备高中文凭，有耐心。	每次1~2小时，每周两次

3.3　专业规范的志愿服务管理

申请人可在线注册申请成为志愿者。通常网站会在申请页面嵌入PDF格式的《志愿者手册》（*Volunteer's Handbook*）或《志愿者政策》（*Volunteer's Policy*），供申请人阅读参考。手册对志愿服务的定义、原则、政策，志愿者实践及指南都作了详细说明。例如：

●志愿服务是指"对社区有益、出于自己的意愿、无金钱奖励"的活动，但"学生为寻求正式工作前而积攒经验""高中生作为课程一部分的行业实习""高等学校要求"不是志愿服务活动。

●志愿服务是对图书馆服务工作的补充或延伸，而非替代图书馆员完成其有偿工作。

●志愿服务要在图书馆员的监督和管理下，让志愿者使用所掌握的技能或知识来完成。

●志愿服务有明确的任务内容，与志愿者的期望、兴趣、技能及时间承诺相匹配，而非利用志愿者做图书馆不指派员工去做或图书馆员不愿意做的工作任务。

●志愿者需要接受图书馆的培训，获得服务技能。

●志愿者应当遵守业务守则、保密守则。

●图书馆认可志愿者的贡献，志愿活动结束后颁发服务证书。

●志愿者愿意在应聘时接受有关犯罪记录、工作经验、性格方面的询问。

● 18 岁以下的志愿者在开始担任志愿者以前，需要获得父母或监护人的签名许可。志愿者没有严格的年龄上限，这取决于个人的身体状况和体能。

● 招募方致力于保护申请人的隐私，将申请人所提交的信息根据相关法律进行存储。只有经过授权的招募方工作人员才能访问这些信息。

● 志愿者有权获得待执行任务的明确说明，接受充分的业务培训、礼仪培训，取得同事的尊重，获得相应的保险以及工作场所的风险保护措施。

申请表格内容一般包括教育背景、经验经历、志愿服务的兴趣方向、申请原因、承诺的服务时间等。此外，表格还对志愿服务的工作环境、用具、身体素质等有具体说明，例如：

● 会经常被要求站立、行走、坐着说或听，需登上梯子工作。

● 有时需要用手来操作物体、工具或控制装置，偶尔需要保持平衡，弯腰、跪地、蹲下或爬行。

● 必须 / 偶尔举起和 / 或移动 25 磅重的物品；必须 / 偶尔推一辆满载的书车（25 磅）。

● 有看清远景、近景、周边的视力，对色彩有感知。

● 需要使用自己的车辆。

● 工作环境有灰尘，个别地方比较脏，需穿着合适的服装；工作环境可能有噪声，但通常很低。

申请表格的最后会有"提交表格并不代表申请人一定能够获得志愿者职位"的提示。申请人在勾选同意条款后方能提交。

3.4 互联互通的志愿服务信息网络

美国很多公共图书馆实行的是总分馆制管理模式，并不是每家公共图书馆都需要志愿者。如果某馆在某段时期内暂时不需要志愿者，该馆的网站可以直接链接到其他分馆或总馆的站点，继续为志愿者提供志愿服务的线索。有些公共图书馆的网站甚至还能够链接到其他机构、社区的志愿服务站点，为志愿者构建出一个从点到面的志愿服务招募信息网络体系，给志愿者提供更多的志愿服务机会和更广阔的志愿服务空间。

4 美国公共图书馆志愿管理带来的启示

4.1 加快完善图书馆志愿者服务的制度化建设

2017年12月1日我国正式实施《志愿服务条例》，为进一步推动志愿服务制度化、规范化发展，提升志愿服务整体效能提供了政策保障。虽然目前我国公共图书馆的志愿服务已经非常普遍，但仍然存在不少问题。例如：把公共图书馆志愿服务简单理解成学雷锋做好事，志愿服务一阵风；把志愿者当成免费劳动力，哪里要人哪里派；把志愿者应该享受的保障和回馈视为境界不高；把图书馆员的本职工作与志愿服务行为混为一谈；把很多应当制度化的细节和程序当作麻烦。这些现象反映出的都是公共图书馆志愿服务组织不健全、志愿服务管理不规范、志愿者权益得不到应有保障等制度层面的问题。

4.2 全面实施志愿者服务的规范化管理

欧美国家的公共图书馆很早就引入了志愿者服务，无论是服务内容还是管理机制都已经比较成熟，其规范化管理为公共图书馆志愿服务的健康发展注入了强劲持久的生命力，让志愿者在发挥学科、专业特长，满足他们"做想做的事"的愿望的同时，也让公共图书馆自身实现并超越了它本来的目标。由于我国公共图书馆志愿者服务开展得较晚，管理工作尚未走上制度化、规范化管理的道路。虽然有些公共图书馆针对志愿服务或志愿者制定了相关的规章制度和管理办法，但还不能从根本上解决志愿服务规范管理的问题。针对目前公共图书馆志愿服务管理存在较大的随意性，志愿者教育培训不到位甚至缺失，志愿者权益得不到保障，评价激励机制不完善等突出问题，全面实施公共图书馆志愿服务规范化管理迫在眉睫。

4.3 致力于打造北京城市图书馆"智慧志愿"平台系统

笔者访问了全国60家省、市级公共图书馆网站，有10家公共图书馆网站设置了志愿者专栏，栏目涉及了志愿者管理办法、志愿者风采展示、在线注册申请等内容。这表明国内公共图书馆已经开启了志愿服务规范管理的探索与实践之路。

2023年底，以"智慧化管理"为核心的北京城市图书馆将全面建成并投入使用。数字资源的可视化展示、专业的音乐及全景声影院系统、内容丰富的系列讲座和多种沉浸式阅读体验活动将为公众提供一个全新的人与图书馆资源服务高度融合互动的文化空间。由于新馆在功能分区、空间布局、技术运用、业务开展等各方面与首都图书馆相比都有较大变化，其志愿者和志愿服务的管理思路和方法必将随之发生改变。笔者认为，美国公共图书馆志愿服务管理制度中有许多值得我们学习和借鉴的地方。

未来，北京城市图书馆应当借助"互联网+"、云计算、大数据和物联网技术，致力于打造本馆的"E志愿""志愿云"等"智慧志愿"平台系统，在整合移动网络、智能设备、互联网等科技手段的基础上，用技术规范志愿者招募信息发布、志愿者信息采集、志愿者服务记录、志愿者权益保障等相关工作，大幅提升志愿服务效能。此外，还可以利用"智慧志愿"平台开设"志愿者刊物""志愿者及服务统计""志愿者勋章"等板块，广泛传播优秀志愿者事迹，保护和激发公众参与图书馆志愿服务的热情。笔者相信北京城市图书馆的志愿服务将在科技和人文的双轮驱动下向多元和纵深发展，并实现从传统模式到智慧模式的转型。

参考文献

［1］志愿服务条例［EB/OL］.［2023-11-01］.https://flk.npc.gov.cn/detail2.html?ZmY4MDgwODE2ZjNjYmIzYzAxNmY0MTMyM2ViZTFjNWM3%3D.

［2］牛勇.图书馆志愿服务：从传统模式到智慧模式［J］.图书与情报，2018

（5）：107–110.

［3］白兴勇，周余姣.试析美国图书馆志愿者的历史分期［J］.国家图书馆学刊，2017（4）：100–104.

［4］薛静.美国公共图书馆志愿者服务项目分析及思考［J］.图书馆学研究，2016（15）：97–100.

［5］高嵘.当代中国志愿服务发展历程与特征［J］.理论学刊，2013（5）：68–71.

［6］黄黄.美国公共图书馆志愿者网页调查与研究［J］.图书情报工作，2011（17）：105–111.

［7］林胜义.志愿服务与志工管理——做快乐的志工及管理者［M］.2版.台北：五南图书出版股份有限公司，2017：385.

［8］彭怀真.志愿服务与志工管理［M］.新北：扬智文化事业股份有限公司，2016：5–15.

［9］陈武雄.志愿服务理论与实践［M］.新北：扬智文化事业股份有限公司，2015：3–13.

［10］北京市志愿服务促进条例［M］.北京：北京日报出版社，2021：1–22.

［11］石颖.公共文化服务体系中文化志愿服务发展研究［M］.北京：民主与建设出版社，2019：175–226.